Schriften

des

Vereins für Sozialpolitik.

---

140. Band.

Milchwirtschaftliche Erzeugnisse.

Herausgegeben von

Arnold-München und Sering-Berlin.

Erster Teil.

Die Milchversorgung der Stadt Karlsruhe

unter besonderer Berücksichtigung der Produktions- und Preisverhältnisse.

Von

Georg Berg.

Verlag von Duncker & Humblot.

München und Leipzig 1912.

Die

Milchversorgung der Stadt Karlsruhe

unter besonderer Berücksichtigung der Produktions- und Preisverhältnisse.

Von

Georg Berg,
Generalsekretär des Genossenschaftsverbandes badischer landwirtschaftlicher Vereinigungen in Karlsruhe.

Mit einer Karte.

Verlag von Duncker & Humblot.
München und Leipzig 1912.

Altenburg
Piererſche Hofbuchdruckerei
Stephan Geibel & Co.

Vorwort.

Seit einem Jahrzehnt ertönt durch fast alle Großstädte der vielstimmige Ruf nach Verbesserung der Milchversorgungsverhältnisse. Die wachsenden Forderungen der Hygiene, die steigenden Produktionskosten der Milch und demzufolge erhöhte Milchpreise, brachten diese Frage in Fluß. Eine allgemein zufriedenstellende Lösung scheint noch nirgends gefunden zu sein, wenn auch nicht verkannt wird, daß in manchen Städten recht beachtenswerte Erfolge zu verzeichnen sind. Die bisherigen Erfahrungen lehren, daß die zur Lösung dieser Fragen zu ergreifenden Maßnahmen nur dann einen praktischen Erfolg versprechen, wenn dabei Stadt und Land miteinander und nicht gegeneinander arbeiten. Diese Voraussetzung erscheint selbstverständlich, wenn man berücksichtigt, daß im allgemeinen die frische Milch eine Herbeischaffung aus großen Entfernungen nicht verträgt und deshalb das zu versorgende Stadtgebiet in der Hauptsache auf die nächstliegenden ländlichen Erzeugungsstellen angewiesen ist. Leider zeigen aber die wirtschaftlichen Kämpfe der letzten Jahre um den Milchpreis, daß diese Auffassung noch nicht zum Gemeingut der beteiligten Kreise geworden ist; es bildeten sich in vielen Milchversorgungsgebieten unnatürliche Gegensätze zwischen Stadt und Land, die bei sachlicher, vorurteilsfreier und wohlwollender Prüfung der gegenseitigen Wünsche und Forderungen größtenteils hätten verhindert oder doch wesentlich gemildert werden können. Diese Kämpfe ließen aber auch die Schäden und Schwächen unserer heutigen Milchversorgung deutlich in Erscheinung treten.

Ähnlich vollzieht sich auch die Entwicklung im Karlsruher Milchversorgungsgebiet.

Die Erkenntnis, daß vorhandenen Mißständen nur dann wirksam begegnet werden kann, wenn sie im vollen Umfange erforscht sind, gab mir die Anregung zur Durchführung und Veröffentlichung der gegenwärtigen Untersuchung. Meine dienstliche Stellung ermöglichte es mir, jahrelang an dieser Frage persönlich mitzuarbeiten, die tatsächlichen Verhältnisse planmäßig zu beobachten und die gemachten Erfahrungen systematisch zu ordnen.

Wenn ich in meiner Untersuchung das Milchversorgungsgebiet, die Milcherzeugung und den Milchabsatz eingehender behandelte, so geschah dies aus dem Grunde, weil bisher diese für die Milchversorgung einer Stadt so wichtigen Fragen in der Literatur meistens nur ganz flüchtig gestreift wurden.

Die Arbeit baut sich auf amtliche Quellen auf, zum Teil waren Sondererhebungen notwendig, die bis zum November 1908 zurückreichen. Leider war es mir durch meine Berufsstellung nicht möglich, die Arbeit früher zu vollenden.

Für manche wertvolle Ratschläge und besonders für die Durchsicht der Arbeit spreche ich Herrn Professor Dr. von Zwiedineck-Südenhorst dahier sowie Herrn Dr. Arnold-München und Herrn Professor Dr. Kirchner-Leipzig meinen herzlichsten Dank aus.

Nicht minder ist es mir Bedürfnis, dem Direktor des Großh. Statistischen Landesamtes, Herrn Oberregierungsrat Dr. Lange für die freundliche Unterstützung durch Überlassung des einschlägigen, vielfach noch nicht veröffentlichten statistischen Materials und auch Herrn Regierungsrat Dr. Hecht für die allzeit bereitwilligst erteilten Ratschläge herzlichen Dank zu sagen.

Ebenso haben mich das Großh. Ministerium des Innern, die Generaldirektion der Großh. Staatseisenbahnen, das Großh. Bezirksamt Karlsruhe und ein Teil der städtischen Behörden (namentlich das Städtische Statistische Amt) jederzeit aufs liebenswürdigste unterstützt und mir Einsicht in die Akten gestattet.

Schließlich sei den vielen Persönlichkeiten in Stadt und Land für die der Arbeit in freundlichster Weise gewährte Förderung auch an dieser Stelle vielmals gedankt.

Karlsruhe im Juni 1912.

Der Verfasser.

Inhalt.

Einleitung.

Die Versorgung der Stadt Karlsruhe mit einem der wichtigsten Nahrungsmittel animalischer Herkunft, mit Milch, hat im letzten halben Jahrzehnt mehrfach die Bevölkerung sowie die Stadtverwaltung und Regierung beschäftigt.

Der Grund war das schnelle Ansteigen der Milchpreise, das die Konsumenten in begreifliche Erregung versetzte.

Während Stadtverwaltung und Konsumenten geneigt waren, die Schuld dieser Erscheinung der heimischen Landwirtschaft und ihrer unzureichenden Milchproduktion beizumessen, haben die Milchwirte auf die allgemeine Teuerung, das Einsetzen sogenannter natürlicher Verhältnisse und das auffallende Mißverhältnis zwischen dem städtischen Milchpreis und dem Produzentenpreis hingewiesen und betont, daß die beiden Teilen unerwünschte Erscheinung noch verschärft werde durch eine mangelhafte Organisation des Verteilungsprozesses.

Gleich oder ähnlich liegen die Verhältnisse in anderen Milchversorgungsgebieten, wie Freiburg i. B., Stuttgart, München, Frankfurt a. M. usw. Hatte man bisher in den verantwortlichen Stellen lediglich die Maßregeln zur Verbesserung und Vermehrung der Milcherzeugung im Auge gehabt, so hörte man neuerdings bei einer gründlicheren Behandlung dieser Frage doch auch Stimmen, welche eine Besserung des Zustandes von organisatorischen Maßnahmen im Rahmen des wirtschaftlichen Verteilungsprozesses erwarteten. In der Sitzung der bayrischen Kammer der Abgeordneten am 14. Dezember 1910 wies der Minister des Innern von Brettreich in seiner Erklärung u. a. darauf hin, daß „untersucht werden müsse, ob die Milchversorgung der Städte, vor allem der Großstädte, den an sie zu stellenden Anforderungen vollkommen entspreche. In dieser Richtung sei nicht in Abrede zu stellen, daß das städtische Milchversorgungsgeschäft nicht allgemein befriedigend geregelt sei". Zu ähnlichen Ergebnissen kommen Dollinger und Arnold.

Neben dieser Erkenntnis schien nicht minder wichtig und bedeutungsvoll eine Reform des Milchabsatzes nach der Stadt und dabei richtete sich die Aufmerksamkeit besonders auf den genossenschaftlichen Zusammenschluß der Produzenten. Während in der Literatur über die Milchversorgung anderer Städte nur spärliche Mitteilungen darüber zu finden sind, befindet sich im Karlsruher Milchversorgungsgebiet dieser genossenschaftliche Umbildungsprozeß bereits in vollem Flusse. Vom städtischen Konsumenten vorerst mit Mißtrauen betrachtet, vom Milchhändler aber als gefürchtete Konkurrenz bekämpft und teilweise mit Haß angegriffen, hat er sich in wenigen Jahren doch so weit entwickelt, daß seine eben erwähnten Gegner und Feinde zum Teil schon daran sind, mit ihm Frieden zu schließen.

Will man die Gründe kennen lernen, die zur Schaffung dieser Organisationsformen drängten, so ist eine gründliche Untersuchung aller Phasen der Karlsruher Milchversorgung geboten, um daraus Ursache und Wirkung in ihre einzelnen Bestandteile zu zerlegen.

Neben der Feststellung des tatsächlichen Milchverbrauchs ist die Art und Weise der Milchversorgung und des Milchabsatzes von größtem Interesse für unsere Untersuchung. Im Milchvertrieb werden uns all die Mängel in der städtischen Milchversorgung begegnen, deren Vorhandensein eines der schwierigsten Kapitel in der städtischen Milchversorgung bildet.

Schließlich ist es die Milchpreisfrage, welche einer besonderen Betrachtung würdig erscheint.

Erster Abschnitt.

Das Milchversorgungsgebiet und die Milcherzeugung.

I. Das Landgebiet.

1. Umfang, Boden, Klima und Bevölkerung.

Die Grundlage der Milchversorgung bildet die Milcherzeugung. Diese ist bedingt durch die landwirtschaftlichen Verhältnisse im Milchversorgungsgebiet, zu deren richtigen Beurteilung und Würdigung es zunächst einer Untersuchung der natürlichen Bedingungen bedarf, unter denen die Landwirte wirtschaften. Am zweckmäßigsten erstreckt sich diese Untersuchung bezüglich des Landgebietes auf geschlossene Amtsbezirke, wobei nur diejenigen in Betracht kommen sollen, welche in hervorragender Weise an der Milchlieferung in Karlsruhe teilnehmen, während jene Bezirke, aus denen nur einzelne Gemeinden mit einer verhältnismäßig geringen Milchmenge beteiligt sind, füglich aus diesen Betrachtungen ausscheiden können.

Im ganzen nehmen an der Milchversorgung der Stadt Karlsruhe nach einer im November 1908 durchgeführten Erhebung[1] folgende Amtsbezirke mit den beigesetzten täglichen Mengen teil:

Amtsbezirk	Liter	Amtsbezirk	Liter
Achern	280	Ettlingen	1 436
Bühl	20	Karlsruhe	27 777
Rastatt	8 275	Pforzheim	190
Bretten	8 655	Eppingen	5 448
Bruchsal	2 625	außerbad. Gemeinden	4 632
Durlach	5 640	Zusammen	64 978

[1] Auf die Ergebnisse dieser Erhebung wird später noch näher eingegangen werden. Vgl. hierzu auch Anlage 3 und die beigegebene Karte.

1*

Von der gesamten Milchmenge, die nach Karlsruhe eingeführt wird, stammen demnach prozentual aus den Amtsbezirken:

	%		%
Bretten	13,3	Eppingen	8,4
Bruchsal	4,0	Karlsruhe . . .	42,7
Durlach	8,7	Rastatt	12,7

Diese bilden in der Hauptsache das Milchversorgungsgebiet, auf das sich die folgenden Untersuchungen beziehen.

Nach der politischen Einteilung zählen die Amtsbezirke Durlach, Karlsruhe und Rastatt zur Rheinebene, während die milchliefernden Gemeinden der Amtsbezirke Bruchsal, Bretten, Eppingen dem Elsenz-, Kraich- und Pfinzgau, also dem Hügelland zuzurechnen sind. „Die Bodengestaltung und die klimatischen Verhältnisse machen die Rheinebene bei heißem Sommer und mildem Winter zum bevorzugtesten Teile Deutschlands. In der Mitte der Rhein, in seinem Machtbereiche, den Sandbänken, Wiesen und Sümpfen schon beträchtlich geschmälert, daran anlehnend das Hochufer mit Wiesen und Äckern, dann der gesegnetste Himmelsstrich, die fruchtbaren Lößterrassen, die im Schmucke herrlicher Obstbäume und Wiesenpflanzungen vor Überschwemmung, Talnebel und Spätfrost geschützt, mit geringer Unterbrechung das waldreiche Gebirge begleiten. Das ist der Charakter der Rheinebene im allgemeinen, das ist der Charakter des badischen Anteils." [1]

Anschließend daran erhebt sich gegen Nordosten das flachwellige Hügelland des Kraich- und Pfinzgaues mit einer durchschnittlichen Höhe von 170 m, die allmählich bis zur württembergischen Grenze (Bezirk Eppingen) auf 260 m steigt. Das Klima des Hügellandes ist mäßig und gesund, es kann durchweg als Weinklima bezeichnet werden. „Der Boden, Muschelkalk und Keuper mit Lettenkohle, vorwiegend aber mit Löß bedeckt, bietet vorzügliches Ackerland. Üppige Felder und wohlhabende Ortschaften wechseln mit frischen Wiesen und schönem Laubwald. Alb, Pfinz, Saalbach, Kraich- und Leimbach fließen dem Rhein, die Elsenz mit der Schwarzach dem Neckar zu." [2]

Über den Stand der Bevölkerung im Milchversorgungsgebiet gibt uns folgende vergleichende Darstellung Aufschluß [3], wobei betont wird, daß nach unserer badischen Verwaltungseinteilung auch die großen Städte zu den Amtsbezirken zählen.

[1] Das Großherzogtum Baden. Karlsruhe 1883, S. 21.

[2] Ebendaselbst S. 27.

[3] Statistische Mitteilungen über das Großherzogtum Baden, Neue Folge, Bd. IV, 1911.

Amtsbezirk	Ortsanwesende Bevölkerung 1. Dez. 1885	1. Dez. 1910	Vermehrung %
Bretten	23 573	25 940	10,04
Bruchsal	57 947	71 422	23,25
Durlach	31 617	46 918	48,39
Eppingen . . .	18 145	18 225	0,44
Karlsruhe . . .	91 908	163 639	78,05
Rastatt	56 675	70 126	23,73
Zusammen	279 865	396 270	41,90

Danach betrug die Einwohnerzahl in den sechs Amtsbezirken am 1. Dezember 1910: 396 270. Betrachtet man die Veränderungen innerhalb des 25jährigen Zeitraumes von 1885—1910, so ergibt sich eine Zunahme von rund 42 %, die sich hauptsächlich auf die größeren Städte und Industriegebiete erstreckt.

Baden gehört bekanntlich zu den volkreichsten Landstrichen Deutschlands, während unser Untersuchungsgebiet zu den dichtest bevölkerten Gegenden Badens zählt.

Die starke Einwohnerzahl bedingt ein Zusammenwohnen in größeren Ortschaften. Im ganzen hatten im Untersuchungsgebiet, das 155 Gemeinden umfaßt, nach der Volkszählung vom 1. Dezember 1910:

unter 500 Einw.	18 Gem.,	zus.	5 435 Einw.
von 500 bis „ 1000 „	45 „	„	34 085 „
„ 1000 „ „ 2000 „	50 „	„	71 431 „
„ 2000 und mehr „	42 „	„	285 319 „

Fragt man, wie sich die Einwohner auf die einzelnen Berufszweige verteilen, so erhält man auf Grund der Berufs- und Betriebszählungen 1895 und 1907 folgende Antwort:

	1895 Einwohner		1907 Einwohner	
Landwirtschaft, Gärtnerei und Tierzucht	110 426 =	35,8 %	98 288 =	26,1 %
Forstwirtschaft und Fischerei .	2 092 =	0,7 %	2 401 =	0,6 %
Industrie und Gewerbe . .	109 853 =	35,6 %	160 730 =	42,6 %
Handel und Verkehr . . .	33 723 =	10,9 %	52 842 =	14,0 %
Häusliche Dienste und Lohnarbeit wechselnder Art . .	2 960 =	0,9 %	2 824 =	0,8 %
Öffentlicher Dienst und freie Berufsarten	29 020 =	9,4 %	30 731 =	8,2 %
Ohne Beruf und Berufsangabe	20 713 =	6,7 %	29 169 =	7,7 %
Im ganzen	308 787 =	100,0 %	376 985 =	100,0 %

Die Hauptgebiete wirtschaftlicher Tätigkeit, Landwirtschaft, Industrie, Gewerbe und Handel umfassen somit 82,7 % der Bevölkerung dieses Bezirkes; in ihnen finden 311 860 Einwohner die Nahrungsquelle. Und zwar ist es die Industrie, welche die meisten Menschen (160 730 oder 42,6 %) versorgt, nächst ihr steht in weitem Abstand die Landwirtschaft mit 26,1 % und dann Handel und Verkehr mit 14 %. Das Karlsruher Milchversorgungsgebiet bildet demnach einen überwiegend industriellen Gebietsteil Badens.

Von Interesse ist es, die Bevölkerungsbewegung in den einzelnen Berufszweigen während des Zeitraumes von 1895—1907 zu verfolgen.

Die Zu- bezw. Abnahme betrug:

im ganzen	+ 68 198	= + 22,1 %
in der Landwirtschaft usw. . . .	— 12 138	= — 11,0 %
in der Forstwirtschaft	+ 309	= + 14,8 %
in Industrie und Gewerbe . . .	+ 50 877	= + 46,3 %
in Handel und Verkehr	+ 19 119	= + 56,7 %
im häuslichen Dienst usw. . . .	— 136	= — 4,6 %
im öffentlichen Dienst	+ 1 711	= + 5,9 %
bei Personen ohne Beruf . . .	+ 8 456	= + 40,8 %

Es zeigt sich hier wie auch anderwärts eine Verschiebung zuungunsten der Landwirtschaft, zugunsten der Industrie. Die landwirtschaftliche Bevölkerung ist von 1895—1907 zahlenmäßig um 12 138 Seelen gefallen, ihr Anteil an der Gesamteinwohnerzahl ist von 35,8 % auf 26,1 % zurückgegangen. Diese Verlustziffer in der Landwirtschaft ist dadurch entstanden, daß Personen, die der Landwirtschaft zugehörten, in andere Berufe und namentlich in die Städte abgewandert sind.

Nächst diesen Feststellungen, Boden—Klima—Bevölkerung, sind die Verteilung von Grund und Boden, sowie die Besitz- und die Betriebsverhältnisse für die richtige Beurteilung der milchwirtschaftlichen Verhältnisse von großer Wichtigkeit.

2. Besitzverhältnisse.

Die landwirtschaftliche Bevölkerung des Untersuchungsgebiets verteilt sich auf 45 955 landwirtschaftliche Betriebe mit einer Gesamtfläche von 112 688 ha, wovon 72,95 %, nämlich 82 210 ha auf rein landwirtschaftliche Nutzung (Äcker, Wiesen usw.) entfallen, während der Rest dem Wald, öffentlichen Wegen, Ödland usw. zuzurechnen ist. Die durchschnittliche Nutzungsfläche auf einen Betrieb beträgt somit 1,79 ha und bleibt nahezu 1 ha hinter dem Landesdurchschnitt von 2,74 ha zurück.

Die kleinsten Betriebe sind in den Bezirken Karlsruhe, Rastatt, Durlach und Bruchsal, also in der Rheinebene vorhanden, während die dem nördlichen Hügelland zugehörigen Bezirke Bretten und Eppingen die größten Nutzungsflächen aufweisen, wovon jene vom Bezirk Eppingen den Landesdurchschnitt etwas übersteigen. Daß von der Gesamtfläche nahezu 73 % landwirtschaftlich benutzt sind, ist ein Beweis dafür, daß die Landwirtschaft auf hoher Stufe steht. Während der Bezirk Rastatt seines Waldreichtums wegen hinter dem Landesdurchschnitt zurückbleibt, erreichen die Bezirke Bretten und Eppingen dagegen eine Intensivität von rund 86 und 87 %.

Die Verbreitung und den Umfang der Betriebe zeigt nachstehende Zusammenstellung:

Amtsbezirk	Landwirtschaftliche Betriebe	Fläche im ganzen ha	Fläche davon landwirtschaftlich benützt ha	Fläche durchschnittliche Nutzungsfläche auf ein. Betrieb ha	Von der Gesamtfläche war landwirtschaftlich benützt %
Bretten	5 156	15 728	13 474	2,61	85,67
Bruchsal	11 916	24 790	20 470	1,72	82,57
Durlach	6 750	13 806	10 353	1,53	74,99
Eppingen	3 760	12 679	10 970	2,92	86,52
Karlsruhe	7 938	14 669	11 372	1,43	77,52
Rastatt	10 435	31 016	15 571	1,49	50,20
Untersuchungsgebiet	45 955	112 688	82 210	1,79	72,95
Großherzogtum	260 170	1 163 939	712 269	2,74	61,19

Wie sich die Verteilung des landwirtschaftlichen Grundbesitzes gestaltet, zeigt umstehende Übersicht.

Größenklasse	Zahl der Betriebe		Landw. benützte Fläche ha		Von 100 Betrieben entfallen auf die einzelnen Größenklassen		Von 100 ha landw. Fläche entfallen auf die einzelnen Größenklassen	
	1895	1907	1895	1907	1895	1907	1895	1907
Unter 2 ha	24 696	31 041	27 594	23 219	61,28	67,55	27,48	28,24
2 bis unter 5 ha .	12 921	12 559	40 565	38 553	32,06	27,33	40,39	46,90
5 bis unter 20 ha .	2 613	2 290	24 452	15 849	6,48	4,98	24,35	19,28
20 bis unter 100 ha	61	52	5 038	2 612	0,15	0,11	5,02	3,18
100 ha und mehr .	11	13	2 769	1 977	0,03	0,03	2,76	2,40
Zusammen	40 302	45 955	100 418	82 210	100	100	100	100

Bezeichnen wir die Betriebe:

unter 2 ha als Parzellenbetriebe,
von 2 bis „ 5 ha „ kleine Bauernwirtschaften,
„ 5 „ „ 20 ha „ mittlere „
„ 20 „ „ 100 ha „ große „
100 ha und mehr als Großbetriebe,

wie dies bei der amtlichen Betriebsstatistik üblich ist, so ergibt sich folgendes:

Es treffen auf die einzelnen Größenklassen von 100 Betrieben im Jahre 1907

Parzellenbetriebe	67,55 %
kleinbäuerliche Wirtschaften	27,33 %
mittelbäuerliche „	4,98 %
großbäuerliche „	0,11 %
Großbetriebe	0,03 %

Wenn auch von den gesamten Betrieben rund 67 %, also über zwei Drittel, auf die Größenklasse von unter 2 ha fallen, so ist doch nur der geringste Teil des Bodens in solche Zwergbetriebe zersplittert. Sie repräsentieren einen sozial keineswegs unwichtigen Faktor, da ihre Inhaber großenteils noch Erwerb in anderen Berufen finden. Das andere Extrem, die Großbetriebe mit 100 ha und mehr, umfaßt 0,03 %, ist also ganz verschwindend.

Das Schwergewicht der Betriebe liegt bei den klein- und mittelbäuerlichen Wirtschaften von 2—20 ha. Wenn diese auch nur 32 %, also etwa ein Drittel aller Betriebe ausmachen, so haben sie doch rund 66 % der landwirtschaftlich benützten Fläche in Händen. Dies beweist zugleich, daß die Bodenzersplitterung keineswegs einen Umfang angenommen hat, der als soziale Gefahr betrachtet werden könnte oder aus landwirtschaftlich technischen Gründen bedenklich wäre.

Zudem stellen im Untersuchungsgebiet auch die kleinbäuerlichen Betriebe (2—5 ha) schon einen kräftigen bäuerlichen Mittelstand dar; dafür sprechen die Güte des Grund und Bodens und die bezahlten Boden-Kauf- und -Pachtpreise, die aus nachfolgender Übersicht zu ersehen sind. Es wurden nur Orte mit besonders starker Milchlieferung ausgewählt und mittlere Bodenarten in die Erhebung einbezogen.

Durchschnittliche Kauf- und Pachtpreise für Acker und Wiesenland.

Gemeinde	Durchschnittliche Kaufpreise pro Hektar		Durchschnittliche Pachtpreise pro Hektar	
	Acker	Wiese	Acker	Wiese
	ℳ	ℳ	ℳ	ℳ
Rheinebene:				
Durmersheim	3900	5100	150	200
Malsch	3000	4200	75	110
Knielingen	3400	2700	90	105
Linkenheim	3300	2700	100	110
Rußheim	2300	2500	75	60
Durchschnitt	3180	3440	98	117
Hügelland:				
Grötzingen	3600	2200	220	90
Gölshausen	3600	4800	180	230
Eppingen	3900	4500	180	210
Zeutern	3000	3600	180	220
Obergrombach	4200	5100	165	210
Durchschnitt	3660	4040	185	192

3. Anbauverhältnisse.

Die jährlichen Erhebungen des Großh. Statistischen Landesamts geben auch Aufschluß über die Bebauung der zur Verfügung stehenden Bodenflächen (siehe Tabelle S. 10). Diese Übersicht gibt einen Überblick über die Benutzungsart der gesamten Bodenfläche. Von der im Jahre 1909 ermittelten Gesamtfläche wurden 55 % landwirtschaftlich, 39 % forstwirtschaftlich benutzt und 6 % entfielen auf sonstige Flächen (Gewässer, Ödland, Wege), oder 94 % waren produktiv und 6 % un-

Anbauerhebung vom Jahre 1909.

Amtsbezirk	Gesamtfläche	Von der Gesamtfläche entfallen auf: landw. benützte Fläche	Wald einschl. Korbweiden u. Kastanienpflanzungen	sonstige (nicht ertragende) Flächen	Von der landwirtschaftl. benützten Fläche entfallen auf: Ackerfeld	Wiesen	ständige Weiden	Rebland	Sonstiges	Von dem Ackerfeld ist bestellt: Getreide u. Hülsenfrüchte	Kartoffeln	Futterpflanzen	Hackfrüchte	Handelsgewächse	Sonstiges
	Hektar														
Bretten	21 158	15 071	5 252	835	12 810	1 732	5	219	305	6 418	2 262	2 278	1 334	509	9
Karlsruhe . .	25 678	13 790	9 172	2 716	9 767	3 535	133	—	355	4 363	2 457	808	1 493	606	40
Eppingen . . .	16 752	12 436	3 727	589	10 870	1 030	5	338	193	5 328	1 814	1 979	1 120	614	15
Rastatt	49 786	18 915	27 643	3 228	13 127	5 098	116	125	449	6 681	3 520	1 402	1 308	102	114
Bruchsal . . .	39 365	23 293	14 012	2 060	18 042	4 205	18	656	372	8 718	3 764	2 156	2 053	1 247	104
Durlach . . .	20 025	12 078	6 858	1 089	8 839	2 781	5	161	292	4 662	1 625	1 289	921	293	49
Untersuchungsgebiet . . .	172 764	95 583	66 664	10 517	73 455	18 381	282	1 499	1 966	36 170	15 442	9 912	8 229	3 371	331
Großherzogtum	1 506 987	836 960	584 727	85 300	544 996	212 533	42 697	17 508	19 226	294 272	88 884	100 312	35 923	11 646	13 959

produktiv. Es fällt allerdings auf, daß in den Bezirken Karlsruhe und Rastatt, also gerade in der Rheinebene, die unproduktiven „sonstigen Flächen" in relativ größerer Zahl vorhanden sind als in den anderen Bezirken. Diese beiden Bezirke sind, wie wir bereits oben gesehen haben, mit Parzellenwirtschaften am dichtesten besetzt; es liegt in der Natur der Sache, daß bei diesen kleinsten Betrieben die unproduktiven Flächen einen größeren Prozentsatz der Gesamtfläche ausmachen als bei den größeren Gütern.

Von der gesamten landwirtschaftlichen Fläche entfielen im Jahr 1909 auf

	ha	%
Ackerland	73 455	76,8
Wiese	18 381	19,2
Ständige Weide	282	0,3
Rebland	1 499	1,6
Sonstiges	1 966	2,1

Für die ökonomische Bedeutung des landwirtschaftlichen Betriebs ist das Verhältnis der Wiesen zum Ackerland von hervorragender Bedeutung. Dasselbe stellt sich im Untersuchungsgebiet im Durchschnitt auf 1 : 4 und entspricht damit nahezu dem Reichsdurchschnitt (1 : 4,4). Auch von der Goltz[1] betrachtet es als ein mittleres Verhältnis, wenn die Wiesenflächen 20—25 % der Ackerflächen einnehmen. Allerdings zeigt auch die nebenstehende Übersicht, daß dieses Verhältnis in den Bezirken Rastatt-Bruchsal sich noch günstiger stellt, während es in Bretten und Eppingen nicht im entferntesten erreicht wird. Es müssen demnach in letzteren Bezirken zur Fütterung des Viehes ganz andere Hilfsmittel herangezogen werden, als es sonst in den Wirtschaften mit mittlerem Wiesenverhältnis nötig ist. Unter diesen Verhältnissen wird für diese Gebietsteile auch die Frage der Prüfung wert sein, ob es nicht ratsam wäre, so manches unsichere Stück Ackerland, soweit es dazu wegen seiner Lage geeignet ist, in Wiesenland umzuwandeln und dadurch, wenn auch nicht höhere Roherträge, so doch vielleicht höhere und sicherere Reinerträge zu erzielen.

Von dem Wachstum der Futterpflanzen, ihrem Gedeihen und den Erträgen hängt die Größe der Nutz- und Milchviehhaltung ab. Bringen wir den Umfang des Gesamtfutterbaues in Beziehung zum Getreidebau, Kartoffelbau und den übrigen Kulturarten, so ergibt sich folgendes:

[1] v. d. Goltz, Handbuch der landw. Betriebslehre, IV. Auflage 1912 (bearbeitet von v. Seelhorst), S. 73 und 74.

		ha	%
Futterbau		36 804	38,5
davon Wiesen	18 331 ha		
Weiden	282 „		
Futterpflanzen	9 912 „		
Hackfrüchte	8 229 „		
Getreidebau		36 170	37,8
Kartoffelbau		15 442	16,2
Sonstige Kulturarten		7 167	7,5

An erster Stelle steht somit der Futterbau mit 38,5 % der gesamten landwirtschaftlichen Fläche. Berücksichtigt man weiter, daß ein nicht geringer Teil der Körnerfrüchte und Kartoffeln an das Vieh verfüttert wird, so kann man sagen, daß der Futterbau mindestens die Hälfte der gesamten landwirtschaftlichen Fläche in Anspruch nimmt. In den Bezirken Bretten und Eppingen tritt der Anbau von Futterpflanzen naturgemäß stärker hervor, weil dort, wie schon erwähnt, Mangel an Wiesenland besteht.

Der Getreidebau umfaßt 37,8 % der gesamten landwirtschaftlichen Fläche.

Nach Hecht[1] bauen von 100 Brotfrucht bauenden Familien weniger als den Jahresbedarf, müssen also zukaufen in den Amtsbezirken:

Bretten	27,2
Karlsruhe	34,3
Eppingen	25,8
Rastatt	60,8
Bruchsal	46,7
Durlach	40,3

Die Tatsache, daß ein großer Teil kleiner Bauernwirtschaften fast gar nichts für den Verkauf produziert, darf aber nicht als Zeichen geringer Bedeutung aufgefaßt werden. Der volkswirtschaftliche Wert einer Wirtschaft hängt nicht allein davon ab, wieweit dieselbe für den Markt produziert, sondern auch davon, wieviel Menschen sie ernährt.

Der Kartoffelbau nimmt 16,2 % der landwirtschaftlichen Fläche für sich in Anspruch und geht nur dort bedeutend herunter, wo der Futterbau

---

[1] M. Hecht, Die badische Landwirtschaft am Anfang des 20. Jahrhunderts. Karlsruhe 1903, S. 73.

stark betrieben wird, während er in den dichtest bevölkerten industriellen Bezirken (Karlsruhe, Rastatt und Bruchsal) die größte Ausdehnung annimmt.

4. Rindviehhaltung.

Nach der Viehzählung vom 1. Dezember 1908 wurde im Karlsruher Milchversorgungsgebiet ein Bestand von 80 240 Stück Rindvieh ermittelt, darunter 46 424 Kühe. Auf 100 Einwohner kamen 20,2, auf 100 ha landwirtschaftliche Fläche 83,9 Stück Rindvieh. Nachstehende Tabelle gibt darüber nähere Auskunft:

Amtsbezirk	Rindvieh im ganzen	Davon						Es kommen Stück Rindvieh auf	
		Farren und Ochsen	Kühe	Rinder und Kalbinnen	Junge Farren und Stiere	Reiblinge	Kälber	100 ha landw. Fläche	100 Einw. nach Volkszähl. v. 1. 12. 10
Bretten . . .	12 291	298	6 123	609	1 162	3 028	1 071	81,6	47,4
Karlsruhe . .	11 643	106	7 488	418	597	2 260	774	84,4	7,1
Eppingen. . .	8 976	169	4 345	502	603	2 406	951	72,2	49,3
Rastatt . . .	18 924	279	11 841	647	439	4 352	1 366	100,0	27,0
Bruchsal . . .	19 018	246	11 149	887	854	4 186	1 696	81,6	26,6
Durlach . . .	9 388	312	5 478	337	810	1 706	745	77,7	20,0
Untersuchungsgebiet . . .	80 240	1 410	46 424	3 400	4 465	17 938	6 603	83,9	20,2
Großherzogtum	671 057	41 619	352 327	33 021	56 719	132 176	55 195	80,2	31,3

Von dem Gesamtviehbestand des Jahres 1908 entfielen im Untersuchungsgebiet auf:

Farren und Ochsen . . .	1 410	= 1,7 %
Kühe	46 424	= 57,9 %
Jungvieh	25 803	= 32,2 %
Kälber	6 603	= 8,2 %

Neben der starken Kuhhaltung ist somit die Aufzucht von Jungvieh eine recht bedeutende.

Innerhalb der einzelnen Bezirke ist die Verteilung des Rindviehbestandes sehr verschieden; es treten hier sofort die Gegensätze zwischen dem rein ländlichen Bezirk Eppingen, dem Hügellande, und dem industriereichen Bezirk Rastatt, der Rheinebene, scharf hervor. Im ersteren beträgt die Zahl der Rinder im Verhältnis zu 100 ha landwirtschaftlicher

Entwicklung des Rindviehbestandes von 1890—1908.

Jahr	Amtsbezirk Karlsruhe: Rindvieh im ganzen	Karlsruhe: davon Kühe	Durlach: Rindvieh im ganzen	Durlach: davon Kühe	Rastatt: Rindvieh im ganzen	Rastatt: davon Kühe	Bruchsal: Rindvieh im ganzen	Bruchsal: davon Kühe	Bretten: Rindvieh im ganzen	Bretten: davon Kühe	Eppingen: Rindvieh im ganzen	Eppingen: davon Kühe	Erhebungsgebiet zusammen bzw. im **Durchschnitt auf einen Amtsbezirk**: Rindvieh im ganzen	davon Kühe
1890	11 066	7335	9539	5723	16 887	11 113	18 334	11 207	11 014	5426	8567	4223	75 407	45 027
													12 568	**7 505**
1895	11 331	7305	9854	5647	17 242	10 841	18 843	11 172	11 267	5616	8858	4311	77 395	44 892
													12 899	**7 482**
1899[1]	11 767	7771	9657	5867	18 746	11 807	19 517	11 845	12 160	6153	9093	4583	80 940	48 026
													13 490	**8 004**
1905	11 125	7440	9307	5610	19 043	11 803	18 048	11 078	11 950	6037	8672	4350	78 145	46 318
													13 024	**7 720**
1908	11 643	7488	9388	5478	18 924	11 841	19 018	11 149	12 291	6123	8976	4345	80 240	46 424
													13 373	**7 737**
Durchschnitt 1890/1908	**11 386**	**7468**	**9549**	**5665**	**18 168**	**11 481**	**18 752**	**11 290**	**11 736**	**5871**	**8833**	**4362**	78 425	46 137
													13 071	**7 690**

[1] 1900 war Reichsviehzählung, deren Zahlen sich nicht zum Vergleich heranziehen lassen.

Fläche 72,2, während diese im letzteren auf 100,0 ansteigt. Umgekehrt ist das Verhältnis bei Bezugnahme auf 100 Einwohner.

Wie hat sich der Rindviehbestand, innerhalb eines größeren Zeitraumes betrachtet, entwickelt? Darüber gibt uns nebenstehende Tabelle Aufschluß.

Zwar unterliegt die Rindviehhaltung natürlichen Schwankungen, die durch den Ausfall der Futterernten bedingt werden, immerhin aber lassen diese Ziffern die Tatsache erkennen, daß der durchschnittliche Rindviehbestand im Untersuchungsgebiet in der Zeit von 1890—1908 sich nur geringfügig vermehrt hat, nämlich von 12568 auf 13373, also um 6,4 %. Der Bestand an Kühen stagniert beinahe, denn er weist nur eine zahlenmäßige Erhöhung von 7505 auf 7737 = 3,1 % auf. Ein Rückgang des Bestandes an Kühen ist in den Amtsbezirken Durlach und Bruchsal wahrzunehmen, eine unwesentliche Steigerung von 2 % im Bezirk Karlsruhe und eine solche von 12,5 % im Bezirk Bretten, während im Rastatter und Eppinger Bezirk ein Stillstand während des ganzen Zeitraumes zu erkennen ist.

Allerdings muß dabei berücksichtigt werden, daß die rein Landwirtschaft und Viehzucht treibende Bevölkerung im Untersuchungsgebiet, wie bereits hervorgehoben wurde, wesentlich zurückgegangen ist. Es wird nun von Interesse sein, zu untersuchen, wie im Verhältnis zur *landwirtschaftlichen* Bevölkerung die Tierzucht sich entwickelt hat. Es waren vorhanden:

	Landwirtschaftliche Bevölkerung	Rindvieh im ganzen	Auf 100 der landwirtschaftlichen Bevölkerung kommen Stück Rindvieh
1895	110426	77395	70,1
1907	98288	78425	79,8

Wir ersehen hieraus, daß die Rindviehhaltung im Verhältnis zur landwirtschaftlichen Bevölkerung in dem kurzen Zeitraum von 1895—1907 stärker zugenommen hat (um ca. 9,7 %) als die absolute Zahl der Rinder (1,3 %).

Es wäre jetzt noch von Interesse zu untersuchen, wie sich der Bestand an Kühen auf die verschiedenen Landwirtschaftsbetriebe (Parzellenwirtschaften, Bauerngüter, Großgrundbesitz) verteilt, um hieraus zu ersehen, wie diese Betriebe *an der Milcherzeugung* teilnehmen. Über die Frage gibt die landwirtschaftliche Betriebszählung vom 12. Juni 1907 Aufschluß, durch welche die Zahl der Kühe in den einzelnen Größenklassen festgestellt wurde. Das Ergebnis ist folgendes:

1. Im Milchversorgungsgebiet.

Größenklasse der landwirtschaftlichen Betriebe	Kühe	Von 100 Kühen kommen auf jede Größenklasse
Unter 2 a	6	0,01
2 a bis unter 5 a	3	0,01
5 „ „ „ 20 „	74	0,16
20 „ „ „ 50 „	306	0,68
50 „ „ „ 1 ha	2 415	5,36
1 ha „ „ 2 „	11 182	24,82
2 „ „ „ 3 „	12 066	26,78
3 „ „ „ 4 „	7 721	17,13
4 „ „ „ 5 „	4 416	9,80
5 „ „ „ 10 „	5 285	11,73
10 „ „ „ 20 „	665	1,47
20 „ „ „ 50 „	338	0,75
50 „ „ „ 100 „	341	0,76
100 „ „ „ 200 „	237	0,53
200 „ „ „ 500 „	3	0,01
500 und mehr ha	—	—
Unter 2 ha	13 986	31,04
2 ha bis unter 5 ha	24 203	53,71
5 „ „ „ 20 „	5 950	13,21
20 „ „ „ 100 „	679	1,51
100 und mehr ha	240	0,53
Zusammen	45 058	100,00

2. Im Großherzogtum.

Unter 2 ha	64 210	18,60
2 ha bis unter 5 ha	143 682	41,63
5 „ „ „ 20 „	121 122	35,09
20 „ „ „ 100 „	14 404	4,18
100 und mehr ha	1 726	0,50
Zusammen	345 144	100,00

Über die Hälfte der Kühe wird in den kleinen Bauernwirtschaften (von 2 bis unter 5 ha) gehalten und nahezu ein Drittel trifft auf die Parzellenwirtschaften (unter 2 ha). Der Rest verteilt sich auf den mittleren Bauernbetrieb und den Großbetrieb. Ziffermäßig werden von 100 Kühen, die an der Milcherzeugung im Beobachtungsgebiet teilnehmen, über 84 Stück dem Parzellenwirt und kleineren Bauer (2 bis unter 5 ha) angehören.

Was die Rindviehschläge betrifft, so sind die langjährigen Bestrebungen der Großherzoglichen Regierung, im ganzen Lande eine möglichst einheitliche Zuchtrichtung herbeizuführen, auch im Untersuchungsgebiet von sichtlichem Erfolg begleitet gewesen. In die regellose, aber doch allgemein nach dem Ziel einer Verbesserung betriebene Kreuzungszucht kam nach und nach mehr Ordnung. Aus der Mischung des einheimischen Viehes mit den verschiedenen fremden Schlägen gewannen die mit dem Simmentaler Farren erzielten Produkte allmählich die Oberhand, weil diese am gleichmäßigsten den wirtschaftlichen Ansprüchen genügten, die der landwirtschaftliche Betrieb in den hiesigen Bezirken stellt: Vereinigung von Milch-, Mast- und Zugfähigkeit.

Im Jahre 1900 wurde erstmals eine Erhebung über die Rasse und den Schlag der Viehbestände veranstaltet. Nach der Viehzählung vom 1. Dezember 1908 waren im Untersuchungsgebiet 80 240 Stück Rindvieh im ganzen vorhanden, davon entfielen auf

Simmentaler	€8 207 =	85,0 %
Sonstige Schweizer Rassen .	1 207 =	1,5 %
Hinterwälder	369 =	0,5 %
Vorderwälder	201 =	0,2 %
Sonstige Rassen	10 256 =	12,8 %

Danach gehören 85 % des Gesamtrindviehbestandes dem Simmentaler Schlag an.

Fast ausschließlich herrscht diese Rasse in den Bezirken Bretten mit 93 % und Eppingen mit 92 % vor, dann folgt Bruchsal mit 87, Rastatt mit 83, Karlsruhe mit 78 und schließlich Durlach mit 75 %.

Unter den „sonstigen Schweizer Rassen" ist fast ausschließlich das graue Rigivieh[1] (Schwyzer Vieh) vertreten. Die Vorder- und Hinterwälder kommen nur in einzelnen Orten vor.

Im Brettener Bezirk ist es die Gemeinde Diedelsheim, in welcher 18 Rigikühe und 24 Vorderwälder Kühe gehalten werden. Im Bezirk

---

[1] Das graue Rigivieh ist der schönste und wertvollste aller einfarbigen Schweizer Schläge und ist vorwiegend in der Nordostschweiz und in Tirol verbreitet und wird ferner im bayrischen Allgäu, in Württemberg, hie und da auch in Baden und Hessen gezüchtet. Das Kuhgewicht beträgt 650—750 kg. Unstreitig ist es ein ganz vorzügliches Milchvieh (2500—3000 l per 500 kg Lebendgewicht) und besitzt eine hohe Widerstandsfähigkeit gegen die Tuberkulose. Allerdings ist es zur Mast weniger geeignet, gegen Inzucht sehr empfindlich und verlangt guten Weidebetrieb.

Karlsruhe werden von den Kuhhaltungen im Weichbilde der Stadt 100 Rigikühe, 24 Hinterwälder und 30 Vorderwälder nachgewiesen. Außerdem sind noch in den Gemeinden Graben (40), Blankenloch (36) und Linkenheim (36) vorwiegend Rigikühe anzutreffen. Im Eppinger Bezirk verteilt sich das Schwyzer Vieh auf 7 Gemeinden, wovon Rohrbach (22), Adelshofen (16) und Reihen (13) das Hauptkontingent stellen. Im Bezirk Rastatt ist es vorwiegend in den Gemeinden der Rheinebene mit ausgesprochenem Milchabsatz, wie Iffezheim (78), Hügelsheim (75) zu finden, während sämtliche Vorder- und Hinterwälder Kühe in den Gemeinden des anschließenden Schwarzwaldes gehalten werden. Im Bruchsaler Bezirk sind die Rigikühe hauptsächlich in den Gemeinden Neudorf (115), Wiesenthal (80), Oberöwisheim (57) zu treffen. Im Durlacher Bezirk endlich hält das Hofgut Hohenwettersbach allein 55, dann kommen die Gemeinden Söllingen (36) und Grötzingen (18), während 6 Schwyzer und 4 Vorderwälder Kühe in Stupferich zu finden sind.

Die Vorder- und Hinterwälderkühe, welche im Kreise Freiburg und Lörrach beheimatet sind, liefern eine fettreiche Milch, sind klein im Wuchs und verhältnismäßig anspruchslos in der Ernährung.

Mehr oder weniger werden aber diese Viehrassen lediglich in solchen Wirtschaften eingestellt, in denen der ganze Betrieb schon auf Milchproduktion zugeschnitten ist.

Für die kleinbäuerlichen Verhältnisse wird die dominierende Simmentaler Kuh das zweckmäßigste bleiben, da ihr die nötige Widerstandsfähigkeit, räumiger Schritt, Schnellwüchsigkeit und Grobknochigkeit innewohnen[1].

[1] Es fehlt allerdings nicht an Stimmen, welche die Geeignetheit der Simmentaler Rasse für einen Betrieb, der auf Milchwirtschaft eingerichtet ist, in Abrede stellen. Dagegen wird wieder geltend gemacht, daß ungenügende Milchleistung der in kleinbäuerlichen Verhältnissen gezüchteten Simmentaler weniger auf die Rasse selbst, als auf eine unzulängliche, unzweckmäßige, den Anforderungen der Simmentaler Rasse nicht entsprechende Ernährung und Haltung zurückzuführen sei. Den Züchtern sei deshalb zu raten: Begründet die Zucht auf der Ermittlung der Leistungsfähigkeit durch die Kontrollvereine. Denn das Ausmerzen und immer wieder Ausmerzen der weniger leistungsfähigen Tiere hebt die Leistungsfähigkeit einer Zucht. Bei quantitativ und qualitativ reichlicher Ernährung der Zuchttiere werden auch die Klagen über ungenügende Leistung der Simmentaler verstummen. Vgl. Illustrierte landw. Zeitung 1911 Nr. 6 und 1911 Nr. 14 S. 116.

5. Haltung, Fütterung und Pflege des Milchviehes.

Wir haben oben schon gesehen, daß allgemein die Viehzucht und die Viehhaltung im Erzeugungsgebiet große Fortschritte gemacht haben und daß entsprechend der wachsenden Erkenntnis der Bedeutung der Viehzucht als Einnahmequelle ihr vermehrte Sorgfalt und Aufmerksamkeit seitens der Landwirtschaft treibenden Bevölkerung gewidmet wird. Nach den im Untersuchungsgebiet veranstalteten Erhebungen sind die Stallungen zweifellos im letzten Jahrzehnt besser geworden; die vielfach niedrigen dunkeln und dumpfen Aufenthaltsräume haben hellen, luftigen weichen müssen, die mit praktischen Fenstern oder Zuglöchern, zum Teil mit Ventilationseinrichtungen, versehen sind, welche die Abführung der schlechten Luft und die Regelung der Stalltemperatur ermöglichen. Auch in der Verbesserung der Stallböden, des Stallganges und der Jaucherinnen sowie in der Anlage der Jauchegruben außerhalb der Stallungen sind Fortschritte unverkennbar. Ebenso besteht allgemein das Bestreben, die hölzernen Futterkrippen entweder durch Sandsteintröge oder durch Krippen aus glasierter Chamotte oder Ton zu ersetzen. Als Streumaterial wird in der Hauptsache gutes Stroh verwendet, welches auf dem eigenen Besitz erzeugt oder in der Rheinebene teils von großen Gütern teils durch die Einkaufsgenossenschaften beschafft wird. Auch im Herbst gesammeltes Baumlaub und Kartoffelkraut, aus Teichen gewonnenes Schilf werden als Streusurrogat verwendet und helfen z. B. in der stroharmen Hard den Streuvorrat verstärken.

Allerdings besteht auch vielfach die Übung, daß verbrauchtes Bettstroh zum Einstreuen verwendet wird, was absolut zu verwerfen ist; denn schon oft sind durch das Einstreuen derartigen Strohes, auf denen Kranke gelegen haben, ansteckende Krankheiten weiter verbreitet worden.

Einsichtige Landwirte halten außerdem darauf, daß die Spinngewebe im Stall entfernt und letzterer mindestens jährlich einmal mit einem Kalkanstrich zum Schutze gegen Ungeziefer und Seuchengefahr versehen wird.

Man kann sagen, daß im allgemeinen die Bedeutung einer reinlichen Haltung des Milchviehes anerkannt ist. Allein das ist nicht überall so. In einer Reihe von Gemeinden kann man noch vielfach Stallungen antreffen, die nach dieser Hinsicht recht viel zu wünschen übrig lassen. Dazu kommt noch, daß infolge der ununterbrochenen Stallhaltung der Tiere während des ganzen Jahres, wie sie hauptsächlich bei Abmelkwirtschaften üblich ist, und bei der Intensität der Ernährung durch die in solchen Wirtschaften üblichen reichlichen Kraftfuttergaben der Gesundheitszustand der Tiere schlechter und ihre Widerstandsfähigkeit geringer geworden ist. Erkrankungen der Tiere bleiben naturgemäß nicht ohne Einfluß auf die Milch. Außerdem kann man die Wahrnehmung machen, daß die sofortige Absonderung der Milch erkrankter Tiere nicht überall bei den Landwirten als unbedingt notwendig anerkannt wird. Ganz besonders bedenklich ist die Vernachlässigung, wenn die Kühe an Krankheiten leiden, die auf den Menschen übertragbar sind. Es seien hier nur die pockenartigen Eutererkrankungen erwähnt und auf die Eutertuberkulose hingewiesen.

Die naturgemäße Art der Ernährung wäre der Weidegang. Er hat die Heranziehung und Erhaltung eines gesunden leistungsfähigen Milchviehes zur Folge, erfordert geringen Arbeitsbedarf und wirft den höchsten Ertrag ab. Es ist billiger, die Milch von den Weiden zu holen als das Futter zu mähen, grün und in gedörrtem Zustand (Heu und Öhmd) heimzufahren und den Dünger wieder auszufahren. Aber diese Fütterung finden wir im Untersuchungsgebiet nirgends.

Mitte April bis Anfang Mai vollzieht sich der Übergang vom trockenen Winterfutter zur Grünfütterung. Als Übergangsfutter wird am häufigsten ein frühes Roggen-Wickengemenge, auch Luzerne von sonnigen Halden und geschützten Lagen, wie ausgerodeten Weinbergen, verwendet; manchmal muß bei eintretendem Mangel an Winterfutter und geeignetem Grünfutter auch ein Stück Roggenfeld notgedrungen abgefüttert werden, welches dann sofort mit Kartoffeln oder sonstigen Hackfrüchten von neuem bestellt wird. Das erste Grünfutter wird allgemein im Gemisch mit Stroh gehäckselt, um zu verhindern, daß das Vieh das Grünfutter vom Stroh heraussucht. Es wird mit Begierde und großer Hast vom Milchvieh aufgenommen und erfordert deshalb das Füttern während dieser Zeit die größte Aufmerksamkeit, um ein Aufblähen der Milchkühe infolge zu schneller gieriger Aufnahme des jungen stets blähenden, weil leicht verdaulichen Grünfutters vorzubeugen. Nachlässigkeit in dieser Beziehung rächt sich bitter. Durch eine notwendig werdende Notschlachtung wurde schon mancher strebsame Kleinbauer in seiner Existenz bedroht. Leider ist auch die Mehrzahl der Landwirte über eine tatkräftige erste Hilfeleistung in derartigen und ähnlichen Fällen im Stall noch viel zu wenig aufgeklärt. In der Not springt man zu einem Nachbar oder sonst einem Mitbürger, der, wie der Volksmund sagt, „vom Vieh etwas versteht“ oder „in solchen Sachen eine geschickte Hand hat“ und bittet um sein Kommen. Erst in schwierigen Fällen und leider oft zu spät wird nach dem Tierarzt geschickt.

Anzustreben wäre, daß unsere Kleinbauern über die erste Hilfeleistung bei Vorkommnissen im Stall in den Wintermonaten von berufenen Sachverständigen Aufklärung erhielten, und daß die wichtigsten Gerätschaften und Arzneimittel in einer Hausapotheke im Gemeindehaus vorzufinden wären. Mahnt der Übergang vom Winterfutter zum Grünfutter den Landwirt zur Vorsicht, weil bei etwaigen Erkrankungen des Milchviehes ein empfindlicher Ausfall in der Milchproduktion zu verzeichnen ist, so muß anderseits doch zugegeben werden, daß mit dem Übergang zur Grünfütterung eine bedeutende Steigerung des Milchertrages allgemein beobachtet wird.

Während des Sommers ist das Milchvieh im Untersuchungsgebiet ausschließlich auf Stallfütterung angewiesen. Vor dem ersten Rotkleeschnitt und zwischen den einzelnen Schnitten tritt die Luzerne, welche hauptsächlich im Hügelland in ausgedehntem Maße mit starker Kali- und Phosphorsäuredüngung angebaut wird, als Grünfutter ein.

Im Herbst folgen Rübenblätter und Grünmais. Namentlich dieser ist ein geschätztes Beifutter für Milchvieh. In den Gegenden mit wenig Wiesenland wird ein Futtergemenge von Erbsen, Bohnen, Wicken und Hafer in Roggenfelder sofort nach der Ernte eingesät; es liefert nach acht Wochen ein billiges Milchfutter in großen Massen, das wie Klee und sonstiges Grünfutter zur Vermeidung der Futterverschwendung mit Stroh geschnitten wird.

Mitte Oktober beginnt die Winterstallfütterung; der Übergang vollzieht sich allmählich. Fast durchweg bildet ein Häckslegemisch von Stroh und Heu, dessen Zusammensetzung sich nach dem Heuvorrat richtet, ferner Spreue von Hafer, Weizen und Gerste mit Rüben, dazu etwas Salz verabreicht, das Grundfutter. — Hafer- und Gerstenstroh, namentlich bei Kleeuntersaat, werden zum Abfüttern in die Raufen gesteckt und auch vom Milchvieh gerne genommen. Rüben werden gemahlen und vermengt mit Häckseln oder Spreu gefüttert.

Mit der Verfütterung von Rübenkraut und von Stoppelrüben dürfte etwas sparsamer zu verfahren sein. Es ist allerdings nicht zu verkennen, daß die Verwertung dieser Futtermittel im Vorwinter eine nicht zu unterschätzende Hilfsquelle bei der Ernährung des Milchviehes bildet. Auch haben die Erfahrungen der letzten Jahre gezeigt, daß die schädlichen Wirkungen der Rübenblätter durch Beigabe von Heu-, Stroh- und Kraftfutter mit Erfolg bekämpft werden können und daß dann diese Fütterungsweise nicht nur auf die Milchmenge, sondern auch auf die Beschaffenheit der Milch günstig einzuwirken imstande ist.

Aber leider wird in dieser Hinsicht hauptsächlich in der Rheinebene von den Milchbauern viel gesündigt. Rübenblätter und Rübenköpfe werden in Hülle und Fülle gefüttert. Die Folge davon ist, daß das Milchvieh diese Fütterungsweise mit einem ständigen Durchfall zu quittieren pflegt. Vielfach nimmt der Bauersmann dies mit ruhigem Gleichmute als eine nicht zu ändernde Folge der Rübenblätterfütterung hin. Dabei muß das Milchvieh des Kleinbauern auch noch die gesamten Gespannarbeiten verrichten. Es darf deshalb nicht wundernehmen, wenn man im Spätjahr vielfach mageres, abgetriebenes Milchvieh antrifft, das, wie der Volksmund treffend sagt, „dasteht, so leer und mager, wie ein Taschenmesser". Durch die Untersuchungen von Müller und v. Wendt[1] ist festgestellt, daß der Durchfall als Folge zu starker Rübenblätterfütterung von Bakterien auf den Rübenblättern herrührt. Außerdem kann die Oxalsäure der Rübenblätter Vergiftungserscheinungen und dabei zweifelsohne Durchfall und Knochenbrüchigkeit hervorrufen, wenn sie auch in vielen, ja vielleicht in den meisten Fällen bei normaler Rübenblattfütterung an der Entstehung des Durchfalls wenig oder gar nicht mitwirkt[2]. Die Genossenschaftsmolkereien, Milchabsatzgenossenschaften tun deshalb aber doch gut daran, daß sie neuerdings ihre Mitglieder anhalten, dieser Säure entgegen zu wirken, und ihre Wirkung durch Beigabe von Kalk abzustumpfen[3].

Wenn auch tatsächlich die Milchbauern der Rheinebene durch den ausgedehnten Rüben- und Stoppelrübenbau auf die Verfütterung der Blattabfälle Wert legen müssen, so sollte dies aber doch nicht dazu verleiten, planlos immer größere Blattmassen zur Verfütterung zu bringen, um den Vorrat möglichst rasch aufzubrauchen. Diese seither geübte Methode läßt sich höchstens in Betrieben mit geringem Rübenbau wirtschaftlich rechtfertigen. In den meisten Betrieben wäre es zweckmäßiger und vom Standpunkt der Fütterungslehre aus auch rationeller, wenn ein Drittel oder ein Viertel der geernteten Blätter in frischem Zustand verfüttert und die übrigbleibenden Mengen durch Einsäuern

---

[1] Müller und v. Wendt, Abhandlungen aus dem Gebiete der Tierhaltung. Erstes Heft. Berlin, Parey 1908.

[2] A. a. O. S. 17.

[3] Man rechnet etwa 2 g Schlämmkreide (also kohlensauren Kalk) auf 1 kg Rübenblätter und demgemäß verwenden einsichtige Landwirte auf eine tägliche Ration von 20—50 kg Rübenblätter etwa eine Ration von 50—100 g Schlämmkreide. Viel geeigneter ist jedoch die Anwendung von phosphorsaurem Kalk (Futterknochenmehl).

für die Winterfütterung aufbewahrt würden. Größere Betriebe gehen in dieser Beziehung vorbildlich voran. Solche eingesäuerten Rübenblätter und Köpfe werden vom Milchvieh gerne genommen und wirken weniger stark abführend.

Die Stoppelrüben selbst, welche sich durch einen scharfen senfölhaltigen Stoff auszeichnen, sollten mit Vorsicht an Milchvieh verfüttert werden. Meistens werden aber gerade diese Rübenarten ihrer geringen Haltbarkeit wegen zuerst weggefüttert und in hohen Gaben gegeben. Der Rübengeschmack der Milch wird nicht allein durch den aufdringlichen Rübengeruch im Stalle oder vielleicht durch den Dünger, sondern ebenfalls durch Bakterien, die sich auf den Rüben befinden, hervorgerufen [1].

Das in den weitaus meisten Betrieben in genügender Menge zur Verfügung stehende Rauhfutter, wie Heu, Stroh und Spreu, dazu Rüben, nasse Schnitzel oder sonstiges Massenfutter ist zur Sättigung der Tiere als Erhaltungs- oder Grundfutter wohl ausreichend, dagegen ist diese Futtergabe nicht imstande, denjenigen Landwirt, der sich mit der Milchlieferung nach der Stadt befaßt, auf die Dauer mit den Leistungen seiner Milchtiere zu befriedigen; ein Leistungsfutter ist es nicht! [2]

Würden etwa 30 Pfund gutes Heu pro Tag und Kopf verabreicht werden können, so wäre solches Futter für Milchleistung vollauf genügend. Solche Wirtschaften sind aber unter den schon erwähnten Gründen in den allerseltensten Fällen anzutreffen, meist kranken die kleinbäuerlichen Betriebe schon um Lichtmeß am „Heuschrecken" [3].

Nur in besonders günstigen Fällen übersteigt die Heugabe wesentlich die Höhe von 4—5 kg, der Rest muß durch die in der Wirtschaft ge-

[1] Milchzeitung 1907 Nr. 21 S. 245.

[2] Milch und Fleisch sind eiweißhaltige Produkte. Deshalb muß Eiweiß in genügender Masse im Futter vorhanden sein. Aber dazu reicht das Grünfutter der eigenen Wirtschaft nicht aus. Im Futter der Milchkühe soll das verdauliche Eiweiß sich zu dem Fett und den Kohlehydraten zusammen verhalten wie 1:5—7 (Pott, Handbuch der tierischen Ernährung, Berlin, Parey). Auf 1000 kg Lebendgewicht berechnet soll pro Tag im Futter einer Milchkuh enthalten sein: etwa 27 kg trockene Masse, um die Tiere zu sättigen. Darin wieder sollen an verdaulichen Nährstoffen enthalten sein: 2,5 kg Eiweiß, 0,4 kg Fett, 15,0 kg Kohlehydrate (Stärke oder Zucker). Als Erhaltungsfutter (ohne Leistung) sind dagegen schon 0,7 kg Eiweiß und 6,6 kg Kohlehydrate nach den Kellnerschen Versuchen hinreichend.

[3] „Zu Lichtmeß soll noch die Hälfte des Heues auf dem Boden sein," sagt ein altes Sprichwort. Sieht aber der Landwirt um diese Zeit, daß sein Heuvorrat bis zur Grünfütterung knapp wird oder voraussichtlich nicht ausreicht, dann pflegt er vom „Heuschrecken" zu sprechen.

wonnenen Rauhfutterstoffe ersetzt werden, die aber arm an Eiweiß und verhältnismäßig reich an Kohlehydraten sind, somit dem geforderten Nährstoffverhältnis nicht entsprechen. Es ist klar, daß zur Erzielung einer angemessenen Milchleistung das in der Nahrung in solchen Fällen fehlende Eiweiß auf andere Weise ersetzt werden muß. Dazu dienen die sogenannten Kraftfutterstoffe, die durch ihren Eiweißüberschuß den Mangel daran in Stroh und Rüben oder geringem Heu soweit ausgleichen, daß ein richtiges Verhältnis im Gesamtfutter zustande kommt. Es kommen hierbei in der Hauptsache Ölkuchen, Biertreber, Malzkeime, Kleie und Maisschrot in Betracht.

In der Frage der Beschaffung und der Auswahl der Kraftfuttermittel steht dem Landwirt im Genossenschaftswesen eine vorzügliche Organisation zur Seite, die ihn vor Übervorteilungen und Fehlgriffen beim Ankauf schützt. Wir möchten hier ganz besonders auf die segensreiche Tätigkeit des Genossenschaftsverbandes der badischen landwirtschaftlichen Vereinigungen hinweisen, der im Jahre 1908 143 840 dz Kraftfuttermittel im Gesamtwerte von 1 800 000 ℳ an die ihm angeschlossenen örtlichen Bezugsgenossenschaften absetzte. Über diese Tätigkeit entnehmen wir dem Festberichte zum 25jährigen Jubiläum dieser Organisation[1] folgendes:

„In den Preislisten des Verbandes ist auf die wichtigen Bestandteile und Nährstoffe bei Preisfestsetzung genau Bezug genommen. Ähnlich wie der Düngerbezug wird auch der Bezug von Kraftfuttermitteln durch den Verband gehandhabt und der Ankauf ausschließlich von ihm besorgt. Jeder Verein erhält eine Zusammenstellung der zurzeit geltenden Futtermittelpreise; diese Preisverzeichnisse haben dann so lange Geltung, bis eine neue Preisliste zur Ausgabe gelangt und soweit der Vorrat des Verbandes reicht. Die Lieferung erfolgt gegen Barzahlung innerhalb 30 Tagen. Je nach Lage und Konjunktur des Marktes muß der Verband den Ankauf und die Ausgabe von Preisverzeichnissen einrichten. Die Preisverrechnung erfolgt gewöhnlich in 100 kg Brutto, wobei noch die Anlieferungskosten für Fracht mitgerechnet werden. Etwaige Schädigungen wegen Mindergehalt werden nach dem Grundsatze des Ausgleiches berechnet. Als Lieferanten werden nur gute Firmen gewählt, um möglichst Sicherheit des ganzen Bezuges zu garantieren. So kommt der Landwirt als Mitglied einer Einkaufsgenossenschaft auf reellste Weise zu dem was er will.

Vergleichen wir noch die Arten der Kraftfuttermittelbezüge in den ersten Jahren und heute, so findet man eine große Mannigfaltigkeit der

[1] Riehm, Festschrift zur 25jährigen Jubelfeier des Verbandes der bad. landw. Konsumvereine. Karlsruhe, Reiff 1908.

verschiedensten Sorten. In den ersten Jahren vermittelte der Verband hauptsächlich folgende sechs Artikel: Palmkuchen, Kleie, Erdnuß-, Kokos- und Repskuchen sowie Reismehl, heute sind es ca. 30 Sorten Kraftfuttermittel geworden."

Die Frage, „Wie viel Kraftfutter" verfüttert der Milchwirt pro Kopf und Tag, läßt sich nicht ohne weiteres beantworten. Nach den Wahrnehmungen, die wir in einer größeren Anzahl typischer Betriebe gemacht haben, gibt der kleine Landwirt nur mäßige Kraftfuttermittelgaben von etwa ½—1 kg pro Tag und Haupt Rindvieh, aber er füttert dafür individuell. Die unausgesetzte Überwachung der Tiere, das „Auge des Herrn" sind ihm die besten Hilfsmittel zur Entscheidung der Frage, ob eine Beibehaltung oder Steigerung der durchschnittlichen Kraftfuttergaben wirtschaftlich gerechtfertigt ist oder nicht. Probieren geht ihm über studieren. Jedes Tier erhält das teure Kraftfutter nach seinen eigenen Leistungen; frischmilchende Tiere im allgemeinen mehr, die altmilchenden weniger. Die Milchkühe lieben bekanntlich im Futter die Abwechslung, diesen Neigungen kann der Kleinbauer in der Art und Weise, wie er das Futter verabreicht, am besten Rechnung tragen. Es kommt eben bei der Fütterung nicht allein auf den Gehalt an Nährstoffen, sondern auch ebensosehr auf die Form und Schmackhaftigkeit an, in welcher die Nahrung geboten wird. Als ein Fehler, der übrigens eine große Verbreitung gefunden hat, ist es zu bezeichnen, daß die Kraftfuttermittel gewöhnlich statt in trockenem Zustand oder höchstens schwach angefeuchtet, als wässerige Tränke verabreicht werden, wodurch die Ausnutzung derselben herabgedrückt wird [1].

Ein zahlenmäßiges Erfassen der Mengen käuflicher Kraftfuttermittel, welche im Jahre 1908 an die Milchwirte des Untersuchungsgebiets abgesetzt wurden, ist auf Grund der buchmäßigen Aufzeichnungen der landwirtschaftlichen Bezugsgenossenschaften möglich. Allerdings können diese Angaben nur annähernde Anhaltspunkte geben, weil jene Mengen, die einzelne Landwirte vom Handel kaufen, nicht festgestellt werden können.

Nach dem Rechenschaftsbericht des Genossenschaftsverbandes wurden geliefert [2]:

[1] Wolf, Rationelle Fütterung. Berlin 1885.

[2] Rechenschaftsbericht an die 26. Abgeordnetenversammlung des Verbandes bad. landw. Konsumvereine. J. J. Reiff. Karlsruhe 1909, sowie Jahresbericht des bad. landw. Vereins für 1908. G. Braunsche Hofbuchdruckerei. Karlsruhe 1909. Die Zahlen wurden bei den einzelnen örtlichen Organisationen auf Grund der Abgabenachweisungen erhoben.

Amtsbezirk	Kraftfuttermittel dz	Geldwert ℳ	Am Bezug beteiligte Mitglieder	Aufwand pro Mitglied ℳ
Bretten	2 002	28 160	236	119
Karlsruhe . . .	6 436	109 560	652	168
Eppingen . . .	1 819	22 790	214	107
Rastatt	4 861	58 450	648	90
Bruchsal . . .	1 277	20 125	205	98
Durlach	3 922	46 760	336	139
Erhebungsgebiet	20 317	285 845	2291	120
Im Durchschnitt auf einen Amtsbezirk	3 386	47 641	382	

Bemerkenswert ist vor allen Dingen, daß die Landwirte der in der Rheinebene gelegenen Bezirke Karlsruhe und Rastatt, welche durch ihre leichten Böden ein verhältnismäßig nährstoffarmes Futter produzieren, zahlenmäßig am meisten am Futtermittelbezug teilnehmen (zusammen 1300 = 56 %), während die Intensivität des Bezuges in der Richtung nach dem Hügelland mit seinen ergiebigeren Futterböden abnimmt. Weiter läßt diese Darstellung erkennen, daß die baren Aufwendungen, welche die einzelnen Landwirte für den Zukauf von Kraftfuttermitteln machen, recht beträchtliche sind (durchschnittlich 120 ℳ im Jahr), namentlich, wenn man in Rücksicht zieht, daß es sich hierbei fast ausschließlich um Kleinbauern handelt, die über einen Viehstand von 3—5 Stück verfügen. Am meisten Kraftfuttermittel werden im Bezirk Karlsruhe gekauft, wo sich der Aufwand pro Mitglied auf durchschnittlich 168 ℳ beziffert; dann folgt Durlach mit 139 ℳ. Es ist begreiflich, daß hier vor den Toren von Karlsruhe und der Amtsstadt Durlach mit einer stark durchsetzten industriellen Bevölkerung alle Mittel angewendet werden, welche die Erzielung von Höchsterträgen in der Milchwirtschaft gewährleisten. Wenn die Bezirke Bretten und Eppingen dagegen um ein beträchtliches zurückbleiben, so ist der Hauptgrund darin zu suchen, daß in dieser vorwiegend Getreidebau treibenden Landesgegend geringwertigere Getreidesorten sowie sämtliche Abfallfrucht geschrotet und an das Vieh verfüttert werden. Außerdem besteht dort auch die gute alte Sitte, daß jeder Bauersmann sein Getreide bei einer Kundenmühle zu Weiß- und Brotmehl vermahlen läßt, wobei er als Nebenprodukte Kleie und geringeres Schwarzmehl gewinnt, das gleichfalls Fütterungszwecken dient.

Im Bezirk Rastatt könnte der anscheinend geringe Kraftfuttermittelverbrauch darauf schließen lassen, daß hier der reiche Bestand von Wiesen einen erhöhten Zukauf von Kraftfutter nicht bedingt. Bis zu einem gewissen Grade ist dies der Fall. Doch muß als Eigenart bei der Fütterung in diesem Bezirke sowohl als in manchen Orten des anschließenden Bezirks Karlsruhe berücksichtigt werden, daß hier das sogenannte „Grünmalz", welches als Abfallprodukt bei der Karlsruher und Rastatter Industrie gewonnen wird, als Milch- und Mastfutter eine große Rolle spielt. Eine zahlenmäßige Wiedergabe der hierbei auf den einzelnen Abnehmer fallenden jährlichen Durchschnittsmenge ist deshalb nicht möglich, weil der Vertrieb dieses Futtermittels ausschließlich in den Händen von Wiederverkäufern liegt; alle diesbezüglichen Bestrebungen der Landwirte, in Großbezügen ab Brauerei zu beziehen, sind an dem mangelnden Entgegenkommen der Brauereien gescheitert[1].

6. Gewinnung und Behandlung der Milch.

Reinlichkeit und Pünktlichkeit haben als oberste Grundsätze bei Gewinnung und Behandlung der Milch zu gelten. Auch in dieser Beziehung lassen sich bei den Landwirten unbedingte Fortschritte wahrnehmen. Wir konnten uns in einer Reihe von Gemeinden überzeugen, daß die Melkgefäße an Sauberkeit nichts zu wünschen übrig lassen und daß auch das Melkgeschäft selbst mit der gebührenden Reinlichkeit vorgenommen wird. Allerdings wird in dieser Beziehung in manchen Ställen noch vieles vernachlässigt, andernfalls würden die berechtigten Klagen über Sauerwerden und schlechten Geschmack der Milch, wie sie sowohl aus den Kreisen der Händler als auch besonders der Konsumenten kommen, nicht möglich sein. Namentlich ist uns aufgefallen, daß fast allgemein die Übung besteht, das zum Reinigen der Euter bestimmte lauwarme Wasser im Melkgefäß mitzubringen und unter Benutzung des Melkgeschirres die Abwaschung vorzunehmen, wobei dann allerdings ein ein- bis zweimaliges Ausschwenken der Melkgefäße mit frischem Wasser stattfand. Eine Abtrocknung der Euter, ein nochmaliges Waschen der Hände wurde nur in seltenen Fällen vorgenommen.

[1] Die Ursachen über die Beziehungen des Futters zur Milchproduktion und insbesondere zum Gehalte der Milch an Fett sind noch nicht völlig aufgeklärt. Infolgedessen bestehen hierüber bei den Landwirten zurzeit auch noch ganz verschiedene Anschauungen. Im allgemeinen nimmt der Praktiker an, daß, wenn die Futterwirkung auf die Menge des Fettes in der Milch überhaupt einen Einfluß ausübt, dieses nur innerhalb sehr geringer Grenzen und nur insoweit stattfinden kann, als ihr mächtigere Faktoren einen Spielraum lassen. Vgl. den Verhandlungsbericht über den V. Internationalen Kongreß für Milchwirtschaft in Stockholm 1911. Ill. Landw. Zeitung 1911 S. 231 ff. und Harnoth in Frühlings landwirtsch. Zeitung. Stuttgart 1904 Nr. 11 u. 12.

Das Melken geschieht allgemein in den bäuerlichen Wirtschaften während des Fütterns und morgens auch meistens nach dem Ausdüngen. Gerade gegen letztere Übung wird von seiten der Hygieniker Stellung genommen. Nicht mit Unrecht; denn die Milch schäumt während des Melkens und kommt daher in reichlichem Maße mit der Luft in Berührung, so daß sie am besten dazu disponiert ist, den nach dem Ausdüngen besonders stark hervortretenden „Stallgeruch" aufzunehmen.

Nach dem Melken gehört ein sofortiges Lüften, Seihen und Kühlen der Milch in sauberen Räumlichkeiten zu den ersten Grundbedingungen, wenn mit Erfolg die Süßmilchlieferung betrieben werden soll.

Noch vielfach fehlt es hieran bei den Produzenten am nötigen Interesse oder am erforderlichen Verständnis oder auch an beidem. Viel wäre schon erreicht, wenn die Milchproduzenten an Stelle der sogenannten Seihtücher oder Drahtsiebe, die manchmal an Appetitlichkeit viel zu wünschen übrig lassen, ein gutes Filtriermaterial in der Art eines Wattefilters bei der Milchbehandlung benutzen wollten. Leider hat sich aber dieses ebenso zweckmäßige als einfache und saubere Filtriermaterial noch gar keinen Eingang bei der bäuerlichen Bevölkerung verschaffen können. Als Grund der Nichtbenutzung wird die Kostspieligkeit der Verwendung neuer Watteeinlagen bei jeder Filtration und auch die verhältnismäßig lange Zeitdauer, welche das Durchseihen beansprucht, hervorgehoben. Je schneller die Milch durchläuft, desto lieber ist es der Bäuerin.

An das Seihen schließt sich die Kühlung an, zu der in den allermeisten Fällen das zur Verfügung stehende Brunnenwasser genügt. In den kleineren Wirtschaften besorgt man zuweilen das Kühlen der Milch nach dem Melken gleich im Stalle selbst oder in einem mit dem Stalle in Verbindung stehenden unmittelbar anschließenden Raume in der Weise, daß die kuhwarme Milch gleich in die Versandkannen abgeseiht und dann so lange ins Brunnenwasser gestellt wird, bis es Zeit zur Ablieferung geworden ist. Verspätungen im Melkgeschäft gehen erfahrungsgemäß auf Kosten einer richtigen Kühlung. Diese primitivere Art der Milchkühlung läßt sich begreiflicherweise nur in der Nähe der Stadt auf diese Weise handhaben. Handelt es sich um größere Entfernungen, aus denen die Milch herbeigeschafft werden muß, dann ist tiefere Kühlung unerläßlich. Man findet dann meistens die nach dem bekannten System Lawrence eingerichteten Gegenstromkühler in Verwendung, bei denen zugleich noch eine Lüftung der Milch vorgenommen wird, da die Milch in dünner Schicht über eine gewellte Metallfläche herabfließt, während das kalte Brunnenwasser im Innern des Kühlkörpers auf der anderen

Seite der Metallfläche, entgegen der Richtung des Milchstromes, ihren Weg nimmt. Das Brunnenwasser kann nach Bedarf künstlich durch Einpacken einer Eis-Salzmischung auf eine entsprechend niedrige Temperatur gebracht werden.

Obwohl die Anschaffungskosten solcher Apparate nur etwa 100 bis 120 Mk. betragen und diese Ausgaben den einzelnen Milchproduzenten wohl möglich wären, so tritt uns doch die erfreuliche Erscheinung entgegen, daß in diesen Fällen die Produzenten die Einzelanschaffungen vermeiden und durch genossenschaftlichen Zusammenschluß eine rationell eingerichtete Milchkühlungs- und Versandanlage herstellen.

Damit streifen wir auch die Grundbedingungen, welche für die Erzeugung einer guten Milch erfüllt werden müssen. Dabei ist eine gute Gewinnung und Behandlung der Milch durchführbar, ohne die Milchproduzenten wesentlich zu belasten. Die im allgemeinen gestellten Forderungen liegen im Interesse des Milchviehhalters und Milchproduzenten selbst, so daß die daraus hervorgehenden vermehrten Kosten im wesentlichen gedeckt werden durch eine erhöhte Leistungsfähigkeit der Kühe und die gesteigerte Haltbarkeit und damit verbundene bessere Verwertbarkeit der Milch. Für die kleineren Besitzer mit einer geringeren Kuhzahl wird die Beschaffung der Kühleinrichtung meistens nicht anders als auf genossenschaftlichem Wege zu erreichen sein. Aber die Anlage bequem gelegener Kühlstellen dürfte nicht so kostspielig sein, daß daran die Erfüllung der gestellten Forderungen scheitern sollte, um so weniger als sich, wie wir später zeigen werden, die Möglichkeit bietet, bei der Milchverteilung, d. h. auf dem Wege vom Stall bis zum Konsumenten, eine nicht unerhebliche Ersparnis eintreten zu lassen.

II. Die Viehhaltung in der Stadt.

Die Lage des Viehhalters im Weichbild der Stadt Karlsruhe wird immer schwieriger. Grund und Boden für die Stallungen werden mit jedem Jahr teuerer, die Haltung und Fütterung des Milchviehes kostet mehr als draußen auf dem Land, wo das Vieh in natürlicher Weise gehalten und zur Zucht und Arbeit verwendet wird. Gleichzeitig erschwert die strenge Handhabung der sanitätspolizeilichen Vorschriften die Kuhhaltung. Dazu kommt noch, daß die meisten der Karlsruher Viehbesitzer nicht kapitalkräftig genug sind, um ungünstige Konjunkturen und unvorhergesehene Unglücksfälle überstehen zu können. Leider besteht zur Schadloshaltung gegen die letztgenannten Unfälle bei den Karlsruher

Viehbesitzern noch kein Viehversicherungsverein. Meistens sind es frühere Melker oder Milchhändler, die durch Fleiß und Tüchtigkeit es zu einigen Ersparnissen gebracht haben und nun glauben, durch den Betrieb einer Abmelkerei viel Geld verdienen zu können. Sehr oft tritt der umgekehrte Fall ein, die Leute stecken ihr Vermögen in den Betrieb und können sich nicht mehr halten. Die Folge ist fortgesetzter Besitzwechsel und Rückgang der Zahl der Melkereien.

Nach den Viehzählungen hatten durchweg die am dichtesten bevölkerten Stadtteile die meisten, die neueren Stadtteile und der Schloßbezirk die wenigsten Kühe. Im ganzen zählt das Stadtgebiet 159 Kühe. Von den städtischen Vororten hatte Rüppur die meisten Kühe: 209, dann kommt Mühlburg mit 195, Beiertheim mit 138 und Rintheim mit 129.

Nur einige kapitalkräftige Kuhhalter, deren ganzer Geschäftsbetrieb auf die Gewinnung von sogenannter Vorzugsmilch gerichtet ist und die sich auch durch ihren guten geschäftlichen Ruf entsprechende Preise dafür zahlen lassen können, haben ein gewinnbringendes Geschäft.

Unter Vorzugsmilch ist in der Regel weiter nichts zu verstehen, als eine von sauber gehaltenen, gut ernährten und gesunden Tieren, unter besonderen Vorsichtsmaßregeln in bezug auf Reinlichkeit gewonnene Milch, die sich infolge ihrer zweckmäßigen Gewinnung und Behandlung durch große Sauberkeit und infolgedessen auch durch größere Haltbarkeit auszeichnet.

Zu diesen städtischen Milchgeschäften gehören besonders die sogenannten Milchkuranstalten.

Dieselben unterstehen der Kontrolle des Ortsgesundheitsrates, welcher bestrebt ist, dafür Sorge zu tragen, daß die von diesen Anstalten gewonnene Milch, insbesondere die als Ersatz für Muttermilch zur Ernährung von Säuglingen sowie die zum Kurtrinken für Kranke und Rekonvaleszenten in den Verkehr gebrachte Milch den gesundheitlichen Anforderungen in bezug auf ihren Gehalt an Fett und an Trockensubstanz entspricht. Man ging deshalb den Milchproduzenten, insofern sie sich einer diesbezüglichen Kontrolle unterwerfen wollten, mit sachverständigen Anweisungen an die Hand, die sich auf die Auswahl der Milchkühe, die Art der Fütterung und Behandlung derselben sowie auf die Einrichtungen der Stallungen erstreckten. Die zurzeit geltenden Bestimmungen, auf Grund derer der Ortsgesundheitsrat die Kontrolle über eine Milchkuranstalt übernimmt, lauten:

1. Der Besitzer der Milchkuranstalt verpflichtet sich, nur Kühe von solchen Rassen in seiner Anstalt zu verwenden, welche erfahrungsgemäß gehaltreiche Milch (mindestens 3,5 % Fett) liefern (Simmentaler und Braunvieh). Die Kühe müssen gesund, mindestens vier und nicht über zehn Jahre alt sein. Ausgeschlossen sind

ohne weiteres alle Kühe, welche glanzloses Haar besitzen, abmagern, husten, Nasenausfluß haben oder Geschwulste im Halse, an der Vorderbrust, zwischen den Hinterschenkeln, an der Unterbrust oder am Bauche zeigen, die von Lymphdrüsen oder Wasseransammlung unter der Haut herrühren, und mit Fehlern des Euters, namentlich mit bleibenden Geschwulsten an und in demselben und in seiner nächsten Umgebung behaftet sind.

2. Wenn auch ein Milchtier den genannten Anforderungen entspricht, so ist dasselbe gleichwohl durch den hierzu vom Ortsgesundheitsrat bestimmten Tierarzt mit Kochscher Lymphe zu impfen und darf nur in dem Fall eingestellt werden, daß es hierauf in den nächsten 36 Stunden keinerlei Krankheitszeichen wahrnehmen läßt. Die Einstellung eines neu angeschafften Tieres in den Stall darf daher erst erfolgen, wenn der vorerwähnte Tierarzt die Genehmigung erteilt hat.

3. Die Impfung geschieht auf Kosten des Ortsgesundheitsrates.

4. Sollte die Rücknahme eines Tieres, welches auf die Impfung reagiert hat, seitens des Verkäufers verweigert werden und sich bei der richterlich angeordneten Schlachtung das Tier als tuberkulosefrei erweisen, so ersetzt der Ortsgesundheitsrat den durch die Schlachtung und Prozeßführung erlittenen Schaden.

5. Der Gesundheitszustand ist strengstens zu überwachen. Wöchentlich einmal ist die Körperwärme jeder Kuh durch minutenlanges Einlegen eines Maximalthermometers in den Mastdarm abzunehmen. Die Messung der Körperwärme hat außerdem jedesmal stattzufinden, wenn ein Tier das Futter verweigert, nicht munter ist, die Haare stellt, oder sonst auffällige Erscheinungen wahrnehmen läßt. Sollte die Erhöhung der Körperwärme eines Tieres über 39° C. oder sonst eine Erscheinung wahrgenommen werden, welche Verdacht auf Erkrankung des Tieres erweckt, so ist sofort dem unter 2. genannten Tierarzt Anzeige zu machen und die Milch der Kuh vorläufig nicht an Kunden abzugeben.

6. Sobald bei einer Kuh eine Krankheit festgestellt ist, muß sie aus dem Stalle entfernt und darf die Milch nur nach tierärztlicher Genehmigung abgegeben werden.

7. Kühe, welche hochträchtig sind, müssen unmittelbar vor dem Kalben aus dem Stalle entfernt werden. Das Weggeben von Milch hochträchtiger Kühe (vom sechsten Trächtigkeitsmonat ab) und von Milch von Kühen, welche frisch geboren haben, vor Ablauf des 14. Tages nach dem Kalben ist verboten.

8. Nach Ablauf jedes Jahres seit der Einstellung einer Milchkuh ist die letztere abermals der Prüfung mit Tuberkulin zu unterwerfen. Diejenigen Tiere, welche auf die Impfung reagieren, müssen sofort aus dem Stall entfernt werden. Das Weggeben von Milch dieser Tiere ist untersagt.

9. Die Fütterung der Tiere darf nur nach Vorschrift des Ortsgesundheitsrates geschehen. Niemals dürfen Küchenabfälle, Blätter von Stoppel- und Runkelrüben, Stoppelrüben, Senfkraut, ausgejätete Unkräuter von Feld und Garten, Bucheln oder Buchelölkuchen, schlechtes Heu oder sonst irgend verdorbener Futterstoff verfüttert werden; dagegen wird gestattet, daß den Kühen täglich eine 2 kg nicht übersteigende Gabe von Zucker- oder Dick- oder gelben Rüben gereicht, dafür aber 1 kg Heu und etwa 6 g Salz jeder Kuh an der festgesetzten Tagesfutterration abgezogen wird. Der Übergang von Trocken- zur Grünfütterung und umgekehrt darf nur nach besonderer Genehmigung des Ortsgesundheitsrates stattfinden.

10. Die vom Ortsgesundheitsrat genehmigte Futtermischung ist auf eine Tafel zu schreiben, so daß beim Eintritt in den Stall die Art der genehmigten Fütterung gleich erkannt werden kann.

11. Personen, die an infektiösen Krankheiten (insbesondere an Tuberkulose) leiden oder in letzter Zeit gelitten haben, dürfen weder die Kühe melken, noch in irgend einer Weise bei der Gewinnung, Aufbewahrung, Versendung oder beim Verkauf von Milch beschäftigt werden.

12. In allen Räumen und Gefäßen der Milchwirtschaft ist Reinlichkeit zu beobachten. Die Tiere selbst sind täglich zu putzen und wenn nötig auch zu waschen.

13. Bei irgend warmer Witterung muß alle Milch, welche nicht unmittelbar als warm verwendet wird, durch einen Kühlapparat gleich nach dem Melken rasch abgekühlt werden.

14. Das Milcherträgnis jeder Kuh ist am ersten Tage jeden Monats bei jedem Melken zu messen, auf einer Tafel sowie in einem Buch aufzuschreiben.

15. Die Milch der verschiedenen Kühe ist wöchentlich einmal zu mischen, ihr spezifisches Gewicht und ihr Rahmgehalt zu bestimmen und ebenfalls auf einer Tafel und in dem Buche zu verzeichnen.

16. Den Mitgliedern des Ortsgesundheitsrates ist jederzeit der Eintritt in die Stallung, Futter- und alle anderen zur Milchwirtschaft gehörigen Räume gestattet, und verpflichtet sich der Besitzer der Milchwirtschaft, jeder hier nicht angeführten Anordnung des Ortsgesundheitsrates nachzukommen.

17. Diese Übereinkunft ist seitens des Ortsgesundheitsrates jederzeit widerruflich. Der Widerruf enthebt jedoch den Ortsgesundheitsrat nicht seiner Ersatzpflicht bezüglich desjenigen Schadens, welcher dem Besitzer der Milchwirtschaft aus einer vor dem Widerruf erfolgten Impfung erwachsen sollte.

Mit dem Vollzug der vorstehenden Vorschriften sowie mit der Überwachung der in den Milchkuranstalten gewonnenen Milch sind ein Tierarzt, die Schutzmannschaft und die Lebensmittelprüfungsstation betraut.

Zurzeit besteht hier nur eine Milchkuranstalt (Birkenmeier) unter Kontrolle des Ortsgesundheitsrates. Sie besitzt eine allen Anforderungen der Hygiene entsprechende Stallung mit 18 Kühen, die jährlich etwa 65000 l Milch liefern. In dem an die Stallung sich anschließenden Garten, in schönster Lage der Stadt, ist eine Trinkhalle zum Kurtrinken eingerichtet. Nach dem Ergebnis der bisherigen Untersuchungen zeigt die Milch folgende Durchschnittszusammensetzung:

Spezifisches Gewicht bei 15° C.: 1,031—1,033.

100 g Milch enthalten Gramme:

Trockensubstanz	12,5—14,0
Milchfett	3,5—4,2.

Die Milch erweist sich somit als normale, gute Kuhmilch und ist zur Ernährung von Säuglingen besonders geeignet.

Zweiter Abschnitt.

Der Milchabsatz.

I. Die Beförderung der Milch.

1. Achsentransport.

Bei der Beförderung der Milch auf nahe und weitere Entfernungen, die bei der Versorgung volkreicher Plätze in Betracht kommt, ist von besonderer Wichtigkeit, daß die Milch bis zum Gebrauch süß und möglichst unverändert bleibt. In tierwarmem Zustand kann sie ausnahmsweise auf kurze Strecken und in den Wintermonaten befördert werden, während es je nach der Jahreszeit und der Dauer der Beförderung unbedingt geboten ist, daß eine Abkühlung auf unter 12 ° C erfolgt, weil bei Temperaturen, die über diesem Wärmegrade liegen, das Wachstum der den Milchzucker zersetzenden Milchsäurebakterien immer lebhafter und üppiger vor sich geht.

Die Art der Gefäße ist deshalb bei Milchtransporten von nicht zu unterschätzender Bedeutung. Bei hölzernen Gefäßen würde es nicht schwer halten, die Milch in der erwünschten Weise frisch zu halten, da Holz die Wärme schlecht leitet. Aber diese Gefäßart, die sich namentlich für die Beförderung der Milch auf Landwagen ganz vortrefflich eignen würde, ist im hiesigen Milchversorgungsgebiet gänzlich unbekannt. Allerdings beanspruchen solche Gefäße auch eine äußerst sorgfältige Behandlung und Reinhaltung. Zur Milchbeförderung werden ausschließlich geeichte Weißblechkannen verwendet, die leicht zu handhaben, schnell und bequem zu reinigen sind. Man kennt nur runde Formen, die meistens 20—25 l fassen. Dieses Kannenmaterial ist durchschnittlich in gutem Zustand, während kleinere Gefäße von 10—15 l Inhalt, die meist von kleinen Lieferanten stammen und auch von Händlern mit geringem Umsatz bezogen werden, oft recht vernachlässigt sind und oft so verbeult und verrostet aussehen, daß sie nicht selten von der Polizei außer Gebrauch gesetzt werden müssen.

Auch für den Achsentransport und die Beförderung zur Bahn sind die runden Blechkannen gut geeignet, indem sie ein bequemes und schnelles Auf- und Abladen ermöglichen und keine so großen Ansprüche an schonende Behandlung stellen. Meistens sieht man leichte, einfach abgefederte Plateauwagen mit seitlich umklappbaren ca. 30 cm hohen Wänden im Betrieb, die sowohl von den Produzenten zum Transport der Milch an die Bahn als auch von den Milchhändlern zum Einzelvertrieb der Milch in der Stadt verwendet werden. Durch Überhängen einer wasserdichten Decke lassen sich die Milchkannen vortrefflich gegen die Sonnenstrahlen und gegen den Winterfrost schützen.

Bei den Achsentransporten nach der Bahn werden im Sommer auch vielfach nasse Säcke und etwas Eis zur besseren Kühlhaltung der Milch verwendet.

2. Bahnversand.

Ohne die Benutzung der Eisenbahn ist eine planmäßige und ausreichende Versorgung großer Städte mit Milch undenkbar. Durch Einführung billiger Frachtsätze und Erleichterung der Transportbestimmungen suchte die badische Eisenbahnverwaltung den an sie gestellten Anforderungen auch jederzeit gerecht zu werden. Dadurch ist den Hauptvolkszentren die Möglichkeit gegeben worden, immer weiter entfernt gelegene Gebiete in den Kreis der Milchlieferung einzubeziehen. Diese Tatsache kommt auch durch die statistischen Angaben über den Milchverkehr auf der badischen Bahn zum Ausdruck. Dieser ist in Anlage 1 zur Darstellung gebracht.

Daraus ist ersichtlich, daß sich die auf der Eisenbahn beförderte Milchmenge in den letzten 30 Jahren um das Sechzehnfache vermehrt hat, wogegen sich die Einnahmen aus dieser Beförderungsart nur um das Siebenfache gesteigert haben. Während im Jahre 1890 ein Durchschnittspreis pro Tonne von 6 ℳ erzielt wurde, ist derselbe im Jahre 1909 auf 4,50 ℳ herabgesunken. Das Zurückbleiben der Einnahmen im Verhältnis zur Steigerung des Verkehrs findet seine Erklärung in der wiederholten Ermäßigung des Milchtarifs.

Nach der Untersuchung von Schneider [1] findet der bedeutendste Milchversand neben einzelnen Stationen im Odenwald und in der Umgebung von Heidelberg und Mannheim hauptsächlich im Karlsruher Versorgungsgebiet statt, das wäre im Kraichgauer Hügelland und in der Rheinebene bis Rastatt. Neben Mannheim war es wahrscheinlich Karlsruhe, wohin

[1] A. Schneider, Eisenbahn und Landwirtschaft im Großherzogtum Baden. Karlsruhe 1908.

schon die ersten Eisenbahntransporte stattfanden; statistische Nachweise fehlen leider hierüber, aber die Lage und Entwicklung beider Großstädte läßt mit Bestimmtheit darauf schließen. Im Jahre 1868 wurden die ersten Bestimmungen über Milchtransporte in Baden eingeführt. Als Mindestquantum mußten allerdings täglich 20 badische Maß [1] angeliefert und bezahlt werden. Die Frachtberechnung geschah nach dem Tarif für Reisegepäck und war so mäßig, daß nur ein Drittel des wirklichen Gewichtes zu bezahlen war. Der Rücktransport der leeren Kannen erfolgte zu gleicher Berechnung. Die Maximaltaxe betrug 3 Kreuzer. Später, im Jahre 1873 wurde die Minimalfracht auf 12 Kreuzer erhöht und bestimmt, daß der Rücktransport der leeren Gefäße frachtfrei, aber unter Gepäckeinschrift und mit Beigabe eines Begleitscheines (der Packmeisterkarte) erfolgen solle, damit die sichere Zuführung der Gefäße auf die richtige Bestimmungsstation gewährleistet werde, nachdem die Rückbeförderung der leeren Kannen öfters zu Unzuträglichkeiten geführt habe. Diese Feststellung ist interessant, da die gleichen Klagen heute noch in verschärftem Maße bestehen und den Landwirten die Milchlieferung nach den Städten geradezu verleiden können. Allerdings darf hierbei nicht alle Schuld der Eisenbahn zugemessen werden; wir werden später noch näher darauf zurückkommen. Das Jahr 1874 brachte die ersten „Abonnementsbedingungen". Die Milchkannen waren mit Blechmarken zu versehen, welche das badische Wappenzeichen zu tragen hatten; auch nicht geeichte Gefäße waren zulässig. Die Mithilfe der Versender beim Verladen auf den Stationen wurde immer dann gefordert, wenn durch das Einladen die rechtzeitige Zugabfertigung in Frage stand.

Die Benutzung der Eisenbahn als Transportanstalt war schon so rege geworden, daß 1884 bestimmt werden konnte, die täglich mehrmalige Auflieferung e i n e s Ökonomen habe nur als e i n Abonnement zu gelten. Diese Bestimmung war insofern von großem Vorteil, als nicht für jede Teillieferung auf Monatsschluß ein Mindestquantum zu berechnen war. Außerdem wurde der Tarif von 21 km ab ermäßigt.

Um den Wünschen des konsumierenden Publikums mehr gerecht zu werden, machten einzelne Landwirte Versuche, die Milch in kleineren Gefäßen (z. B. in Literflaschen) in Kisten verpackt aufzuliefern. Die Eisenbahnverwaltung verstand auch hier die zugrunde liegende Absicht und ließ Milchabonnements in Kisten zu. 1 l wurde zu 2 kg berechnet, wobei jedoch die Kisten nur 25 Flaschen zu je 1 l enthalten sollten. Das Recht

[1] Ein bad. Maß = 1,5 l.

der Revision des Inhaltes wurde von den Versendern der Eisenbahnverwaltung eingeräumt und diese hatte die etwa zu Revisionszwecken geöffneten Kisten wieder ordnungsgemäß zu verschließen, zu welchem Zweck der Versender eine Plombierzange, Blei und Schnur unentgeltlich zu stellen hatte. Diese Transporte sicherten die Ankunft der Milch auf der Empfangsstation, so wie sie ab Stall bezw. vom Versender aufgeliefert war. Im Jahre 1885 wurde ein Abonnement über das badische Eisenbahnnetz hinaus eingeführt, nämlich zwischen Württemberg und Baden, dem gleiche Vereinbarungen mit der bayerischen Pfalz und mit Elsaß folgten. Die Fracht betrug die Hälfte der Gepäckfracht. Die Milch wurde als Expreßgut eingeschrieben, wodurch eine schnelle Beförderung garantiert war. Baden, Elsaß und Pfalz berechneten anfangs der neunziger Jahre ein Mindestquantum pro Abonnement von 500 kg = 500 l.

Am 1. April 1899 erschienen neue Bedingungen für die Beförderung von Milch im Abonnement, womit wesentliche Verbesserungen und Neuerungen eingeführt wurden. Es kam ein bestimmtes System in die Milchzufuhr, indem für die Transporte bestimmte Züge vorgeschrieben und sogenannte Milchsammelwagen (mit Luftleitung) eingeführt wurden. Ferner galt es auch auf den größeren Stationen selbst sogenannte Milchverladeplätze einzurichten. Ursprünglich wurden ja die Milchgefäße aus den Personenzügen auf die Bahnsteige entladen, wo sie dann nach längerer oder kürzerer Zeit von den Empfängern abgeholt wurden. Der Mangel an Platz — namentlich auf Hauptstationen — drängte aber bald dahin, daß die angekommene Milch alsbald nach Entladung, teils durch Handkarren, teils durch Güterwagen auf eigens hergerichtete Milchverladeplätze verbracht wurde. Wie nun jeder Milchhändler bezw. Empfänger in einer bestimmten Zeit nach Entladung der vollen Gefäße deren Übergabe beanspruchen kann, so sind anderseits im Interesse der geordneten An- und Abfuhr Bestimmungen getroffen, wonach leere Gefäße zum Rücktransport nicht zu früh aufgeliefert und volle nicht zu spät abgeholt werden dürfen. Bei Nichtbeachtung der Vorschriften wird für das Gefäß 10 ₰ Standgeld erhoben.

Speziell für die Stadt Karlsruhe ist die Anordnung getroffen, daß alle unterwegs für diesen Ort zu liefernde Milch in Sammelwagen verbracht und diese Wagen in bestimmten Zügen nach Karlsruhe befördert werden. Hier ist es dann ein leichtes, die betreffenden Wagen in kürzester Zeit am Milchverladeplatz zur Entladung bereit zu stellen. Nach den Beförderungsvorschriften laufen täglich nach Karlsruhe mit Milch beladen ein:

von Bretten	2	Wagen
„ Heilbronn	2	„
„ Rastatt	3	„
„ Eppingen	1	„
„ Menzingen	1	„
Zusammen:	9	Wagen.

Diese Milchwagen bringen jährlich etwa 16 Millionen Liter, also 67 % der gesamten Bahneinfuhr, nach Karlsruhe.

An Stelle der seither gültigen „Bedingungen für die regelmäßige Beförderung von Milch" sind am 1. Juli 1909 neue „Bestimmungen über die Beförderung von Milch im Dauerbezug" getreten; dieselben besagen im wesentlichen folgendes:

Was die Beschaffenheit und Kennzeichnung der Gefäße anbelangt, so müssen sie handlich hergestellt und mit einem sicheren Verschluß versehen sein, welcher das Herausfließen der Milch beim Umfallen der Gefäße verhindert. Der Fassungsgehalt soll nicht über 40 l, die Höhe nicht über 75 cm betragen. Kisten, in denen Milch in Flaschen verschickt wird, müssen dauerhaft gearbeitet und mit sicheren Handhaben versehen sein.

Gefäße unter 5 l Fassungsgehalt dürfen nur in Kisten zur Auflieferung kommen. Die Gefäße sind mit einem Messingblech nach bestimmtem Muster zu versehen. Die Schilder müssen die vorgeschriebenen Aufschriften (Absender, Empfänger, Versand- und Empfangsstation, Eigengewicht und Fassungsgehalt der Gefäße) in vertiefter, auch bei künstlicher Beleuchtung leicht lesbarer Schrift tragen und müssen bei Blechkannen auf der Abschrägung des Halses und bei Fässern zwischen den beiden obersten Reifen angebracht werden. Gegen eine Anfertigungsgebühr von 20 ₰ pro Stück werden die Schilder verwaltungsseitig angefertigt und geliefert.

Bei Kisten, die zum Versand von Milch in Flaschen benutzt werden, ist auf dem Deckel in deutlicher haltbarer Schrift der Name des Absenders und der Versandstation, der Name des Empfängers und der Empfangsstation, endlich das Höchstgewicht der Kiste bei vollständiger Ausfüllung einerseits mit gefüllten, anderseits mit leeren Flaschen anzugeben. Das Gewicht der Kisten mit gefüllten Flaschen soll nicht mehr als 40 kg betragen.

Die Versandscheine sind nur zweiteilig, indem auf den besonderen Abschnitt für die Empfangsbescheinigung verzichtet wird. Die Versandscheine werden den Milchversendern unentgeltlich geliefert.

Die Anlieferung und Verladung, die Ausladung und Auslieferung ist nach wie vor Sache der Absender und Empfänger geblieben. Eine unentgeltliche Mitwirkung des Eisenbahnpersonals kann ausnahmsweise stattfinden; jedoch haftet die Eisenbahn in keinem Falle für den Schaden, der aus der mit dem Ein- und Ausladen oder mit mangelhafter Verladung verbundenen Gefahr entsteht. Verschärft sind übrigens diese Bestimmungen noch insofern, als die Eisenbahn vorschreibt, daß zu einem bestimmten Zeitpunkt frühestens die Anlieferung der gefüllten Kannen und Ablieferung des Leermaterials beginnen darf, oder spätestens beendet sein muß, andernfalls Standgeld oder Aufgabe als Expreßgut gegen Entrichtung der geordneten Fracht erfolgt.

Die Rückleitung der leeren Gefäße erfolgt ohne Begleitzettel lediglich auf Grund der an den Gefäßen angebrachten Schilder.

Die Bestimmungen über Gewichtsermittlung und Frachtberechnung lassen sich kurz dahin zusammenfassen:

1. Das Gewicht der einzelnen Sendung wird nicht durch bahnseitige Verwiegung, sondern auf Grund der Aufschriften auf den Gefäßen und Kisten festgestellt. Als Gewicht wird gerechnet:
   a) bei gefüllten Gefäßen die angeschriebene Literzahl gleich ebensoviel Kilogramm, so daß also das Eigengewicht der Gefäße außer Ansatz bleibt,
   b) bei gefüllten in Kisten eingestellten Flaschen das auf dem Deckel angegebene Höchstgewicht der Kiste mit gefüllten Flaschen.
   c) bei leer zurückgehenden Gefäßen und leer in Kisten eingestellten Flaschen das angeschriebene Eigengewicht der Gefäße und das Höchstgewicht der Kisten mit leeren Flaschen [1].

---

[1] Mit Gültigkeit vom 1. Januar 1912 ab wird zur Vereinfachung der Anschriften der Milchgefäße und des Verrechnungsverfahrens die Fracht für die Rückbeförderung der leeren Gefäße und der in Kisten eingestellten Flaschen nicht mehr nach dem angeschriebenen Eigengewicht der Gefäße und dem Höchstgewicht der Kisten mit leeren Flaschen, sondern nach Durchschnittsgewichtssätzen berechnet, wie folgt:

a) Bei leer zurückgehenden Gefäßen das Eigengewicht = ein Drittel ($33^1/_3$ %) der angeschriebenen Literzahl gleich ebensoviel Kilogramm;

b) bei leer zurückgehenden, in Kisten eingestellten Flaschen das Eigengewicht = zwei Drittel ($66^2/_3$ %) des angeschriebenen Höchstgewichtes der Kisten mit gefüllten Flaschen.

Der Frachtberechnung wird sodann die Hälfte des so gefundenen Gewichtes zugrunde gelegt. Das frachtpflichtige Gewicht macht somit im ersten Falle ein Sechstel und im zweiten Falle ein Drittel des Gesamtgewichtes in gefülltem Zustande aus.

In den Fällen a) und b) wird nicht unterschieden, ob die Gefäße ganz oder nur zum Teil gefüllt sind. — Außerdem wird der Frachtberechnung ein Mindestgewicht von 500 kg monatlich zugrunde gelegt.

2. Auf Grund der Milchversandscheine wird für den Antragsteller monatlich bei der Versandabfertigung eine Rechnung geführt, die alle Sendungen des Hin- und Rückweges einzeln enthält. Das Gewicht der Sendungen des Rückweges wird nur zur Hälfte der Frachtberechnung zugrunde gelegt. Die Fracht wird nach den Sätzen der gewöhnlichen Stückgutklasse für die aus den Tarifen sich ergebenden Entfernungen berechnet.

Die Zahlung der Fracht wird, wie früher, monatlich gestundet. Die gestundete Fracht darf den Betrag von 100 *M* nicht übersteigen. Die zurzeit geltenden Tarifsätze für Milchbeförderung sind aus folgender Tabelle (S. 40) ersichtlich.

Vergleicht man die danach sich berechnenden Milchfrachten der größeren deutschen Eisenbahnverwaltungen miteinander, so findet man, wie dies aus Anlage 2 ersichtlich ist, daß bei einer zu befördernden Menge Milch von 500 l einschließlich der Rückbeförderung der leeren Gefäße, die Frachtsätze bis zu einer Entfernung von 130 km nahezu gleich sind. Nur in Württemberg werden wesentlich höhere Beträge erhoben. Auch Bayern hat trotz seines seit 1. Mai 1910 eingeführten, von 50 km an gestaffelten Milchtarifs bis zu 120 km keine billigeren, ja sogar teuerere Sätze und erst auf eine Entfernung von über 120 km ergibt sich eine nur wenig ermäßigte Fracht gegenüber den anderen Staatsbahnen.

Die Beförderungskosten für 1 l Milch betragen auf den badischen Strecken auf Entfernungen unter 60 km nur Bruchteile eines Pfennigs und erst bei 60 km entfällt auf 1 Liter 1 ₰ Fracht, wie in der letzten Spalte der Anlage 2 nachgewiesen ist.

Die Vorteile des Eisenbahntransports bei der Milchbeförderung sind unverkennbar. Schnelligkeit und Regelmäßigkeit der Beförderung, Pünktlichkeit des Eintreffens der Sendungen sowie billige Verfrachtung, das alles sind Momente, auf die im Zusammenhang mit der gleichmäßigen Versorgung eines intensiven, geordneten Stadtlebens mit den nötigen Lebensmitteln heutzutage gar nicht mehr verzichtet werden kann.

Die verminderten Transportkosten, auch die Geschwindigkeit der Beförderung schaffen erst die Absatzmöglichkeit für die Produkte eines entfernteren Umkreises. Freilich hat die Annäherung neuer Produzenten-

Tarifsätze für Milchbeförderung.

Entfernung	Taxe für 100 kg in Mark[1]			Entfernung	Taxe für 100 kg in Mark			Entfernung	Taxe für 100 kg in Mark			Entfernung	Taxe für 100 kg in Mark			Entfernung	Taxe für 100 kg in Mark		
km	a	b	c	km	a	b	c	km	a	b	c	km	a	b	c	km	a	b	c
1	0,11	0,11	0,21	21	0,34	0,35	0,43	41	0,65	0,59	0,65	61	0,86	0,83	0,86	81	1,06	1,06	1,06
2	0,12	0,12	0,22	22	0,35	0,36	0,44	42	0,66	0,60	0,66	62	0,87	0,84	0,87	82	1,07	1,07	1,07
3	0,13	0,13	0,23	23	0,37	0,37	0,45	43	0,67	0,61	0,67	63	0,88	0,85	0,88	83	1,08	1,08	1,08
4	0,14	0,14	0,24	24	0,38	0,38	0,46	44	0,68	0,62	0,68	64	0,89	0,86	0,89	84	1,09	1,09	1,09
5	0,16	0,16	0,26	25	0,40	0,40	0,48	45	0,70	0,64	0,70	65	0,90	0,86	0,90	85	1,10	1,10	1,10
6	0,17	0,17	0,27	26	0,42	0,41	0,49	46	0,71	0,65	0,71	66	0,91	0,89	0,91	86	1,11	1,11	1,11
7	0,18	0,18	0,28	27	0,43	0,42	0,50	47	0,72	0,66	0,72	67	0,92	0,90	0,92	87	1,12	1,12	1,12
8	0,19	0,19	0,29	28	0,45	0,43	0,51	48	0,73	0,67	0,73	68	0,93	0,91	0,93	88	1,13	1,13	1,13
9	0,20	0,20	0,30	29	0,46	0,44	0,52	49	0,74	0,68	0,74	69	0,94	0,92	0,94	89	1,14	1,14	1,14
10	0,21	0,21	0,31	30	0,48	0,45	0,53	50	0,75	0,69	0,75	70	0,95	0,93	0,95	90	1,15	1,15	1,15
11	0,22	0,23	0,32	31	0,50	0,47	0,54	51	0,76	0,71	0,76	71	0,96	0,95	0,96	91	1,16	1,16	1,16
12	0,23	0,24	0,33	32	0,51	0,48	0,55	52	0,77	0,72	0,77	72	0,97	0,96	0,97	92	1,17	1,17	1,17
13	0,24	0,25	0,34	33	0,53	0,49	0,56	53	0,78	0,73	0,78	73	0,98	0,97	0,98	93	1,18	1,18	1,18
14	0,25	0,26	0,35	34	0,54	0,50	0,57	54	0,79	0,74	0,79	74	0,99	0,96	0,99	94	1,19	1,19	1,19
15	0,27	0,28	0,37	35	0,56	0,52	0,59	55	0,80	0,76	0,80	75	1,00	1,00	1,00	95	1,20	1,20	1,20
16	0,28	0,29	0,38	36	0,58	0,53	0,60	56	0,81	0,77	0,81	76	1,01	1,01	1,01	96	1,21	1,21	1,21
17	0,29	0,30	0,39	37	0,59	0,54	0,61	57	0,82	0,78	0,82	77	1,02	1,02	1,02	97	1,22	1,21	1,22
18	0,30	0,31	0,40	38	0,61	0,55	0,62	58	0,83	0,79	0,83	78	1,03	1,03	1,03	98	1,23	1,22	1,23
19	0,31	0,32	0,41	39	0,62	0,56	0,63	59	0,84	0,80	0,84	79	1,04	1,04	1,04	99	1,24	1,23	1,24
20	0,32	0,33	0,42	40	0,64	0,57	0,64	60	0,85	0,80	0,85	80	1,05	1,05	1,05	100[2]	1,25	1,24	1,25

[1] Der Tarifsatz in Spalte: ist anwendbar:
a im Binnenverkehr der Badischen Staatsbahnen und im direkten Verkehr mit den Badischen Nebenbahnen im Privatbetrieb;
b im Binnenverkehr der Badischen Main-Neckar-Eisenbahn einschl. des Verkehrs mit Mannheim;
c im direkten Verkehr mit den Reichseisenbahnen in Elsaß-Lothringen, den Pfälzischen Bahnen und den Preußisch-Hessischen Staatseisenbahnen, soweit die in den betreffenden Gütertarifen enthaltenen Stationstarife für einzelne Verbindungen nicht andere Frachtsätze enthalten.

[2] Für Entfernungen über 100 km sind die Sätze der allgemeinen Stückgutklasse der allgemeinen Kilometertabelle anzuwenden.

zonen und Absatzmärkte, welche die Folge des wohlfeilen Transports sind, seine Licht- und Schattenseiten.

Neue Zufuhr aus weiteren Gebieten kommt den Wünschen der Konsumenten entgegen, die seitherigen Produzenten dagegen fühlen sich im Absatz bedroht. Umgekehrt im neuen Produzentengebiet: hier steigen die Preise zum Vorteil der Produzenten und Nachteil der Konsumenten.

3. Schwierigkeiten bei der Milchbeförderung durch die Eisenbahn.

Die Unannehmlichkeiten, die vielfach bei der regelmäßigen Beförderung der Milch auf der Eisenbahn zutage treten, bilden immer wiederkehrenden Stoff in den Versammlungen der Milchhändler, Milchproduzentenvereine und Milchabsatzgenossenschaften. Die zur Ergründung dieser Anstände im Untersuchungsgebiet veranstalteten Umfragen und die darauf eingegangenen Antworten der Interessentenkreise lassen erkennen, daß Schwierigkeiten mehr oder weniger hervorgetreten sind und hauptsächlich von den Produzenten empfunden werden.

Der Anlaß zu den Schwierigkeiten und Klagen liegt vielfach in den Einrichtungen der Eisenbahn. So wird die allgemein beklagte, schonungslose Behandlung der Milchkannen darauf zurückgeführt, daß das Ein- und Ausladen der Kannen dem Empfänger und Absender obliegt. Die Eisenbahn stellt zu diesem Zwecke kein Personal, sie haftet mithin auch nicht für Schäden, die entstehen, wenn ihre Angestellten dabei Hand anlegen, wenn die Absender und Empfänger entweder überhaupt nicht zur Stelle sind oder die Arbeit während des fahrplanmäßigen Aufenthaltes des Zuges auf der betreffenden Station nicht bewältigen können.

In der Tat verursacht diese Bestimmung für die betreffenden Landwirte größere Schwierigkeiten und Belästigungen. Sie zwingt diese lediglich wegen der ganz unbedeutenden Arbeit des Ausladens am Zuge regelmäßig selbst oder durch einen Beauftragten vertreten, pünktlich bei Ankunft der betreffenden Züge am Bahnhof zu sein. Hierdurch wird viel wertvolle Zeit verloren, besonders dann, wenn die betreffenden Züge verspätet eintreffen oder aus irgendwelcher Veranlassung die Milchkannen mit anderen Zügen als in der Regel zurückkommen. Bei größeren Milchtransporten, bei denen die Beförderung der Kannen mit Gespann geschehen muß, wird außerdem durch längeren Aufenthalt des Gespanns am Bahnhof bei schlechtem Wetter die Gesundheit der Gespanntiere gefährdet. Namentlich schwer fühlbar macht sich die erwähnte Anordnung für diejenigen Milchlieferanten, welche weitab von der Eisenbahnstation wohnhaft sind und oft zu ganz ungelegener Zeit zum Bahnhof kommen müssen, um die leeren Kannen aus dem Zuge zu nehmen, während sie beim Ausladen der Kannen durch das Bahnpersonal in der Lage sein würden, die leeren Kannen mitzunehmen, wenn sie die vollen Kannen für den folgenden Tag bringen. Die schwere Belästigung durch diese Bestimmung wird außerdem von Tag zu Tag durch die zunehmende Unzuverlässigkeit des landwirtschaftlichen Arbeiterpersonals und die wachsende Schwierigkeit seiner Beschaffung und Haltung noch ganz besonders verschärft. Zwar wird auf größeren Stationen meines Wissens meistens durch die Eisenbahn ein- und ausgeladen. Auch wird an manchen Stationen nicht darauf gedrungen, daß die entfernt von der Station wohnenden Versender allein wegen des Ausladens der leeren Kannen den Weg zur Station machen.

Im allgemeinen bedeutet aber die genannte Bestimmung eine große finanzielle Belastung des Milchtransports auf der Eisenbahn und damit der Milchversorgung der Städte und erscheint aus diesem Grunde für die betreffenden Landwirte sowohl unwirtschaftlich als unzeitgemäß. Sie ist geeignet, die besonderen Vergünstigungen, welche im Milchverkehr für die Frachtberechnung und die beschleunigte Beförderung eingeräumt sind, ganz oder teilweise aufzuheben.

Weiter hört man beständig Klagen über den Mangel an geeigneten Abladeplätzen und Abladevorrichtungen und über die Irrfahrten bei Rückbeförderungen leerer Kannen sowie das Abhandenkommen von Kannen überhaupt. Meistens sind es jüngere Knechte, Mädchen oder Burschen, welche mit Stoßkarren oder Fuhrwerken die Milch zur Bahn bringen. Es gibt einsichtige Stationsbeamte, die das Einfahren des Milchfuhrwerkes auf den Bahnsteig und Abladen der Kannen an der für die Einladung in den Zug bestimmten Stelle ohne weiteres gestatten. Dieses Entgegenkommen muß aus Gründen menschlicher Rücksichtnahme freudig begrüßt werden und verdient den vollen Dank der Produzentenkreise.

Aber leider fehlt bei vielen Stationsvorstehern das Verständnis für solche Zugeständnisse an die ländliche Bevölkerung. Sie bestimmen, daß die Fuhrwerke nur vor dem Aufnahmegebäude anfahren dürfen und die Milchkannen einzeln an die bestimmte Einladestelle getragen werden müssen.

Wir wissen aus eigener Erfahrung, welche harte Arbeit es für einen halberwachsenen Burschen ist, 10—20 Milchkannen zu je 20 oder 25 l, die also durchweg etwa einen halben Zentner wiegen, auf diese Weise herumzuschleppen. Auf die Mithilfe der Stationsbediensteten kann im allgemeinen nicht gerechnet werden oder in eiligen Fällen nur gegen Gewährung eines Trinkgeldes. Wir wollen gerne zugestehen, daß aus betriebstechnischen Gründen das hier angeregte Entgegenkommen nicht allgemein gewährt werden kann, aber ebensowenig ist das Verbot dort allgemein gerechtfertigt, wo es tatsächlich besteht. Es verdankt allzuoft einer gar zu bureaukratischen Anschauung seine Entstehung und es wäre deshalb zu wünschen, daß die Direktionsbeamten dieser Frage ihre erhöhte Aufmerksamkeit widmen möchten.

Die Irrfahrten der leeren Milchkannen ließen sich bei größerer Achtsamkeit des Zugpersonals einschränken. Zum Teil tragen allerdings die schlecht leserlichen Aufschriften bei alten Milchkannen die Mitschuld. Das Abhandenkommen von Kannen auf der Eisenbahn wird zwar behauptet, aber genaue Untersuchungen solcher Vorkommnisse haben schon oft dargetan, daß vermißte Kannen von den städtischen Empfängern gar nicht aufgeliefert, sondern in deren Behausung als Betriebsmaterial zurückbehalten wurden. Es wurden in den Produzentenkreisen Stimmen laut, die meinen, es könne diesen Mißständen nicht eher abgeholfen werden, als bis die Eisenbahnverwaltung sich entschließt, die Rückbeförderung der leeren Kannen nur auf Grund eines Einlieferungsscheines vorzunehmen, wie das bei vielen anderen deutschen Eisenbahnverwaltungen auch gehandhabt wird.

Auch mit diesen Klagen hat sich die Eisenbahnverwaltung schon eingehend beschäftigt. Sie ist aber auf Grund einer Umfrage bei den städtischen Milchempfängern und Nachbarverwaltungen zu dem Entschluß gekommen, von der Einführung der Versandscheine für die Rückbeförderung leerer Kannen Abstand zu nehmen, dafür aber auf Kosten der Eisenbahnverwaltung sogenannte Kannenmarken aus Messingblech einzuführen, die folgendes Aussehen haben:

Karlsruhe, Hauptbahnhof, in Form eines 

" Mühlburger Tor, " " " 

Diese Signierung soll sich bis jetzt gut bewährt haben.

Weitere Klagen erstrecken sich auf ein zu geringes Entgegenkommen der Eisenbahnverwaltung betreffend Freigabe von Frühzügen, die für den Milchversand besonders geeignet sind. In einigen Bezirken, z. B. der Linie Bruchsal—Bretten, wird dadurch die Möglichkeit des Morgenmilchversandes nach Karlsruhe in Frage gestellt.

Ebenso muß darauf hingewiesen werden, daß der Karlsruher Milchverladeplatz am Hauptbahnhof nicht mehr den Anforderungen des heutigen Verkehrs entspricht, während am Mühlburger Tor entsprechende Einrichtungen überhaupt nicht vorhanden sind und dort der Platz auch derart beschränkt ist, daß dem Milchverkehr alle möglichen Hindernisse im Wege stehen. Der Milchverladeplatz am Hauptbahnhof sollte vor allen Dingen gedeckt sein. Was nützen alle Bestrebungen in bezug auf Verbesserung der Gewinnung der Milch, gute Kühlung vor dem Versand usw., wenn die Milch bei Ankunft in Karlsruhe den sengenden Sonnenstrahlen auf dem Milchentladungsplatz ausgesetzt wird? Die Rampe sollte doch zum mindesten überdeckt sein, damit der Verladungsplatz gegen Witterungseinflüsse mehr geschützt ist. Bei Milchknappheit ist das Stehlen ganzer Milchkannen auf dem Karlsruher Milchentladungsplatz an der Tagesordnung. Das Bahnpersonal beschränkt sich lediglich auf die Kontrolle des Ausladens, die kleinen Händler stehen in Scharen da und schauen mit Eifer nach ihren Kannen, und solche Empfänger, die nicht sofort zur Stelle sind, haben zu gewärtigen, daß sie dann zu kurz kommen.

Es steht zu hoffen, daß diese lokalen Mißstände mit Eröffnung des neuen Karlsruher Bahnhofes beseitigt werden.

Während die geschilderten Klagen vielfach erhoben und besprochen werden, wird von anderen Lieferanten und insbesondere von den Genossenschaften das Entgegenkommen der Eisenbahnverwaltung und deren Eingehen auf berechtigte Wünsche anerkannt und hervorgehoben. Anderseits leuchtet es ein, daß häufig nicht alle Wünsche Berücksichtigung finden können, so z. B. diejenigen betreffend Freigabe von Zügen für den Milchversand. Allgemeine verkehrstechnische und verkehrspolitische Erwägungen werden dabei häufig hindernd in den Weg treten. Es ist aber nicht zu leugnen, daß manche Schwierigkeiten sich weit weniger unangenehm bemerkbar machen, vielfach sogar verschwinden würden, wenn die bestehenden Vorschriften von den Milchlieferanten und ihren Angestellten mehr Beachtung fänden. Wenn manche Milchlieferanten sich über rigorose Anwendung der Bestimmungen über den Milchversand beschweren, so dürften sie zum Teil daran selbst schuld sein, insofern als sie mit ihren Wünschen und Forderungen über das zulässige Maß hinausgehen. Damit soll keineswegs gesagt sein, daß ein größeres Entgegenkommen der Eisenbahn, soweit dies ohne Beeinträchtigung verkehrstechnischer Interessen möglich ist, nicht durchführbar wäre. Ich meine jedoch, daß auch nach dieser Richtung hin nicht zu schroffe Forderungen gestellt werden dürfen, sonst könnte dies zur Folge haben, daß die Eisenbahnverwaltung die einschlägigen Bestimmungen wesentlich strenger handhabt, wodurch die Milchversender dann erst recht geschädigt werden.

II. Die Milchlieferung und der Zwischenhandel auf dem Lande.

Die Lieferung frischer Milch für den unmittelbaren Verbrauch hat auch für den kleinen Landwirt in der Nähe einer Großstadt etwas Verlockendes. Sie verlangt im allgemeinen nur einen geringen Aufwand für Anschaffung von Geräten und führt das umlaufende Kapital schnell und regelmäßig das ganze Jahr hindurch der Wirtschaft wieder zu. Der regelmäßige Eingang des Milchgeldes wird auch als eine Wohltat empfunden und dient meistens der Hausfrau zur Bestreitung des Haushaltes, der Kleidung usw. oder gelangt wieder in Form von Wochenlöhnen zur Auszahlung. Allerdings sind sich die Milchwirte meistens darüber nicht klar, daß dieses Geld kein Reinertrag ist, sondern in der Hauptsache nur eine Erstattung der Auslagen darstellt. Gerade in der Tatsache, daß wöchentlich oder monatlich auf bestimmte Einnahmen gerechnet werden kann, ist ein Hauptgrund dafür, daß sich die Landwirte so gerne auf Süßmilchlieferung einrichten.

Doch machen sich auch bei dieser Verwertungsart *Schwierigkeiten der verschiedensten Art* fühlbar, die nicht selten dazu führen, daß Einzellandwirte die Milchlieferung nach der Stadt wieder einstellen, oder daß sie sich zu genossenschaftlichem Absatz organisieren. So verursachen namentlich die willkürlichen *Geldabzüge* für Sauermilch und für Porto ständige Auseinandersetzungen. Es kommt ja zuweilen in schwülen, zu Gewittern neigenden Sommertagen vor, daß durch den langen Achsen- oder Bahntransport trotz guter Kühlung die eine oder andere Kanne Milch bei Ankunft in Karlsruhe schon eine Ansäuerung aufweist und die Alkoholprobe nicht mehr besteht.

Lieferant und Milchhändler pflegen sich in derartigen Fällen dahin zu einigen, daß solche Milch zum halben Preis dem Händler überlassen wird. Mit diesem Modus wird aber leider großer Mißbrauch getrieben. In Zeiten herrschenden Milchüberflusses oder z. B. während der Schulferien, wenn ein Teil der Kundschaft verreist ist, bleibt dem Milchhändler meistens ein gewisses Quantum Milch stehen, das anderweitig vielleicht durch Ausbutterung verwertet werden könnte. Darauf sind aber die Karlsruher Milchhändler nicht eingerichtet; der weitaus größte Teil lebt von der Hand in den Mund. Es wird dann entweder die überschüssige Milch ohne weiteres sofort dem Lieferanten wieder zugeschickt, oder am Ende des Monats bei Begleichung der Rechnung ganz willkürlich ein gewisses Quantum angeblich als Sauermilch zum halben Preis vergütet. Selbst die manchmal ganz haltlosen Reklamationen der Konsumenten über Sauermilch werden von den Milchhändlern anstandslos angenommen und Ersatzlieferungen auf die Produzenten abgewälzt. Wird die Milchzufuhr nach der Stadt etwas knapp, so daß der Händler für sein Bezugsquantum flotten Absatz hat, dann ist die Milch oder wie der übliche Milchhändlerausdruck lautet: die „Brühe“ wieder ganz vorzüglich und alle Reklamationen haben ein Ende.

Dieser Mißstand der zeitlichen Schwankungen in Angebot und Nachfrage wird von den reellen Milchhändlern ebenso hart empfunden wie von den Milchproduzenten. Genaue ziffermäßige Angaben über die einzelnen monatlichen Absatzmengen lassen sich nicht ermitteln, es läßt sich aber aus den buchmäßigen Aufzeichnungen der Milchzentrale im Durchschnitte der Jahre 1909, 1910 und 1911 feststellen, daß sich für die Bedarfsschwankungen in den letzten beiden Jahren folgende Verhältniszahlen erzielen lassen, wenn man den Höchstabsatz im November = 100 setzt:

Januar	82	Juli	74
Februar . . .	72	August	69
März	78	September . . .	84
April	74	Oktober	97
Mai	85	November . . .	100
Juni	87	Dezember . . .	99

Danach zeigen sich in der Nachfrage zwei stark ausgeprägte Depressionen, die eine im Frühjahr (Februar und anfangs März), die andere im Hochsommer (Juli und August).

Im Frühjahr ist es namentlich die Faschingszeit mit ihren zahllosen Vergnügungen (Maskenbällen usw.), die in Haushaltungen der weniger bemittelten Klassen zur starken Einschränkung des Milchverbrauches während dieser Zeit führt. Es sind Fälle bekannt, wo diese Einschränkung 50—75 % betrug.

Im Hochsommer macht sich, namentlich in einer Beamtenstadt wie Karlsruhe, die Zeit der Sommerfrische und der Urlaube sehr deutlich bemerkbar, die dann mit Beginn der Schulferien ihre schärfste Ausprägung erhält. Bis Mitte September nähert sich der Verbrauch wieder seiner normalen Höhe.

Im Gegensatz dazu hat die benachbarte Bäderstadt Baden-Baden während der Saisonzeiten, d. i. in den Monaten Mai sowie August bis September, einen starken Milchverbrauch, den sie teilweise aus den nächstgelegenen Orten des Karlsruher Milchversorgungsgebiets deckt; dasselbe gilt für eine Reihe der in der Nähe von Karlsruhe gelegenen Luftkurorte im Schwarzwald besonders von Juli bis Mitte September.

Man ersieht daraus, daß zwischen der Großstadt Karlsruhe einerseits, dem benachbarten Baden-Baden und den Sommerfrischen anderseits ein gewisser zeitlicher Ausgleich in der Bedarfsdeckung stattfindet und die zeitlichen Bedarfsschwankungen nicht anderes sind, als eine räumliche Verschiebung des Verbrauchsortes [1]. Während der Ferien- und Urlaubstage strömt die städtische Bevölkerung nach den Bädern, Sommerfrischen und Landgemeinden ab.

Aber nicht allein bei der Nachfrage, auch im Angebot der Milch entstehen im Laufe des Jahres Schwankungen, die sich unter Umständen als empfindliche Milchknappheit (Milchnot) fühlbar machen können.

Der Ausfall der Futterernte, das Auftreten der Maul- und Klauenseuche, das Zusammentreffen heißer Witterung mit den Feldbestellungsarbeiten dort, wo die Milchkühe zur Gespannarbeit verwendet werden, der Übergang vom Grünfutter zum Winterfutter und noch andere Umstände beeinflussen die Milchergiebigkeit und damit das Angebot in merklicher Weise.

Weiter ist es die monatliche Zahlungsweise der gelieferten Milch an den Produzenten, die auch vielfach Grund zur Unzufriedenheit gibt. Bei manchen Händlern dauert es acht und zehn Tage nach Monatsschluß, bis sie das Geld einsenden. Die Zahlungsweise ist schleppend und häufig müssen die Produzenten größere Beträge gänzlich verlieren. So konnten wir beispielsweise feststellen, daß fünf Absatzgenossenschaften im Jahre 1908 nicht weniger als 1860 ℳ an Milchhändler verloren haben. Portoabzüge werden als etwas Selbstverständliches betrachtet. Der Milchhändler verlangt, daß die Milchlieferanten nach Karlsruhe kommen und das Geld abholen. Dies ist für die Lieferanten insofern beschwerlich, als dadurch meistens ein ganzer Tag verloren geht, da die Milchhändler nur selten zu Hause anzutreffen sind.

Ungeregelte Zustände bestehen noch im Maßabzug. Im allgemeinen ist es bei den Milchproduzenten üblich, daß die Kannen bis über den

[1] Vgl. Ph. Arnold, Zur Frage der Milchversorgung der Städte. Jahrbuch für Nationalökonomie und Statistik 1911 S. 594.

Hals, d. h. noch über den Eichstrich gefüllt werden. Viele Händler verlangen außerdem noch für 100 l gelieferter Milch bis zu 5 l Schwund oder Freimaß, d. h. für je 100 l gelieferter Vollmilch werden nur 95 l bezahlt.

Auf der anderen Seite führen die Hausfrauen Klagen über ein allzu knappes Maß. Man sollte annehmen, daß die Händler mit dem richtig gelieferten und richtig ausgemessenen Milchquantum auskommen müßten, so daß diese Abzüge mit Fug und Recht von dem Lieferanten als unzeitgemäß beanstandet werden.

Von großer Bedeutung für den Milchabsatz ist der Zwischenhandel auf dem Lande, der deshalb hier näher zu betrachten ist.

Es ist das natürliche Bestreben des städtischen Milchhandels, möglichst neue Gebiete für die Milchlieferung nach der Stadt zu erschließen, weil in Orten, in denen die Landwirte seither die Milch nicht für den direkten Absatz nach der Stadt erzeugten, die Preise noch verhältnismäßig niedrig zu sein pflegen.

Die Propaganda für den direkten Milchabsatz nach der Stadt übernimmt dann meist ein Mann im Orte selbst, der zunächst 50—100 l tägliche Lieferung bei den Landwirten zusammen zu bringen sucht und dieses Quantum an einen städtischen Milchhändler auf Grund eines Lieferungsvertrags täglich zu liefern sich verpflichtet. Die ländlichen Milchaufkäufer bilden in der Regel die erste Stufe des Milchabsatzes nach der Stadt. Es gelingt ihnen meistens sehr bald das Absatzquantum zu vergrößern, ja es gab bis in die jüngste Zeit hinein solche ländliche Zwischenhändler, die täglich 1000—1500 und 2000 l (Durmersheim, Ötigheim usw.) an die städtischen Milchhändler abgeliefert haben. Wenn das Geschäft gewinnbringend und der Absatz groß ist, dann fängt meistens noch ein Zweiter, oft auch ein Dritter im gleichen Ort mit diesem Milchhandel an. Der Absatz geschieht immer nur an städtische Milchhändler oder städtische Anstalten.

In den für die Milchlieferung nach Karlsruhe in Betracht kommenden Orten bestehen noch in 25 Gemeinden im ganzen 48 solcher Zwischenhändler mit einer täglichen Umsatzmenge von 9060 l. Im Durchschnitt entfallen demnach etwa zwei Händler auf eine Gemeinde und auf den Händler eine tägliche Milchmenge von 188 l. Am stärksten sind sie in den Gemeinden des Bezirks Karlsruhe verbreitet, wo manchmal 4—6 solcher Zwischenhändler bestehen.

Es muß zugegeben werden, daß auch diese Form des Milchabsatzes eine gewisse volkswirtschaftliche Bedeutung hat. Die einzelnen Produzenten werden von den Scherereien des Versandes der Milch, des Suchens nach Absatz in der Stadt und des Risikos hinsichtlich Verderb der Ware und Erhalt des Geldes vollständig entbunden. Sie haben im großen und ganzen ein glattes Geschäft. Der ländliche Zwischenhändler nimmt im Dorfe selbst die Milch entweder in einer Sammelstelle in Empfang, oder er macht es den Produzenten noch bequemer (namentlich dort, wo zwei oder drei solche Händler bestehen), indem er morgens und abends von Haus zu Haus geht, um die Milch rasch zu sammeln.

Die Vorteile dieser Vermittlungstätigkeit werden aber durch die Nachteile, welche sie für den Produzenten sowohl als auch für den städtischen Konsumenten im Gefolge haben, weit übertroffen. Um einen angemessenen Verdienst zu erzielen (2—3 ₰ für den Liter) sind diese ländlichen Zwischenhändler gezwungen, recht billig einzukaufen und die Ablieferung möglichst ohne Aufwand von weiteren Unkosten zu bewerkstelligen. Die erforderlichen Einrichtungen zur gründlichen Kühlung, Reinigung und Prüfung der gesammelten Milch und namentlich die notwendige Sauberkeit muß man deshalb in den meisten Fällen vermissen.

Mit einem kleinen Kühler, auf dem zur heißen Jahreszeit die Milch mit Brunnenwasser abzukühlen versucht wird, ist wohl die Mehrzahl dieser Händler ausgerüstet, aber das genügt bei weitem nicht, um die Milch den geringsten Anforderungen auch nur einigermaßen entsprechend transportfähig zu erhalten, namentlich wenn man bedenkt, daß diese Händler meistens in Orten abseits der Bahn ihren Sitz haben und noch Achsentransporte zur Bahnstation vorzunehmen haben. Weiter sind die Sammelstellen räumlich meistens unzureichend und bieten nicht die geringste Gewähr gegen Verunreinigungen der Milch. So ist in mehreren Orten wahrzunehmen, daß die Sammelstelle lediglich aus vier Pfosten mit einem Bretterdach besteht; in einer größeren Gemeinde befindet sich eine solche Sammelstelle sogar am Rande der Landstraße.

Daß hier bei windigem Wetter Schmutz und Straßenstaub in die Milch gelangen, ist unter diesen Umständen nicht zu vermeiden.

Der Produzent hat in der Regel keine Verpflichtung hinsichtlich der Lieferung einer bestimmten Menge dem Händler gegenüber übernommen. In einzelnen Gemeinden des Karlsruher Bezirks wurde allerdings von Zwischenhändlern der Versuch gemacht, die Produzenten auf einige Jahre hinaus für die Milchlieferung zu einem bestimmten Preis vertraglich zu verpflichten. Zweifellos hat diese Absicht im Selbsterhaltungstrieb seine Gründe, es wurde aber seitens der landwirtschaftlichen Genossenschaft energisch dagegen Stellung genommen, so daß weitere Abschlüsse nicht mehr zustande kamen. Viel zu wünschen übrig läßt beim ländlichen Zwischenhändler die Regelmäßigkeit der Abnahme. Während in milcharmen Zeiten nicht selten der letzte Tropfen vom Milchhändler aus den Häusern herausgeholt wird, läßt er in Zeiten städtischen Milchüberschusses ab und zu dem Produzenten die Milch stehen oder nimmt nur einen Bruchteil des sonst bezogenen Milchquantums ab. Das verursacht zuweilen bittere Unzufriedenheit unter den Milchwirten, die sich auf Milchlieferung eingerichtet haben und bei Nichtabnahme bedeutenden Schaden erleiden.

Im allgemeinen wird in Orten, in denen ländliche Zwischenhändler bestehen, der Milchwirt dazu verleitet, die Milch nur nach Menge zu erzeugen: je mehr „Liter", desto mehr „Einnahmen". Und das gleiche Interesse hat auch der ländliche Zwischenhändler, je mehr Umsatz, desto mehr Verdienst; an der Verbesserung der Qualität und Ausübung eines Einflusses auf die Milchproduzenten ist ihm nichts gelegen.

Die ländlichen Zwischenhändler entheben zwar die Landwirte der Notwendigkeit eines eigenen Zusammenschlusses und stellen sich solchen Bestrebungen begreiflicherweise mit Aufwendung aller Kraft entgegen. Aber auch der Zusammenschluß der städtischen Milchhändler ist ihnen gleich lästig.

Anderseits erhält der ländliche Zwischenhändler den städtischen Zwergmilchhandel immer noch lebensfähig und auch die größeren Milchhändler der Stadt müssen mit ihm rechnen, genau wie die Milchwirte, die ihn ebenfalls so lange brauchen, als sie sich nicht auf eigene Füße, auf genossenschaftlichen Boden stellen wollen oder können.

III. Der genossenschaftliche Milchabsatz.

1. Ursache und Gründe des genossenschaftlichen Zusammenschlusses.

Das Bild, das die Organisation des Milchabsatzes bietet, ist, wie sich im vorhergehenden gezeigt hat, keineswegs erfreulich.

Es ist deshalb nicht zu verwundern, daß bei den Milchwirten da und dort Klagen über die Unrentabilität des Süßmilchabsatzes auftauchen. Die Gründe liegen innerhalb und außerhalb der Landwirte selbst und sind danach schwerer oder leichter zu beseitigen. Am stärksten macht sich die Abhängigkeit der Produzenten von dem ländlichen Zwischenhandel fühlbar und der damit zusammenhängende gedrückte Milchpreis, der in einem Mißverhältnis zu der aufsteigenden Bewegung der Futtermittelpreise und Löhne sowie zur Dienstbotennot steht. Auf den Milchpreis werden wir später näher eingehen. Schädigend wirkt sodann das planlose Nebeneinanderwirtschaften der einzelnen Landwirte und das Vergeuden vieler schwächerer oder zusammengefaßt stärkerer Kapitalkräfte. Das Mittel zur Abhilfe ist die genossenschaftliche Organisation der Milchwirte. Aufgabe dieser Organisation ist es zugleich, den direkten Verkehr vom Produzenten zum Konsumenten, der infolge der modernen Bevölkerungsentwicklung in den Großstädten völlig verloren ging, wenn auch nicht persönlich, so doch sachlich wieder herzustellen.

Die Anfänge der Genossenschaftsbewegung reichen im Milchversorgungsgebiet der Stadt Karlsruhe bis in die achtziger Jahre zurück; eine impulsive Entwickelung hat jedoch erst in den letzten fünf Jahren eingesetzt und schon heute ist gleichsam fortartig eine größere Zahl von Vereinigungen um die Stadt gelagert, die den Milchabsatz auf gemeinsame Rechnung durchführen, sei es als Nebenbetrieb oder als Hauptbetrieb.

Diesen Vereinigungen, deren Mitgliederschaft sich ausschließlich aus den kleineren und mittleren Landwirten zusammensetzt, ist deshalb die größte Bedeutung beizumessen.

Schon in technischer Hinsicht bedarf die Arbeit des milchproduzierenden Landwirts der Ergänzung durch leistungsfähige Genossenschaften. Die mangelhaften Kühlvorrichtungen, die primitiven Aufbewahrungsräume des Landwirts werden durch zeitgemäße vollkommenere Einrichtung ersetzt. Es kann dadurch auch auf die weitere Behandlung und den Versand der Milch die größte Sorgfalt verwendet werden, um so mehr als ein geschultes Personal zur Verfügung steht. Erst dadurch wird es ermöglicht, eine Milch nach der Stadt zu liefern, die den berechtigten Anforderungen entspricht. Auch ist im ganzen genommen der Arbeitsaufwand ebenso wie der Aufwand für Gebäude, Geräte und Maschinen im genossenschaftlichen Betriebe kleiner als bei der Einzelverarbeitung. Dieser Gesichtspunkt ist bei den steigenden Löhnen und dem vielfachen Mangel an Dienstpersonal besonders beachtenswert; auch eine bessere Verwertung der aus überschüssigen Milchmengen gewonnenen Erzeugnisse, wie Butter, weißer Käse usw., ist zu erwarten, einmal weil die Erzeugnisse mit größerer Sachkenntnis und Sorgfalt hergestellt sind und anderseits, weil man eher geeignete Absatzgebiete aufsuchen und auch die kaufmännischen Kenntnisse der Genossenschaftsleitung verwerten kann.

Dazu kommen noch unverkennbare und sehr wesentliche indirekte Vorteile. Bei der in so vielen Fällen mangelhaften bäuerlichen Buchführung ist man sich vor der Beteiligung am genossenschaftlichen Milchabsatz gar nicht klar gewesen, wie große Werte eigentlich aus der Milchwirtschaft stammen. Die Erlöse gingen vorher in kleineren Beträgen nach und nach ein. Mit dem Beitritt zur Absatzgenossenschaft ändert sich die Sachlage mit einem Male. Selbst ohne Buchführung bekommt jetzt das Mitglied durch die monatlichen Abrechnungen mit der Genossenschaft eine genaue Übersicht über die Erlöse aus diesem Wirtschaftszweig. Die Landwirte ziehen anläßlich der Auszahlung der Milchgelder Vergleiche und spornen auf diese Weise sich gegenseitig an, die Erträge aus der Milchwirtschaft zu steigern. Im Stalle wird eine größere Sorgfalt hinsichtlich der Auswahl des Milchviehes nach Leistungsfähigkeit getroffen. Im Zusammenhang damit wird auch der Fütterung eine größere Aufmerksamkeit geschenkt. Insbesondere sucht man die Tiere durch rationelle Ernährung zu höherer Produktion zu befähigen. Die Kraftfuttermittel werden in stärkerem Maße und auch in verständiger Weise verwendet; ebenso wird dem Futterbau erhöhte Aufmerksamkeit geschenkt. Auf diese Weise zeigt der genossenschaftliche Milchabsatz seine günstige Rückwirkung auf die ganze Wirtschaftsführung des Landwirts.

An diese Gründe reiht sich das Bestreben nach Verbilligung der Handelsspesen und der Transportkosten an. Die Genossenschaftsbewegung kommt also auch hier auf ihr treibendes Prinzip hinaus, das selbst zu leisten, was andere früher geleistet haben, volkswirtschaftlich billiger zu arbeiten, speziell hier im Milchabsatz, unnötige Zwischenstationen des Handels zu vermeiden, einen unmittelbaren Verkehr zwischen Produzent und Konsument anzubahnen und dem Landwirt einen möglichst hohen Anteil an dem jeweiligen Marktpreis zu sichern.

Den ersten Einrichtungen des genossenschaftlichen Milchabsatzes, welche von den landwirtschaftlichen Konsumvereinen in Hochstetten, Helmsheim und Neudorf bereits im Jahr 1884 getroffen wurden, sind weitere Gründungen nicht gefolgt. Der Konsumverein Hochstetten gab diese Tätigkeit wieder auf, nachdem er einen bedeutenden Verlust durch einige in Konkurs geratene Milchhändler erlitten hatte. Helmsheim und Neudorf konnten nur dadurch diesen Zweig genossenschaftlicher Betätigung mit Erfolg durchführen, daß sie Anstalten als größere Abnehmer zu gewinnen und zu erhalten vermochten. Erst seit den Jahren 1903/04 setzte mit dem Steigen der Futtermittelpreise erneut eine Bewegung zugunsten des genossenschaftlichen Milchabsatzes ein, die seitdem auch immer zielbewußter sich erweitert und vertieft hat. Als ausschlaggebendes Moment kam bei diesen Gründungen noch die Tatsache hinzu, daß der einzelne Milchwirt mehr oder weniger der Gnade und Ungnade der Händler preisgegeben war und der Gesamtzahl der Landwirte durch die Vielgestaltigkeit der persönlichen Interessen jeglicher Einfluß auf die Preisbildung ihrer Produkte fehlte. Durch die Schaffung genossenschaftlicher Milchabsatzorganisationen in den einzelnen Orten, die wiederum einen organisatorischen Zusammenschluß im Genossenschaftsverband badischer landwirtschaftlicher Vereinigungen finden, vermögen jetzt die Leiter dieser Organisationen nicht nur einen erzieherischen Einfluß auf die Mitglieder hinsichtlich der Lieferung einer einwandfreien guten Vollmilch auszuüben, sondern sie können auch durch Ablieferung der Milch nach Maßgabe des sich fühlbar machenden tatsächlichen Bedarfes, was man auch Zurückhaltung des Angebots nennen kann, die sogenannten „Milchschwemmen“ vermeiden und zur Regelung der Preise auf dem Markte wirkungsvoll beitragen.

In diesen Punkten bedeuten die genossenschaftlichen Absatzorganisationen im Interesse der städtischen Milchversorgung sowohl als auch im Interesse der Milchproduzenten einen bedeutenden Fortschritt gegenüber dem früheren ungeregelten Absatze durch örtliche Milchhändler. Bei Durchsetzung von Forderungen gegenüber dem Milchhandel konnte bei der großen Zahl der unorganisierten Einzelproduzenten nie eine Einigkeit und infolgedessen auch kein Erfolg erzielt werden. Der Hauptgrund lag darin, daß die einzelnen Produzenten beim Anschluß an sogenannte „Milchpreisbewegungen“ befürchten mußten, daß der Milchhändler sie boykottierte, was selbstverständlich in einer Wirtschaft, die sich auf Milchlieferung eingerichtet hat, einem nicht unbedeutenden Schaden gleichkommt.

Der Milchwirt legt den größten Wert auf einen gesicherten Absatz. Die örtlichen Milchhändler können nun mangels geeigneter molkereitechnischer Einrichtungen keine Zusicherung geben, daß sie in Zeiten geringeren Milchbedarfes in der Stadt das seitherige Quantum den Produzenten ebenfalls abnehmen und eventuell anderweitig verwerten. In solchen Zeiten versagt der Milchhandel vollständig. Er läßt dem Landwirt einen Teil der Milch stehen, so daß ihm durch anderweitige, weniger lohnende Verwertung ein nicht unbeträchtlicher Schaden entsteht. Bei der genossenschaftlichen Milchverwertung werden die Mitglieder, wie wir später bei Schilderung des Geschäftsganges erfahren werden, dieser Sorge der unregelmäßigen Abnahme enthoben und können auf einen unbedingt gesicherten Absatz an die Genossenschaft selbst rechnen. Von der Genossenschaftsleitung hängt es jetzt ab, wie sie das ihr in die Hand gegebene Gesamtquantum am besten verwertet und welche wirtschaftspolitischen Maßnahmen sie dabei im Interesse der Gesamtheit der Mitglieder trifft.

Der Zusammenschluß der einzelnen örtlichen Organisationen im Genossenschaftsverband ist deshalb auch bei weiterer Ausdehnung des genossenschaftlichen Milchabsatzes von weitgehender Bedeutung für die ganze Milchversorgung der Stadt Karlsruhe.

Die weiteren Aufgaben dieser örtlichen Milchabsatzgenossenschaften wurden in einem Referat über die Notwendigkeit der Organisierung des genossenschaftlichen Milchabsatzes auf dem 24. Verbandstage der badischen landwirtschaftlichen Konsumvereine[1] in Mannheim noch dahin zusammengefaßt, daß die gegenseitige Konkurrenz im Absatz, die Information über die Kreditwürdigkeit der Abnehmer, die Führung einer sogenannten schwarzen Liste über die zahlungsunfähigen Milchabnehmer, die Bestrebungen auf Vermehrung des Milchverbrauchs in den Städten, die Beseitigung der noch vielfach bestehenden Schwierigkeiten im Milchversand auf der Eisenbahn usw. noch Punkte seien, die gemeinsamer Erörterung und Regelung bedürfen[2].

So ging in den nachfolgenden Jahren die Entwicklung der Milchabsatzgenossenschaften im Karlsruher Milchversorgungsgebiet in der Richtung vor sich, daß in Gemeinden, in denen sich die ansässigen Milchhändler allen berechtigten Wünschen der Produzenten gegenüber unzulänglich zeigten und sich für einen unentbehrlichen Faktor beim Milchabsatzgeschäft hielten, Unzuträglichkeiten entstanden, die in der Gründung einer Milchabsatzgenossenschaft unter Ausschaltung der ortsansässigen Milchhändler ihren Abschluß fanden. Die Genossenschaft ist dann bestrebt, direkt an den Karlsruher Milchhandel, nötigenfalls auch an Privatabnehmer, zu liefern. Es ist eine bekannte Tatsache, daß die Milchhändler auf dem Lande nicht etwa die Interessen der Milchwirte vertreten, mit denen sie in einer Gemeinde zusammen leben und aus deren Produkten sie ihren Verdienst ziehen, sondern daß sie fast ausnahmslos mit dem städtischen Milchhandel Hand in Hand gehen und sich auch demgemäß gegen jede Aktion wehren, die zugunsten der Milchwirte eingeleitet wird. Umgekehrt ergreift der städtische Milchhandel ebenso leidenschaftlich Partei für seinen ländlichen Kollegen, wenn es sich um dessen Ausschaltung durch Gründung einer Genossenschaft handelt, als ob es ihm selbst an den eigenen Leib ginge. Praktisch wurde die Kollegialität schon des öfteren in der Weise betätigt, daß von seiten

[1] Rechenschaftsbericht von der 24. Abgeordnetenversammlung des Verbands der badischen landwirtschaftlichen Kosumvereine. Karlsruhe 1907, J. J. Reiff.

[2] Nicht nur im Karlsruher und Mannheimer Milchversorgungsgebiet wurde diese Frage erörtert, auch in einer Reihe anderer deutscher Bundesstaaten und Provinzen hat man sich in derselben Zeit ebenfalls damit befaßt, so insbesondere bei den Genossenschaftstagen des Reichsverbands der deutschen landwirtschaftlichen Genossenschaften 1904 in Posen und 1905 in Straßburg.

des städtischen Milchhandels über eine neu gegründete Genossenschaft sofort der Boykott verhängt wurde, so daß sie Gefahr lief, schon bei Beginn ihrer Tätigkeit an Absatzmangel zugrunde zu gehen, wenn sie nicht Privatkundschaft hatte oder die vom Karlsruher Genossenschaftsverband betriebene „Milchzentrale“ ihr einen Rückhalt bot. Dank dieser letztgenannten Einrichtung kann aber, wie wir später noch zeigen werden, der weitere Ausbau des genossenschaftlichen Milchabsatzes ganz nach Bedürfnis und allmählich durchgeführt werden.

Während nun in anderen Teilen Deutschlands der Milchabsatz nur durch besondere „Milchabsatzgenossenschaften“ betrieben wird, finden wir, daß bei uns neben dieser Form noch vorzugsweise die „landwirtschaftlichen Konsum- und Absatzvereine“ sowie die „Molkereigenossenschaften“ den Süßmilchabsatz in ihren Geschäftsbetrieb eingereiht haben, was insofern einen Vorzug darstellt, als sich dadurch die Schaffung einer neuen Organisation mit den damit verbundenen Kosten erübrigt, genossenschaftlich geschulte Persönlichkeiten als Geschäftsführer bereits vorhanden und auch die Mitglieder bis zu einem gewissen Grade genossenschaftlich erzogen sind.

Die Gründung einer besonderen Milchabsatzgenossenschaft pflegt deshalb auch nur dort in Frage zu kommen, wo

a) weder ein landwirtschaftlicher Konsum- und Absatzverein, noch eine Molkereigenossenschaft besteht, oder
b) diese Organisationen es ablehnen, den Süßmilchverkauf in ihr Tätigkeitsgebiet aufzunehmen und
c) die Tätigkeit des genossenschaftlichen Absatzes mehrere Gemeinden umfassen soll und an dieser Einrichtung auch solche Milchproduzenten Interesse haben, die den oben genannten Vereinigungen noch nicht angehören.

Wir haben es also mit drei Gruppen im genossenschaftlichen Milchabsatz zu tun, die wir nun des näheren betrachten wollen.

2. Der Milchabsatz durch die landwirtschaftlichen Konsum- und Absatzvereine.

Der Milchabsatz stellt einen Teil der Geschäftstätigkeit dieser Genossenschaften dar, deren Haupttätigkeit sich allerdings auf den gemeinsamen Bezug der landwirtschaftlichen Bedarfsartikel erstreckt.

Der Gegenstand des Unternehmens ist:

1. Der gemeinsame Einkauf von Verbrauchsstoffen und Gegenständen des landwirtschaftlichen Betriebs;
2. der gemeinschaftliche Absatz landwirtschaftlicher Erzeugnisse.

Nach den Statuten der landwirtschaftlichen Konsum- und Absatzvereine, die ohne Ausnahme eingetragene Genossenschaften mit unbeschränkter Haftpflicht sind, besteht für die Mitglieder Gesamtverbindlichkeit für die Verpflichtungen, welche die Genossenschaft Dritten gegenüber eingeht. Jedes Mitglied bezahlt ein Eintrittsgeld von 1—2 *M*, ein Jahresbeitrag wird dagegen nicht erhoben. Die Verwaltungskosten werden durch einen Zuschlag von 2—5 % auf die bezogenen Waren und durch den Mehrerlös aus dem genossenschaftlichen Absatz von landwirtschaftlichen Erzeugnissen gedeckt. Ferner sind die Mitglieder verpflichtet, einen Geschäftsanteil zu erwerben und die vorgeschriebenen Einzahlungen darauf zu leisten. An den Beratungen, Abstimmungen und Wahlen in der Generalversammlung nimmt jeder Genosse teil und hat das Recht, die Einrichtungen der Genossenschaft zu benutzen, ebenso am Geschäftsgewinn nach Maßgabe der Statuten teilzunehmen. Ein Reservefonds zwecks Deckung der Verluste setzt sich zusammen aus Eintrittsgeldern, Strafgeldern und mindestens 10 % des jährlichen Reingewinns. In der Regel wird der ganze Gewinn dem Reservefonds zugewiesen.

Auf Grund dieser grundlegenden Bestimmungen befaßten sich im Jahr 1910 im Untersuchungsgebiet folgende landwirtschaftliche Konsum- und Absatzvereine mit dem genossenschaftlichen Milchabsatz nach Karlsruhe:

	Abgelieferte Milchmengen im Jahr Liter	Abgelieferte Milchmengen durchschnittlich im Tag Liter
Diedelsheim (seit 1. Okt. 1910)	2 545	30
Eppingen	125 100	340
Helmsheim	103 182	280
Huttenheim	75 865	210
Kleinsteinbach (seit 1. Sept. 1910)	4 320	35
Neudorf	77 540	215
Neuenbürg (Amt Bruchsal) . .	24 950	70
Obergrombach	167 188	460
Oberöwisheim	36 479	100
Ruit	20 110	55
Rußheim	269 145	730
Staffort	32 850	90
Wössingen	74 300	200
Zaisenhausen	102 360	280
Im ganzen	1 115 934	3095

Zur Durchführung des gemeinsamen Milchabsatzes wird die Einrichtung einer sogenannten Sammelstelle erforderlich. Dazu haben sich noch immer Räume gefunden, die mitten im Dorf liegen, von der Genossenschaft auf längere Zeit gemietet und dann für den gedachten Zweck entsprechend eingerichtet werden. Nötigenfalls stellt sich die Genossenschaft ein eigenes Gebäude her, das an die Wasserleitung angeschlossen oder mit einem Brunnen versehen ist.

Die maschinellen Einrichtungen müssen dem Umsatz und den örtlichen Verhältnissen angepaßt sein und dürfen sich nur auf das Notwendigste beschränken, um zu verhindern, daß Anlagen gebaut werden, deren Amortisation und Verzinsung die Rentabilität des ganzen Unternehmens in Frage stellen.

Über die Gesamtkosten solcher Anlagen und ihre zweckmäßige maschinelle Einrichtung bei entsprechendem Umsatze gibt nachstehende Tabelle Aufschluß (S. 58).

Zur Milchannahme werden ausnahmslos Milchmaßeimer mit Schwimmer verwendet, die aber meistens nicht amtlich geeicht sind. Bei größeren Umsätzen verdient eine Milchwage den Vorzug. Das Hauptinventarstück ist der Milchkühlapparat, der nicht zu klein gewählt werden darf, weil erfahrungsgemäß das Abkühlgeschäft bei etwas verspäteten Einlieferungen schnell vor sich gehen muß und in diesem Falle bei zu klein gewählten Milchkühlern die Abkühlung nicht gründlich genug geschieht. Im Milchkühlapparat werden von manchen Genossenschaften Milchfilter mit Wattscheiben verwendet.

Eine ausreichende Anzahl von Milchtransportkannen ist ein weiteres Erfordernis für einen geregelten Milchabsatz. Mindestens muß eine Genossenschaft $2^1/_2$ Garnituren besitzen, d. h. so viel Kannen, daß diese das zweieinhalbfache tägliche Versandquantum zu fassen vermögen. In Zeiten reichlicher Milcherzeugung werden drei Garnituren nötig. Die eine befindet sich beim Milchabnehmer, die zweite ist unterwegs und die dritte wird zum Versand gebraucht oder dient als Reserve. Nur bei schnellster Rückbeförderung der leeren Kannen genügen zwei Garnituren. Den Vorzug verdienen die gestempelten Milchtransportkannen mit Patentverschluß zu je 20 l Inhalt.

Die Milchzentrifuge darf in keiner genossenschaftlichen Milchsammelstelle fehlen. Bei außergewöhnlich starker Milchanlieferung oder geringerem Milchbedarf in der Stadt muß die überflüssige Milchmenge in der Sammelstelle zurückgehalten, entrahmt und zu Butter verarbeitet werden. In solchen Fällen erhalten die Mitglieder die Magermilch zurück.

Kosten der Einrichtungsgegenstände für genossenschaftliche Milchsammelstellen.

Bezeichnung der Gerätschaften	Für eine tägliche Milchmenge von ca. 400 l ℳ	ca. 600 l ℳ	ca. 800 l ℳ	ca. 1000 l ℳ
Ein Milchmaßeimer mit Schwimmer 20 l	10,50	10,50	—	—
Amtlich geeicht mehr	6,—	6,—	—	—
Eine Milchwage amtlich geeicht mit Gefäß von 30 Liter	—	—	70,—	70,—
Ein Milchkühlapparat, System Gegenstrom komplett mit Einsatzsieb nebst Wasserschlauch und Eisengestell	140,—	185,—	245,—	260,—
Milchtransportkannen, erstklassiges Fabrikat, je 20 l Inhalt in bestbewährten Systemen	450,— (ca. 50 Stück)	675,— (ca. 75 Stück)	900 (ca. 100 Stück)	1125 (ca. 125 Stück)
Eine Milchzentrifuge	310	330	370	400
Eine Milchprüfungswage (Laktodensimeter) mit Thermometer nach Dr. Gerber samt Glaszylinder	3,50	3,50	3,50	3,50
Ein Fettbestimmungsapparat nach Dr. Gerber komplett	Mod. A 23,— 2 Proben	Mod. A 35,25 mit 3–4 Proben	Mod. B 83,50 8 Proben	Mod. C 105,50 12 Proben

Außerdem wird ihnen die in der Sammelstelle erzeugte Butter meistens zum Selbstkostenpreis geliefert, sofern bessere Absatzquellen nicht gefunden werden. Auf diese Weise wird der Milchstrom nach der Stadt planmäßig geregelt.

Zur Besorgung der Geschäfte wird ein Mann als Betriebsleiter angestellt. Derselbe steht unter der Aufsicht des Vorstands und hat über die eingelieferte Milch und die an die Mitglieder verkauften Molkereiprodukte genau Buch zu führen, für den Transport der Milch zur Bahn und für die Abholung der leeren Kannen, das Reinigen derselben und die Instandhaltung der ganzen Anlage zu sorgen. Als Vergütung erhält er in der Regel 1 ₰ für 1 Liter. Der Vorstand hat die Verantwortung für den ganzen Betrieb und muß dem Aufsichtsrat der Genossenschaft von Zeit zu Zeit Bericht über den Stand des Unternehmens erstatten.

Die Mitglieder sind verpflichtet, zu den von der Genossenschaft festgesetzten Einlieferungsstunden die sämtliche in ihrer Wirtschaft gewonnene Milch, soweit solche nicht für Haushaltungszwecke benötigt wird, an die Genossenschaft abzuliefern (Lieferzwang).

Zuwiderhandlungen werden meist mit Ordnungsstrafen, in Wiederholungsfällen mit Ausschluß aus der Genossenschaft geahndet.

Über die zu beachtende Reinlichkeit beim Melken, das sorgfältige Abseien und pünktliche Abliefern der Milch an die Sammelstellen sind von der Generalversammlung jeweils bindende Vorschriften erlassen, deren Nichteinhaltung mit Strafen geahndet wird.

Eine schwierige Aufgabe für die Genossenschaftsleitung ist die Ausübung der Milchkontrolle. Dem Betriebsleiter liegt in erster Linie die Verpflichtung einer ständigen Überwachung der eingelieferten Milch ob. Seine Prüfung hat sich auf folgende Punkte zu erstrecken:

1. Tauglichkeit zum Verkauf oder zur Verarbeitung.

Eine Kostprobe gibt manchmal schon Aufschluß darüber, ob die Milch mit einem Fehler behaftet ist, der sich durch einen salzigen, fauligen oder außergewöhnlichen Geschmack zu erkennen gibt. Der Hauptwert muß beim Milchverkauf auf die Haltbarkeit gelegt werden. Um diese festzustellen, gibt es kein schnelleres und zuverlässigeres Untersuchungsmittel als die sogenannte Alkoholprobe; eine kleine Menge Milch, ca. 5—10 ccm, wird mit der gleichen Menge Spiritus von 68 Raumteilen Alkoholgehalt vermengt; gerinnt sie alsbald, so ist sie zum Versand nach der Stadt nicht geeignet.

2. Allgemeine Beschaffenheit und etwaige Verfälschung.

In dieser Richtung hin bewegt sich auch die polizeiliche Kontrolle auf dem Milchmarkt und in den Milchgeschäften in der Stadt. Diesem Zweck dient hauptsächlich die Bestimmung des spezifischen Gewichts, weil durch dasselbe Verfälschungen mit Wasser — andere Fälschungen kommen äußerst selten vor — in den meisten Fällen leicht erkannt werden können. Dazu dient in erster Linie das Laktodensimeter, in der Praxis häufig auch Milchwage genannt. Neben diesem Instrument, das verhältnismäßig einfach zu handhaben ist und eine schnelle Vorprüfung ermöglicht, ist bei manchen Genossenschaften auch das allerdings weniger zuverlässige Kremometer in Verwendung, ein zylindrisches Gefäß, in welchem die Milch aufgestellt wird.

3. Bestimmung des Fettgehaltes der Milch.

Diese Untersuchung wird mittels des acidbutyrometrischen Zentrifugal-Fettbestimmungsverfahrens nach Dr. Gerber ausgeführt, ergibt sehr genaue Zahlen und ermöglicht, den Fettgehalt einer großen Zahl von Milchproben in kurzer Zeit, z. B. in einer Stunde bis etwa 20 Proben, zu bestimmen. Wenn das Verfahren auch verhältnismäßig einfach und leicht zu erlernen ist, so gehört doch schon etwas Verständnis und vor allen Dingen auch die nötige Zeit dazu, um solche Fettbestimmungen ausführen zu können. Aber gerade an der nötigen Zeit mangelt es meistens den Betriebsleitern. Sie sind während der Einlieferungszeit mit der Buchführung und rechtzeitigen Abfertigung der Milch derart in Anspruch genommen, daß ihnen zu so weitgehenden Untersuchungen — so notwendig und lehrreich sie auch sein mögen — schlechterdings keine Zeit übrig bleibt. Nur in zwei Milchabsatzgenossenschaften (Durmersheim und Ötigheim) werden diese Untersuchungen durch eigens angestellte Kontrolleure ausgeführt, während die übrigen Genossenschaften zumeist einen Vertrag mit der Großh. Versuchsanstalt abgeschlossen haben, wonach diese die Untersuchungen von Milchproben zu mäßigen Pauschalgebühren übernimmt.

Über die Entnahme und Einsendung der Milchproben hat die Großh. landw. Versuchsanstalt Augustenburg besondere Vorschriften, welche als Anlage 3 abgedruckt sind, erlassen.

Die Einrichtung der Milchkontrolle hat sich sehr gut bewährt. Es lernen die Genossenschaften die Qualität ihrer Mitglieder kennen und können dadurch auf Abstellung von Mißständen und Durchführung von Verbesserungen hinwirken.

Dem Betriebsleiter kann selbstverständlich in den von ihm untersuchten Milchproben nicht das letzte Wort gegeben werden. Festgestellte Qualitätsmängel hat er sofort nach der Art derselben dem Genossenschaftsvorstande mitzuteilen, insbesondere bei Fälschungsverdacht zwecks sofortiger Vornahme von Stallproben, desgleichen, wenn auf Krankheiten der Milch hinweisende Abnormitäten wahrzunehmen sind, damit Abhilfe geschaffen wird. Eine Stallkontrolle wird meistens von den Vorstandsmitgliedern der Genossenschaft selbst vorgenommen. Denselben ist ein hoher Wert beizumessen, wenn sie sofort am gleichen Tage erhoben werden; die polizeilicherseits angeordneten Stallproben verfehlen meistens ihren Zweck, weil sie oft 3—8 Tage später gezogen werden. Durch Erhebung von Stallproben und bei Berücksichtigung der persönlichen Eigenschaften, die den Mitbürgern in einer Dorfgemeinde gegenseitig hinlänglich bekannt sind, läßt sich schon beurteilen, ob in abnormen Fällen betrügerische Manipulationen vorliegen. Gegen diese Mitglieder wird, wie dies aus den Protokollbüchern der Genossenschaften deutlich hervorgeht, rücksichtslos vorgegangen; hohe Strafen und Ausschluß aus der Genossenschaft sind keine Seltenheit.

Da die Generalversammlung über solche Angelegenheiten zu beschließen hat, so werden die Betreffenden nicht nur vor der ganzen Öffentlichkeit als Milchfälscher gebrandmarkt, sondern auch meistens wirtschaftlich sehr geschädigt, da es ihnen in der Regel nicht mehr möglich ist, unter gleich günstigen Bedingungen Absatz für das meist geringe Milchquantum sich zu verschaffen.

Außer diesen Kontrollen bei verdächtiger Milchlieferung haben manche Genossenschaften noch eine regelmäßige obligatorische Stallbesichtigung durch die Organe der Genossenschaft eingeführt. Durch solche Revisionen erhalten die Vorstände der Genossenschaften recht genauen Einblick in die Verhältnisse ihrer Genossen und vermögen durch Empfehlung und Hinweis auch andere ersprießliche Verbesserungen einzuführen.

Auf diese Weise wirkt die Selbstkontrolle der Genossenschaften am Produktionsort ungemein erzieherisch auf die Mitglieder.

3. Der Milchabsatz durch die Molkereigenossenschaften.

Eine weitere Gruppe der Süßmilchabsatzgenossenschaften bilden in neuerer Zeit auch die

Molkereigenossenschaften.

Während noch vor kaum zwei Jahrzehnten in den bäuerlichen Wirtschaften jener Gemeinden, die für den direkten Milchabsatz nach Karlsruhe nicht in Betracht kommen konnten und zum Teil auch in größerer Entfernung von der Bahnlinie lagen, die Milch in jedem Einzelhaushalt zu Butter oder Käse verarbeitet wurde, trat durch Einführung der Milchzentrifuge in den neunziger Jahren mit der Errichtung von Genossenschaftsmolkereien ein bedeutender Umschwung ein. In Gemeinden, in denen man früher jahrelang unentwegt darauf hinarbeitete, in den bäuerlichen Betrieben zur Herstellung einer als gut zu bezeichnenden Butter zu gelangen, schlugen alle dahingehenden Versuche fehl bis zur Einführung der Genossenschaftsmolkereien, die dann bald durch die Vorzüglichkeit und gleichmäßige Beschaffenheit der von ihnen hergestellten Produkte den Wettbewerb auf dem Markte erfolgreich aufnehmen konnten. Die Mehrzahl der genannten Molkereien hat in den letzten Jahren den Mitgliedern für 1 l Milch 8 ₰ bezahlt bei unentgeltlicher Rückgabe der Magermilch, die in den Wirtschaften der Mitglieder mit ca. 4 ₰ sich verwerten läßt. Das entspricht einer Gesamtverwertung von 12 ₰ für den Liter Milch.

Muß einerseits eine Berechtigung auf erhöhte Milchverkaufspreise für die Milchwirte in der Umgebung der Stadt Karlsruhe anerkannt werden, so darf anderseits aber auch von diesen nicht übersehen werden, daß durch die Preiserhöhungsbestrebungen und namentlich durch die Propaganda für bestimmte Mindestpreise eine starke Beunruhigung in die Kreise der Molkereigenossenschaften hineingetragen und dadurch manche gut geleitete und bisher erfolgreich arbeitende Molkerei in ihrer Fortentwicklung empfindlich gestört wurde. Meistens sind es gerade die größten und besten Milchlieferanten einer Molkerei, die auf die Angebote höherer Milchpreise reagieren und so die Molkerei geradezu zwingen, zum Milchverkauf überzugehen, wenn sie nicht in ein dauerndes Siechtum verfallen soll. Molkereigenossenschaften, die unter solchen Verhältnissen dem Übergang zum Milchverkauf Widerstand entgegensetzen, haben mit Bestimmtheit zu gewärtigen, daß dann Milchhändler den Versand der

Milch in die Hand nehmen und dadurch der bestehenden Molkerei durch Wegnahme der Milch eine vernichtende Konkurrenz bereiten.

Hat sich der Milchhändler erst eingelebt und ist er imstande, nur ½ ₰ für den Liter mehr zu zahlen als die Molkerei, dann ist es ihm erfahrungsgemäß ein leichtes, binnen kurzer Zeit die Milchlieferung vollständig an sich zu reißen. Wo solche veränderte Verhältnisse eintreten und ein dauernd gesicherter lohnender Absatz an eine beständige, gute und zahlungsfähige Kundschaft, namentlich an Großabnehmer, den Milchverkauf wirklich wirtschaftlicher erscheinen lassen als die Verarbeitung zu Butter, da kann und darf eine umsichtige Molkereigenossenschaft allerdings nicht warten, bis sie Mitglieder verliert und immer einer nach dem anderen die Molkerei verläßt, sondern muß unter solchen Umständen rechtzeitig bemüht sein, den Milchverkauf selbst in die Hand zu nehmen und genossenschaftlich zu organisieren. Eine Molkereigenossenschaft eignet sich hierzu ganz vorzüglich, weil das Personal geschult und die entsprechende Einrichtung für die Durchführung des Betriebs und die eventuelle Verarbeitung überschüssiger Milch zu Butter bereits vorhanden ist. Leider wurde dieser Zeitpunkt der Anpassung des Betriebs an eine veränderte Wirtschaftslage von vielen Molkereien versäumt; die Folge davon war ein ständiger Rückgang des Molkereibetriebs und schließlich dessen Auflösung.

Es bestanden im Kreis Karlsruhe ausweislich der Statistik des Verbands badischer Zentrifugenmolkereien 14 derartige Molkereigenossenschaften, wovon gegründet wurden:

im	Jahr	1892	3	Molkereien,
„	„	1894	1	„
„	„	1895	1	„
„	„	1897	1	„
„	„	1898	1	„
„	„	1900	4	„
„	„	1901	1	„
„	„	1903	2	„
Zusammen			14	Molkereien.

Sämtliche Molkereien haben sich wieder aufgelöst mit Ausnahme der drei zuletzt in den Jahren 1901 und 1903 gegründeten Molkereien in Nußbaum, Stein und Neuhausen.

Aber auch von diesen Genossenschaften sahen sich zwei in den letzten Jahren gezwungen, den Buttereibetrieb wieder einzustellen und zum direkten Süßmilchabsatz überzugehen, wie dies nachstehende Geschäftsergebnisse zeigen.

	Eingelieferte Milchmenge			Erzeugte Butter		Direkter Milchverkauf	
	Liter	Liter	mehr %	kg	kg	Liter	Liter
	1908	1909		1908	1909	1908	1909
Nußbaum . . .	83 500	97 303	16,5	5 600	174	7 500	95 948
Stein	130 600	171 630	31,4	10 100	10 060	—	—
Neuhausen . . .	197 000	244 022	23,9	5 600	492	127 000	238 036

Es bleibt somit nur noch die Gemeinde Stein (Amt Bretten) übrig, die allen Versuchen getrotzt hat. Auch hier hat neuerdings die Milchhändlerkonkurrenz eingesetzt und es wird nur noch eines kurzen Zeitraumes bedürfen, bis auch die letzte Molkerei in den Kreis der Süßmilchlieferung einbezogen ist. Dieser Vorgang hat sich in den 13 anderen Gemeinden, in denen Molkereigenossenschaften bestanden, auf die geschilderte Weise vollzogen. Aber leider hat sich dabei die Molkerei nicht immer auf den Süßmilchabsatz eingerichtet; an ihre Stelle traten dann ein oder mehrere Milchhändler, die allerdings einen hohen Preis zahlten, aber dafür den Forderungen der Produzenten nicht das Maß von Verständnis entgegenbrachten, das diese seither in ihrer Molkereigenossenschaft in Form eines Mitbestimmungsrechtes besaßen, so daß beständige Konflikte zutage traten, die meist durch Gründung einer Milchabsatzgenossenschaft unter Ausschaltung der Milchhändler endeten.

So sind folgende Molkereien zum genossenschaftlichen Milchabsatz nach Karlsruhe übergegangen und haben zum Teil den Zwischenhandel gar nicht aufkommen lassen, zum Teil ihn wieder verdrängt:

	Abgelieferte Milchmengen	
	im Jahr Liter	durchschnittlich im Tag Liter
Au a. Rhein	286 916	780
Rohrbach, Molkerei . . .	310 237	850
Rohrbach, Molkerei Rupp	324 160	890
Ittlingen	273 070	750
Nußbaum	77 394	210
Schaidt i. Pfalz. . . .	259 160	710
Hatzenbühl i. Pfalz . .	288 000	800
Hayna i. Pfalz	216 000	600
Im ganzen	2 034 937	5590

Die letzte Gruppe stellen

4. die Milchverkaufsgenossenschaften

dar. Es wurde bereits näher dargetan, unter welchen Voraussetzungen derartige reine Milchabsatzgenossenschaften gegründet werden. Es bestanden im Karlsruher Milchversorgungsgebiet Ende 1910 folgende Milchabsatzgenossenschaften:

Firma	Abgelieferte Milchmengen im Jahr Liter	durchschnittlich im Tag Liter
Durmersheim	553 833	1517
Gölshausen	91 019	248
Hochstetten	278 153	764
Ötigheim	370 420	1080
Linkenheim	78 220	214
Im ganzen	1 371 645	3823

Weitere Neugründungen sind im Jahr 1911 noch hinzugekommen. Die älteste dieser Organisationen ist die Milchverkaufsgenossenschaft Durmersheim, welche zugleich auch einen typischen Betrieb darstellt, so daß im folgenden diese Organisation etwas eingehender besprochen werden soll.

Die Milchverkaufsgenossenschaft Durmersheim (eingetr. G. m. b. H.).

Über das Zustandekommen dieser Genossenschaft berichtet Landw.-Inspektor Stengele auf dem 23. Verbandstag des Verbandes der badischen landwirtschaftlichen Konsumvereine [1] im Mai 1906 wie folgt:

„Die Genossenschaft verdankt ihre Entstehung einem seit langem vorliegenden dringenden Bedürfnis. Am Zustandekommen derselben mußte aber trotzdem mehrere Jahre gearbeitet werden. Der Vertrieb der in Durmersheim verfügbaren verkäuflichen Milch geschah durch eine größere Anzahl Zwischenhändler, die aber nicht direkt an die Konsumenten, sondern wieder an Karlsruher Händler verkauften. Durch diesen Zwischenhandel bildete sich ein schreiendes Mißverhältnis zwischen dem den Produzenten bewilligten und dem von den Konsumenten bezahlten Milchpreis heraus. Die Milch wurde vor 4—5 Jahren noch mit 10 ₰ für den Liter bezahlt, während der Verkaufspreis für dieselbe Milch als reine

[1] Rechenschaftsbericht an die 23. Abgeordnetenversammlung des Verbandes der badischen landwirtschaftlichen Konsumvereine. Karlsruhe, Reiff 1906.

Vollmilch 20 ₰ betrug. In Versammlungen der Produzenten, zu denen auch die Milchhändler erschienen, wurde zunächst versucht, durch einmütige Forderung einen höheren Milchpreis zu erzielen. Dies gelang auch. Die Milchhändler verstanden sich zunächst zu einem Aufschlag auf 11, dann auf 12 und endlich auf 13 ₰. Als jedoch vergangenes Jahr die Milchpreisbewegung durch ganz Baden und darüber hinaus ging und die Landwirte mit höheren Forderungen an die Milchhändler herantraten, erhielten sie eine Absage. Dies führte zu dem endgültigen Entschluß, eine Milchverkaufsgenossenschaft zu gründen. Ein erstmaliger, schon vor zwei Jahren unternommener Versuch hierzu scheiterte an dem geringen Entgegenkommen der Karlsruher Bevölkerung, trotzdem derselben die weitestgehenden Garantien bezüglich Qualität der Milch geboten wurden und trotzdem ein Preis gefordert wurde, der sogar einen Pfennig unter dem durchschnittlichen Verkaufspreise lag. Nachdem es aber im vergangenen Jahr Herrn Bürgermeister Heck-Durmersheim gelang, mit dem St. Vinzentiushaus in Karlsruhe die tägliche Lieferung von 400 l zu 17½ ₰ per Liter zu vereinbaren, wurde dies als geeignetes Moment zur Errichtung der Verkaufsgenossenschaft angesehen.

Durch die Bekanntmachung in Karlsruher Blättern wurde weitere Kundschaft gesucht und erhalten. Die Gründung der Genossenschaft erfolgte anfangs September des vergangenen Jahres unter Beitritt der größten Zahl der Landwirte von Durmersheim und der Nachbargemeinde Würmersheim. Zuerst hatte die Genossenschaft ein Mietlokal für die Sammelstelle, das sich aber bald als zu klein erwies, so daß im Laufe des Winters noch zum Bau eines eigenen Lokals geschritten werden mußte, welches Ende März bezogen werden konnte. Die Einrichtung ist so beschaffen, daß die Milchkontrolle, die Milchabnahme, sowie die Kühlung und Bereitstellung der Milch zum Versand raschestens erfolgen kann. Ein Separator ist aufgestellt für den Fall, daß Milch unverkauft übrig bleiben sollte. Die Milchuntersuchungen werden von einem besonders angestellten Kontrolleur strengstens durchgeführt, so daß die weitestgehenden Garantien bezüglich Qualität der Milch übernommen werden können. Die Milchlieferanten erhalten für den Liter Milch 15 ₰, die Genossenschaft dagegen 17 ₰ bei Lieferung franko Bahnhof Karlsruhe. Die Genossenschaft setzt heute rund 1200 l Milch täglich ab und erweitert ihren Kundenkreis erfreulicherweise ständig. Man darf annehmen, daß die Genossenschaft in ihrem Bestand gesichert ist und ihre Tätigkeit zum großen Vorteil der Produzenten und Konsumenten ausübt. Finanziell besteht die Genossenschaft heute, trotzdem es sich um eine schwierige Anfangszeit handelte, recht gut."

Die Erwartungen, welche an die Prosperität der Genossenschaft geknüpft wurden, haben sich voll und ganz erfüllt. Es ist vor allen Dingen den unermüdlichen und uneigennützigen Bemühungen des ersten Vorstands der Genossenschaft, Bürgermeisters Heck, mit kräftiger Unterstützung einiger weiterer Männer im Vorstand und Aufsichtsrat gelungen, einen ständigen, soliden Kreis von Abnehmern für die Milch in der Stadt Karlsruhe zu erwerben. Von dem täglichen ablieferbaren Quantum erhalten:

Öffentliche Anstalten und Institute	30 %
Bäcker	15 „
Milchhändler	55 „

Das Statut, auf dem die Organisation der Milchabsatzgenossenschaften beruht, ist gleichlautend mit dem vom Verband aufgestellten Normalstatut für Molkereigenossenschaften. Die wesentlichsten Punkte des Statuts sind folgende:

Gegenstand des Unternehmens ist die Verwertung der Milch auf genossenschaftliche Rechnung und Gefahr.

Die Mitgliedschaft können alle Personen erwerben, welche sich durch Verträge verpflichten können, im Besitze der bürgerlichen Ehrenrechte sind und ihren Sitz in der betreffenden Gemeinde haben.

Aufkündigung der Mitgliedschaft findet nur zum Schlusse eines Geschäftsjahres statt und muß mindestens vier Monate vorher schriftlich erfolgen.

Ausschluß von Mitgliedern kann auf Antrag des Vorstands, des Aufsichtsrats oder von einem Fünftel der Mitglieder geschehen:

a) wegen einer mit dem Interesse der Genossenschaft nicht vereinbarlichen Handlungsweise;

b) wegen Nichterfüllung oder Verletzung der statutarischen oder sonstigen der Genossenschaft gegenüber eingegangenen Verpflichtungen;

c) wegen Zahlungsunfähigkeit und wegen Unfähigkeit zur selbständigen Vermögensverwaltung.

Rechte der Mitglieder. Jedes Mitglied hat das Recht:

1. in der Generalversammlung zu erscheinen, sowie an den Beratungen, Abstimmungen und Wahlen teilzunehmen;
2. die Einrichtungen der Genossenschaft zu benutzen;
3. am Geschäftsgewinn teilzunehmen.

Pflichten der Mitglieder. Jedes Mitglied hat die Pflicht:

1. den Bestimmungen des Statuts und der auf Grund derselben erlassenen Geschäftsordnung nachzukommen;
2. dem Interesse der Genossenschaft nicht zuwiderzuhandeln;
3. weder mittelbar noch unmittelbar an einem gleichen oder ähnlichen Unternehmen ohne Genehmigung der Generalversammlung sich zu beteiligen;

4. einen Geschäftsanteil zu erwerben;
5. für die Verbindlichkeiten der Genossenschaft ist für jeden übernommenen Geschäftsanteil eine Haftsumme von 100 ℳ verbunden (beschränkte Haftpflicht).

Organe der Genossenschaft sind:

der Vorstand,
der Aufsichtsrat,
die Generalversammlung.

Der Vorstand vertritt die Genossenschaft gerichtlich und außergerichtlich und besteht aus Direktor, Rechner und zwei weiteren Mitgliedern.

Alljährlich scheidet ein Drittel aus und wird durch Neuwahl ersetzt.

Der Aufsichtsrat besteht aus sechs Mitgliedern, die aus ihrer Mitte einen Vorsitzenden wählen.

Die Befugnisse und Obliegenheiten von Vorstand und Aufsichtsrat sind im Statut genau festgelegt.

Generalversammlung. Die Rechte, welche den Genossen in den Angelegenheiten der Genossenschaft, insbesondere in der Führung der Geschäfte, der Prüfung der Bilanz und Verteilung von Gewinn und Verlust zustehen, werden in der Generalversammlung durch Beschlußfassung der erschienenen Genossen ausgeübt. Jeder Genosse hat eine Stimme. Frauen sind von der Teilnahme ausgeschlossen.

Die Berufung der Generalversammlung muß mit einer Frist von mindestens einer Woche erfolgen. Sie hat innerhalb der ersten fünf Monate nach Ablauf des Geschäftsjahrs stattzufinden.

Die Punkte, über welche die Generalversammlung Beschluß zu fassen hat, sind in dem Statut einzeln bestimmt.

Die Betriebsmittel der Genossenschaft setzen sich zusammen aus den Geschäftsanteilen der Mitglieder und dem Reservefonds.

Der Geschäftsanteil beträgt mindestens 10 ℳ. Jedes Mitglied ist berechtigt, denselben voll einzuzahlen; verpflichtet ist es mindestens ein Zehntel bar sofort zu zahlen. Meistens ist eine Mußbestimmung zur Zahlung des ganzen Betrags in Raten in das Statut aufgenommen.

Der Reservefonds wird durch Eintrittsgelder, Strafgelder und durch Überweisung von mindestens 10 % des jährlichen Reingewinns gebildet. Er soll mindestens auf ein Viertel der Gesamthöhe der Geschäftsanteile gebracht werden und dient zur Deckung eines aus der Bilanz sich ergebenden Verlustes.

Über das Rechnungswesen enthält das Statut genaue Bestimmungen betreffs Geschäftsjahr, Inventur, Bücherabschluß und Bilanzaufstellung.

Die Auflösung der Genossenschaft erfolgt

1. durch Beschluß der Generalversammlung;
2. durch Eröffnung des Konkurses;
3. durch Beschluß des Amtsgerichts, wenn die Zahl der Mitglieder weniger als sieben beträgt.

Der Einzug des Geldes geschieht bei den Bäckern und Milchhändlern wöchentlich; die Anstalten und Institute bezahlen gegen Monatsrechnung.

Die Mitgliederzahl der Genossenschaft ist ständig gewachsen; sie betrug 1905: 202, 1906: 225, 1907: 260, 1908: 270, 1909: 296, 1910: 298.

Mit dem Inkrafttreten der Genossenschaft konnte den Mitgliedern 2 ₰ mehr für den Liter ausbezahlt werden, als ihnen früher von den Milchhändlern als Höchstgebot zugestanden wurde. Bei einem jährlichen Umsatz von durchschnittlich 580 000 l macht dies für die Mitglieder den Betrag von 11 600 ℳ aus, den sie als klingenden Lohn durch den genossenschaftlichen Zusammenschluß mehr erhalten; es kommt dieser Betrag ungefähr der Summe der gesamten Gemeindeumlage gleich, die jährlich in Durmersheim zur Erhebung gelangt. Die Genossenschaft arbeitet mit einer durchschnittlichen Preisspannung von $1^1/_2$ ₰, bestreitet damit sämtliche Unkosten, amortisiert das Gebäude nebst maschinellen Einrichtungen und erzielt alljährlich noch einen ansehnlichen Betriebsüberschuß.

Die Geschäftsergebnisse sind aus folgender Zusammenstellung ersichtlich:

Geschäftsjahr	Einkauf von Milch	Verkauf von		Reingewinn
	Liter	Milch Liter	Butter Ztr.	ℳ
1905 (i. Sept. begonnen)	119 771	109 270	8,5	402
1906	373 342	327 388	27,5	101
1907	589 015	539 300	18,3	1670
1908	588 597	531 248	28,9	1665
1909	615 283	540 148	60,1	1821
1910	568 833	553 833	12,0	2970

Das eigene Vermögen hat von Jahr zu Jahr eine erfreuliche Stärkung erfahren. Ende Dezember 1910 stellt sich dasselbe wie folgt:

a)	Geschäftsanteile der Mitglieder . . .	2 305 ℳ
b)	Reservefonds einschl. Gewinn von 1910	9 017 „
	Zusammen	11 322 ℳ.

Das Gebäude, die maschinellen Einrichtungen und Gerätschaften stehen Ende 1910 wie folgt zu Buch:

a)	Gebäude samt Hofraite	7 190 ℳ
b)	Maschinelle Einrichtung	1 590 „
c)	Gerätschaften	900 „
	Zusammen	9 680 ℳ.

Die Bilanz vom 31. Dezember 1910 zeigt folgenden Stand:

Aktiven.

Kassenbestand	4 710	ℳ
Bau und Gerätschaften	9 680	„
Ausstände	1 776	„
Geschäftsanteile bei der Zentralkasse . . .	587	„
Sonstige Guthaben	33	„
Zusammen	16 786	ℳ.

Passiven.

Geschäftsanteile der Mitglieder	2 305	ℳ
Kapitalschulden	5 464	„
Reservefonds	6 047	„
Zusammen	13 816	ℳ
Reingewinn	2 970	ℳ.

Die finanziellen Ergebnisse dieses Unternehmens müssen als überaus günstig bezeichnet werden. Die Genossenschaft war imstande, innerhalb des verhältnismäßig kurzen Zeitraums von fünf Jahren die Kosten der gesamten baulichen Anlage und maschinellen Einrichtung abzutragen. Dem zu Buch stehenden Anlagewert mit 9680 ℳ steht ein Reservefonds (einschließlich des 1910er Reingewinns) von 9017 ℳ gegenüber. Die Genossenschaft befindet sich jetzt in der angenehmen Lage, den Mitgliedern alljährlich 90 % des Reingewinns in Form von Dividenden auszahlen zu können.

Von den fünf Milchhändlern, die früher den Aufkauf und die Lieferung der Milch nach der Stadt besorgten, besteht heute noch ein einziger mit einem täglichen Umsatz von ca. 200 l. Will derselbe seinen Kundenkreis erhalten, so muß er den gleichen Preis wie die Genossenschaft bezahlen; bei reeller Lieferung ist der Nutzen dabei sehr gering, namentlich wenn man berücksichtigt, daß er das Kannenmaterial selbst stellen und für alle Transportrisiken aufkommen muß.

In der Durchführung der Milchkontrolle ist die Genossenschaft von jeher scharf vorgegangen. Anfangs hatte sie mit großen Schwierigkeiten auf diesem Gebiete zu kämpfen, da manches Mitglied das Wässern der Milch geradezu gewerbsmäßig betrieb. War es auch ein Wunder? Die Zwischenhändler hatten ja kein Interesse an der Qualität der Milch, sie zahlten schlecht und hatten das Bestreben, möglichst viel zu verdienen. In der Erziehung der Mitglieder zur reellen Milchlieferung hat die

Milchabsatzgenossenschaft ein ganz hervorragendes Verdienst sich erworben. Rücksichtslos wurde gegen jene vorgegangen, denen auf Grund der Untersuchungen mit nachgefolgten Stallproben unreelle Manipulationen nachgewiesen wurden und die trotz erstmaliger Warnung eine Besserung nicht erkennen ließen. Es wurden bis jetzt drei Mitglieder mit je 25 ℳ, zwei mit je 50 ℳ bestraft und zwei wurden aus der Genossenschaft ausgeschlossen. Seit drei Jahren befindet sich im Milchsammellokal ein sogenanntes schwarzes Brett, auf welches jeweils die Namen jener Mitglieder geschrieben und damit zur öffentlichen Kenntnis gebracht wurden, deren Milcheinlieferungen zu Beanstandungen führten. Dieses Mittel hatte den durchschlagenden Erfolg, daß Beanstandungen fast kaum mehr zu Recht erhoben werden können und die Mitglieder sich jetzt befleißigen, durch bessere Fütterung, Auswahl und Pflege des Milchviehes höhere und qualitativ bessere Erträge zu erzielen.

Über die Einlieferung der Milch wurden vom Gesamtvorstand noch besondere Vorschriften für die Mitglieder erlassen, welche als Anlage 4 zum Abdruck gebracht sind.

5. Geschäftsergebnisse und Erfolge der genossenschaftlichen Milchabsatzorganisation.

Wenden wir uns nunmehr der geschäftlichen Entwickelung aller dieser den genossenschaftlichen Milchabsatz nach Karlsruhe pflegenden Genossenschaften zu. Neben den jährlichen Absatzmengen sind wichtig und instruktiv die finanziellen Ergebnisse dieser Genossenschaften, die Jahresabschlüsse, Ansammlung eigener Betriebsmittel, sowie die Größe und Art des technischen Betriebs (Gesamtwert des Besitzers). Danach betrugen:

Geschäftsjahr	Zahl der Genossenschaften	Gelieferte Milchmengen Liter	Reingewinn am Jahresschluß ℳ	Geschäftsanteile und Reserven ℳ	Gesamtwert des Besitzes (Gebäude und Einrichtung) ℳ
1902	3	304 191	1860	1 290	5 600
1904	5	470 260	2270	3 920	7 800
1906	9	980 610	4830	7 880	14 760
1909	19	2 544 230	6310	23 010	32 960
1910[1]	25	3 610 190	9020	39 200	41 300

[1] Bis Juli 1911 wurden in folgenden weiteren Gemeinden der genossenschaftliche Milchabsatz eingerichtet:

Stebbach	mit ca.	350—400 l
Flehingen	„ „	180—200 l
Sulzfeld	„ „	180—200 l
Schwarzach	„ „	300 l
Mörsch	„ „	300 l

Die Erfolge sind überaus günstig. Es ist nicht nur gelungen, die Milch manchmal um einen Pfennig für den Liter billiger an die Großkonsumenten (Krankenhäuser, Bäcker usw.) zu liefern, als die Milchhändler vordem forderten, sondern es war auch ausnahmslos möglich, für die Milch höhere Preise (1$^1/_2$—3 ₰) an die Produzenten zu zahlen und doch noch Betriebsüberschüsse von nennenswertem Betrag als Reserve aufzuspeichern. Bei der gesamten Milchmenge von 3610190 l, welche 1910 genossenschaftlich abgesetzt wurde, kommt dies bei rund 2 ₰ durchschnittlichem Mehrerlös einem Nutzen von 72200 ℳ gleich. Davon beanspruchen die Verwaltungskosten nur einen geringen Teil, weil sich in ländlichen Gemeinden stets Personen finden, die teils ehrenamtlich, teils gegen ganz geringe Besoldung solche Geschäfte besorgen. Die gesunde Entwickelung dieser Genossenschaften geht am deutlichsten daraus hervor, daß die erzielten Reserven einschließlich der Geschäftseinlagen nahezu den Gesamtwert der Gebäulichkeiten nebst Einrichtungen erreicht haben.

Über mangelnde Benutzung der Genossenschaft seitens der Genossen hört man nirgends klagen; alle, auch Nichtmitglieder, sehen den Vorteil ein und schließen sich an.

Der angemessene Preis wird zunächst dadurch erreicht, daß der Absatz einer gleichmäßigen Milchmenge an die Großabnehmer gepflegt und die Qualität wieder zur Geltung gebracht wird. Weiter wird das Angebot besser verteilt und der Vorteil der maschinellen Einrichtung auch den Produzenten zugänglich gemacht. Schließlich wird durch Zusammenlegung der Produktion mindestens die Ware ausgeglichen und dadurch das gesamte Preisniveau gehoben.

Keineswegs wollen die Genossenschaften den Markt überfüllen. Das Angebot soll dem Bedarf entsprechen. Durch die Zurückhaltung des Angebots und den auf die Konsumenten dadurch ausgeübten Zwang soll es gelingen, den Preis in der Stadt auf die Höhe eines Konsumtionsgebiets zu heben, das für die entfernteste Zufuhr in Betracht kommt, da ja bei Lieferungseinstellung der Genossenschaften eine Zufuhr aus jenen Gegenden erforderlich wäre.

Wie wird der Handel durch diese Genossenschaften berührt? Ausgeschaltet wird mit Sicherheit der Zwischenhandel auf dem platten Lande. Solide städtische Händler werden nach wie vor immer ihren Verdienst finden, sie werden wenig beeinträchtigt, nur wird ihnen die alles beherrschende Macht, die sie seither durch ihre Vorzugsstellung ausübten, genommen — ein Verlust, den man im Interesse der gesunden Entwickelung der städtischen Milchversorgung durchaus nicht zu bedauern braucht.

So wird es dann möglich sein, durch eine „Assoziation“ des Angebots den Produzenten einen höheren Bruchteil des Marktpreises zuzuführen als ihnen bis jetzt in der Regel gewährt wird. Die günstige Entwickelung der Genossenschaften im Karlsruher Milchversorgungsgebiet, ihr nachhaltiger Einfluß auf die Qualität der Milch und auf die Preisbildung derselben hat auch in anderen Milchversorgungsgebieten, z. B. Mannheim, Heidelberg und sogar in der bayerischen Pfalz, in jüngster Zeit lebhafte Nachahmung gefunden.

Zusammenfassend kann man deshalb sagen:

Die genossenschaftliche Organisation des Milchabsatzes nach der Stadt Karlsruhe hat bereits eine Form angenommen, die zu den besten Hoffnungen berechtigt. Ist auch die Art der genossenschaftlichen Organisationen nach Lage der örtlichen Verhältnisse eine verschiedene, im Endziel gehen sie doch alle darauf hinaus, die zersplitterte Vielheit der einzelnen Milchwirte in ein Ganzes zusammenzufassen, um eine Regelung der Produktion, des Absatzes und des Verkehrs mit Milch herbeizuführen. Nur ein solcher möglichst lückenloser Zusammenschluß kann die in ihrer Vereinzelung ohnmächtigen Produzenten zu einem widerstandsfähigen, mitbestimmenden Faktor in der Milchversorgungsfrage der Stadt Karlsruhe machen. Die ersprießliche Tätigkeit dieser Genossenschaften, ihr wirtschaftliches Gedeihen und ihr hoher Einfluß auf die Gewinnung, Behandlung und Kontrolle hinsichtlich der Güte der Milch läßt erhoffen, daß sie bestrebt sind auf dem Boden ausgleichender Gerechtigkeit unter Wahrung der Produzenteninteressen auch den Interessen der Konsumenten und des städtischen Milchhandels gerecht zu werden.

IV. Sonstige wirtschaftliche Vereinigungen der Milchproduzenten.

1. Die Milchproduzentengenossenschaft Karlsruhe und Umgebung (eingetr. Genossenschaft m. beschr. Haftpflicht).

Die fortgesetzte Steigerung der Futtermittel- und Milchviehpreise in den Jahren 1906 und 1907 und die damit im Gefolge stehende Verschlechterung der Absatzverhältnisse, sowie Meinungsverschiedenheiten aller Art über Auslegung von Milchlieferungsverträgen und die zunehmenden Verluste bei ausstehenden Milchforderungen durch zahlungsunfähige Milchhändler veranlaßten im Januar 1908 eine Anzahl größerer Milchproduzenten aus 15 Gemeinden zur Gründung dieser Genossenschaft.

Man erhoffte eine wirksame dauernde Verbesserung des Milchhandels auf der Grundlage einer das ganze Karlsruher Milchversorgungsgebiet umfassenden, nach einheitlichem Gesichtspunkte durchgeführten Organisation zu erreichen. Das Tätigkeitsgebiet sollte nicht etwa einen genossenschaftlichen Absatz der Milch bezwecken, sondern neben der Erzielung höherer Milchpreise sich besonders auf eine Reform des ganzen Milchversorgungswesens, verbunden mit einer rationellen Verarbeitung und Verwertung der Milch erstrecken. Die Lösung dieser Aufgaben soll möglichst in Verbindung mit den soliden städtischen Milchhändlern durchgeführt werden. Hauptsächlich erblickte man in der Gründungsversammlung das Arbeitsprogramm in folgenden Punkten:

1. Festsetzung einheitlicher Bestimmungen über Ein- und Verkaufspreise der Milch.
2. Einführung eines einheitlichen Normalvertrags, der die gegenseitigen Verpflichtungen im Milchverkehr genau festlegt.
3. Verbesserung und Vereinfachung des Milchtransports auf der Bahn.
4. Verbesserung der Verkaufsmilch in bezug auf Reinheit und Haltbarkeit.
5. Aussprache über Beschaffung zweckmäßiger Geräte für Reinigung und Kühlung der Milch.
6. Besprechung einer zeitgemäßen und rationellen Bearbeitung nicht verkäuflicher Milch bei Milchüberschuß.
7. Beschaffung einer Geschäftsstelle, die über alle im Milchabsatz bezüglichen Fragen Auskunft und Rat erteilt.

Das Statut dieser Genossenschaft ist in der Hauptsache dasselbe, wie jenes der Milchabsatzgenossenschaften, jedoch mit der Ausnahme, daß der Zweck des Unternehmens nicht die Verwertung der Milch auf genossenschaftliche Rechnung und Gefahr ist, sondern die Wahrung der Interessen ihrer Mitglieder bei deren Milchlieferung nach Karlsruhe und Vororten und zwar insbesondere durch:

1. Besprechung, Ausbildung und Vertretung gemeinschaftlicher Interessen;
2. Auskunftserteilung über alle den Milchhandel in Karlsruhe und Vororten betreffenden Fragen;
3. Errichtung und Unterhaltung einer Vermittelungsstelle zum Abschluß von Lieferungsverträgen.

Die Mitgliedschaft dehnt sich auf alle Gemeinden aus, die für die Milchlieferung nach Karlsruhe in Betracht kommen. Die betreffenden

Personen müssen jedoch ihren Wohnsitz im Großherzogtum Baden, Königreich Württemberg und der bayerischen Pfalz haben. Jedes Mitglied muß einen Geschäftsanteil in der Höhe von 50 ₰ erwerben; Jahresbeiträge werden nicht erhoben. Die Haftsumme hierfür beträgt 5 ℳ. Diese auffallend niedrigen Sätze sind darin begründet, daß diese Organisation keine geschäftlichen Unternehmungen betreibt. Die Genossenschaftsform wurde nur deshalb gewählt, um die Organisation auf einer gesicherten festen Grundlage aufzubauen.

Die Entwickelung der Genossenschaft ist befriedigend; die Zahl der Mitglieder ist von 19 seit der Gründung auf 350 gestiegen, wobei zu berücksichtigen ist, daß in Gemeinden, in denen Absatzgenossenschaften (z. Z. 25) bestehen, diese als Korporationsmitglieder der Milchproduzentengenossenschaft beigetreten sind, wodurch ein Anschluß der Einzelmitglieder sich erübrigte. Die Genossenschaft hält ihre Mitglieder über die Lage des Milchmarktes auf dem laufenden und wirkt durch Abhaltung von Versammlungen belehrend über alle die Milchproduktion und Milchlieferung betreffenden Fragen. Anderseits ist es ihrer Initiative zuzuschreiben, daß die scharfen Gegensätze, welche seither zwischen Milchwirten und Milchhändlern wahrzunehmen waren, sich gemildert haben und durch ein verständiges, sachliches Verhandeln alle Streitpunkte, welche zwischen den beiden Interessentengruppen auftreten, in friedlicher Weise zu beseitigen gesucht werden. Es ist nach langen Verhandlungen im April 1909 eine schriftliche Vereinbarung zwischen der Milchproduzentengenossenschaft und der freien Milchhändlervereinigung in Karlsruhe getroffen worden, deren wesentlichster Inhalt in folgenden Punkten besteht:

1. Zur Förderung und Hebung des reellen Milchabsatzes suchen die Milchproduzenten und Milchhändler von Karlsruhe und Umgebung sich gegenseitig zu unterstützen.

2. Zu diesem Zweck wird eine ständige Kommission gebildet, bestehend aus je fünf Vertretern beider Interessentengruppen.

3. Die Kommission bestimmt die Aufgaben, die sie erledigen soll, selbständig; u. a. sollen Eingaben jeder Art, welche an Behörden gerichtet werden und den Karlsruher Milchverkehr betreffen, dieser Kommission zur Beratung zugehen. Auch mit der Ausgestaltung der Milchverträge, wobei die Interessen beider Teile gebührend gewahrt werden sollen, befaßt sich die Kommission und schließlich wird noch ein freiwilliges Schiedsgericht zur Schlichtung aller Streitigkeiten zwischen Milchhandel und Milchproduzenten unter Verzichtleistung auf einen gerichtlichen Austrag als ein erstrebenswertes Ziel erachtet.

4. Der Milchpreis für den literweisen Verkauf an die Konsumenten wird nach unten festgelegt und danach richtet sich der Ankaufspreis franko Karlsruhe für die Milchproduzenten. Die zwischen Ein- und Verkaufspreis entstehende Spannung ist

durch die Kommission zu bestimmen. Ein Preis nach oben liegt im Belieben eines jeden Beteiligten.

5. Die Mitglieder der freien Milchhändlervereinigung von Karlsruhe und Umgebung bevorzugen in erster Linie den Einkauf ihrer Milch von den diese Vereinbarung anerkennenden landwirtschaftlichen Milchabsatzgenossenschaften, die sich verpflichten, durch scharfe Kontrolle der Produzentenstätten und zweckentsprechende Einrichtungen eine Garantie für die Lieferung gut gekühlter vollwertiger Milch zu übernehmen.

6. Die Mitglieder der Milchproduzentengenossenschaften, soweit sie dieser Vereinbarung beitreten, verpflichten sich, direkt an die Konsumenten in Karlsruhe einschließlich Hotels, Krankenhäuser, Bäcker usw., soweit nicht schon Verträge bestehen, künftig nicht mehr zu liefern. In erster Linie suchen sie sich durch Vermittelung des Vorstands der freien Milchhändlervereinigung in Karlsruhe und Umgebung, in zweiter Linie an andere Milchhändler Absatz zu verschaffen.

7. Sämtliche Kommissionsmitglieder üben ihre Ämter ehrenamtlich aus. Entstehende Kosten werden je zur Hälfte von beiden Parteien getragen. Weitere Bestimmungen betreffen die Geschäftsführung der Kommission.

8. Diese Vereinbarung ist mit einer gegenseitigen sechsmonatlichen Kündigungsfrist abgeschlossen.

Man darf wohl sagen, diese Vereinbarung hat dazu beigetragen, daß das gespannte Verhältnis zwischen Produzenten und Händlern ein besseres geworden ist. Allerdings darf man von solchen, durch Vernunftgründe diktierten Abkommen nicht auf einmal alles Heil erwarten, da die natürlichen Gegensätze sich von heute auf morgen nicht ausgleichen lassen; sie sind nach wie vor vorhanden, und wenn sie auch von den Kommissionsmitgliedern überbrückt werden, so wurzeln sie doch noch zu tief bei den einzelnen Mitgliedern der beiden Interessentengruppen. Aber immerhin, ein bedeutender Fortschritt ist erzielt, und wenn gegenseitig mit gutem Willen auch fernerhin an dieser Vereinbarung festgehalten wird, dann wird das gegenseitige Vertrauen wachsen und dazu beitragen, daß bestehende Mißstände im Interesse einer gesunden Milchversorgung beseitigt werden.

2. Verein der Milchproduzenten für Karlsruhe und Umgebung.

Dieser Verein wurde im Jahr 1908 gegründet und verdankt sein Dasein gewissen politischen Spekulationen mit Rücksicht auf die Landtagswahl im Spätjahr 1909.

Gründer, Wortführer und Leiter des Vereins war der Sekretär der Karlsruher Geschäftsstelle vom Bund der Landwirte.

Nach den Satzungen bezweckt der Verein ebenfalls die Interessen der Mitglieder auf dem Gebiete der Milchproduktion und des Milchabsatzes zu vertreten.

Dieser Zweck soll erreicht werden:

1. Durch Besprechungen und Beschlüsse der Mitglieder in Versammlungen;
2. Durch Auskunftserteilung über alle den Milchhandel in Karlsruhe und Umgebung betreffenden Fragen;
3. Durch Errichtung und Unterhaltung einer Vermittelungsstelle zum Abschluß von Lieferungsverträgen.

Mitglied des Vereins kann jeder Milchproduzent und Freund dieses Berufes werden, sofern der Angemeldete die Satzungen anerkennt und Mitgliederbeiträge bezahlt hat.

Die ordentliche Generalversammlung hat alljährlich im Januar oder Februar in Karlsruhe stattzufinden.

Die Organisation des Vereins wird in der Weise geregelt, daß in jedem Orte die Mitglieder des Vereins zu einer Ortsgruppe zusammengeschlossen werden, an deren Spitze ein Vertrauensmann steht.

Die Organe des Vereins sind:

a) die Generalversammlung,
b) der engere Vorstand,
c) der Gesamtvereinsvorstand.

Der Gesamtvorstand besteht aus einem Vorsitzenden, einem Stellvertreter, dem Kassierer, dem Schriftführer, sowie den Vertrauensmännern der einzelnen Orte.

Der engere Vorstand, dem die eigentliche Verwaltung des Vereins obliegt, ist berechtigt, die Vertrauensmänner der einzelnen Orte ihres Postens zu entheben, wenn ihr Verhalten im Gegensatz steht zu den Tendenzen des Vereins und wenn sie trotz wiederholter Aufforderung die Ausführung der Beschlüsse des engeren Vorstands, des Gesamtvorstands oder der Generalversammlung verweigern.

Der Mitgliederbeitrag beträgt für jedes Mitglied 50 ₰. Dieser Verein entbehrt des Charakters einer juristischen Persönlichkeit, er ist ein sogenannter „freier Verein".

Die Entwickelung dieses Vereins hatte jedenfalls nicht den von den Gründern erwarteten Erfolg. Er besteht wohl nur dem Namen nach, von einer planmäßigen Tätigkeit hörte man aber seither nichts mehr, obwohl es hinsichtlich der Vertretung rein wirtschaftlicher Fragen auf diesem Gebiete an Arbeitsstoff nicht mangelt.

Dritter Abschnitt.

Der Milchvertrieb.

I. Der städtische Milchhandel.

Das Ideal in der städtischen Milchversorgung wäre die unmittelbare Abgabe der Milch von Produzent an Konsument.

Diese Form des Milchabsatzes ist aber nur unter bedingten Verhältnissen möglich. Sie setzt voraus, daß der Produzent in der Nähe der Stadt wohnt, über die zum Vertrieb der Milch erforderlichen Hilfskräfte verfügt und auch die nötige Milchmenge jederzeit ermelkt, um den unmittelbaren Milchverkauf gewinnbringend durchführen zu können.

In der Hauptsache ist der Produzent auf die Hilfe des städtischen Milchhandels angewiesen. Nach unserer Erhebung sind es nur 21 Produzenten, welche täglich 4350 l Milch direkt in das Stadtgebiet einbringen und absetzen. Rechnet man dazu noch die festgestellte tägliche Milchmenge von 8109 l, die im Stadtgebiet selbst produziert wird, so ergibt sich daraus, daß rund 12500 l oder 19 % des 64978 l betragenden täglichen Gesamtverbrauchs unmittelbar, d. h. ohne die Inanspruchnahme des Milchhandels, abgesetzt werden. Es ist dies ein geringer Bruchteil des Gesamtverbrauchs, der zeigt, daß die Milchversorgung zu $^4/_5$ Teilen in Händen des Milchhandels liegt.

Es wäre verfehlt, dem Milchhandel als solchem ohne weiteres seine Existenzberechtigung abzuerkennen. Die vielfach aufgestellte Behauptung, der Milchhandel sei wirtschaftlich unproduktiv, weil er die Milch sicherlich nicht verbessere und somit keine neuen Werte schaffe, sondern die Ware nur noch verteuere, dürfte in sachverständigen Kreisen schon längst einer besseren Einsicht gewichen sein.

Es ist zur Befriedigung des menschlichen Bedürfnisses nicht bloß die Herstellung einer Ware erforderlich, die Ware muß tatsächlich in den Verfügungsbereich des Verbrauchers gelangen. Diese Arbeit macht aber eine Reihe von Verrichtungen notwendig, welche allerdings vom

Produzenten besorgt werden könnten, aber unter Umständen wirtschaftlich sich besser durch einen Dritten, den Händler, ausführen lassen. Je weiter entfernt der Produzent von der Stadt wohnt, je mehr Schwierigkeiten sich durch eine richtige Arbeitsteilung und Anpassung des Betriebs an die örtlichen Verhältnisse einem direkten Vertrieb entgegenstellen, um so bessere und unentbehrlichere Dienste leistet der Händler. Die Produktivität und nützliche Wirksamkeit des Milchhandels ist darin gelegen, daß er den Tauschverkehr zwischen Erzeuger und Verbraucher besorgt und zwar nicht wesentlich teurer, als es die Milchwirte selbst zu tun imstande wären.

Für den Verbraucher ist der Milchhandel allerdings nur dann von Vorteil, wenn durch seine Vermittelungstätigkeit eine konzentrierte und deshalb wohlfeilere Besorgung des Vertriebs sich ermöglichen läßt und wenn es ihm gelingt, auf die Ausgleichung örtlicher und zeitlicher Preisunterschiede hinzuwirken. Ein allgemeines Verdienst käme dem Milchhandel noch zu, wenn er imstande wäre, die Milcherzeugung teils unmittelbar durch den Bezug von Milch, teils mittelbar im Wege der Preisbildung in die nach der Marktlage und den Bedürfnissen der Verbraucher richtigen Bahnen zu weisen. Hierdurch würde eine Übereinstimmung zwischen Angebot und Nachfrage herbeigeführt und damit Milchmangel und Milchschwemme hintangehalten. Neben dieser Wirksamkeit von unmittelbarer wirtschaftlicher Bedeutung stünde dem Milchhandel auch noch in kultureller Beziehung ein Gebiet der Betätigung offen, nämlich, Absatzgelegenheiten zu finden und den Milchverbrauch zu heben.

Ist der Karlsruher Milchhandel imstande, seine volkswirtschaftlichen Aufgaben in dieser Hinsicht zu erfüllen, wirkt er ausgleichend auf den Preisunterschied, auf Angebot und Nachfrage von Milch und fördert seine Tätigkeit auch die Hebung des Milchkonsums?

Um diese Fragen zu beantworten, wurde eine umfassende Erhebung veranstaltet, die insbesondere auch auf die sozialen Zustände und hygienischen Verhältnisse im Milchhändlergewerbe ausgedehnt wurde, um dieses Gebiet näher zu erforschen. Das Ergebnis dieser Untersuchung soll im folgenden zur Darstellung kommen.

1. Ländliche Einbringer und städtische Milchhändler.

Mit dem Vertrieb von Milch befaßten sich in der Stadt Karlsruhe außer der sogenannten Milchzentrale, über die wir weiter unten noch berichten werden, 230 Milchhändler. Davon wohnen 83 in der Stadt selbst, während die übrigen in 24 Orten der Karlsruher Umgebung wohnhaft sind und von da aus täglich die Milch in die Stadt bringen. Diese letztere Gruppe von Milchhändlern, welche wir als ländliche Einbringer bezeichnen möchten, ist zahlenmäßig die stärkste. Die von diesen Händlern eingebrachte Milchmenge schwankt zwischen 15 und 120 l, einzelne bringen auch 350—450 l täglich ein.

Diese ländlichen Einbringer sind zum größten Teil Leute, die zu Hause etwas Landwirtschaft betreiben und selbst Milchproduzenten sind. Sie halten einige Milchkühe und kaufen von anderen Landwirten noch so viel Milch zu, als nötig ist, um ihren städtischen Kundenkreis bedienen zu können.

Die Milch wird vorwiegend durch Einspänner-Fuhrwerke, zum Teil auch mit Handkarren und auf der Eisenbahn in die Stadt gebracht und dort direkt an das städtische Publikum verkauft.

Der ländliche Einbringer ist im allgemeinen wirtschaftlich stärker als der städtische Milchhändler, er kauft auf dem Lande schon billiger ein und hat auch dieselben Interessen wie die ländlichen Zwischenhändler. Anderseits spart er an Frachtkosten, bringt die Milch meistens selbst in die Stadt und verkauft sie zu den jeweils geltenden Milchpreisen. Bei großem Milchangebot gibt er die Milch vorübergehend auch 1 ₰ billiger und bereitet damit dem städtischen Milchhändler eine empfindliche Konkurrenz. Mit besonderer Vorliebe suchen die ländlichen Einlieferer die Großkonsumenten, wie Bäcker, Anstalten, Hotels usw. als Abnehmer zu gewinnen, denen sie billigere Preise einräumen, als dies die Milchhändler, die Milchzentrale oder selbst Großproduzenten zu tun vermögen.

Um 6—7 Uhr vormittags, je nach den Bedürfnissen der Kundschaft, kommen die ländlichen Einbringer mit ihren Einspännern schon in die Stadt und sind bis 12 Uhr längstens wieder fertig. Auf dem Heimweg nehmen sie zum Teil auch Küchenabfälle, Futtermittel und sonstige Besorgungen mit.

Bayersdorfer[1] hebt in seinem Bericht an den Stadtrat hervor, daß „die von diesen Lieferanten eingebrachte Milch weitaus die minderwertigste und bedenklichste sei; trotz hoher Bestrafungen wegen Milchpantscherei sei eine Besserung nicht eingetreten, ein Beweis der Einträglichkeit dieser Art von Milchhandel. Im Interesse einer guten und reellen Milchversorgung der Stadt sei daher die Beseitigung oder Einschränkung dieser Art von Händlern anzustreben".

---

[1] Bayersdorfer, Die Milchversorgung von Karlsruhe. Karlsruhe 1906, S. 9.

Auch gegenwärtige Untersuchung hat — wie sich später zeigen wird — die Tatsache ergeben, daß unter 58 bestraften ländlichen Milchlieferanten 49 zu den „ländlichen Einbringern" zählten und somit die großen Bedenken, welche hinsichtlich der Solidität dieser Milchhändlergruppe ausgesprochen werden, nicht unberechtigt sind. Aber es wäre ungerecht, wollte man einer Anzahl unreeller Glieder wegen über den ganzen Stand den Stab brechen und sämtliche 150 ländliche Einbringer der Milchfälschung bezichtigen. Hier muß es eben in erster Reihe Sache der ortspolizeilichen Milchkontrolle sein, die unreellen Lieferanten herauszufinden und diesen gründlich das Handwerk zu legen.

Die nächste Gruppe bildet der in Karlsruhe selbst wohnhafte Milchhändlerstand. Während das Adreßbuch der Stadt Karlsruhe am 1. Januar 1909 104 Milchhändler aufzählte, wurde durch die Erhebung des Verfassers festgestellt, daß 21 den Betrieb inzwischen wieder eingestellt haben, so daß nur noch 83 Händler übrig blieben. Bemerkenswert ist auch, daß von den 21 Händlern, die im Laufe des Jahres 1909 den Milchhandel aufgaben, 5 den Handel mit anderen Produkten weiter betrieben; 9 haben Beschäftigung als Arbeiter gefunden, 6 sind in zerrüttete Vermögens- oder Familienverhältnisse geraten und 1 ist arbeitslos. Meistens haben gerade diese Familien eine große Kinderzahl, fast durchweg mehr als 3, einer hat 6 und ein anderer 12. Mit Ausnahme von 5 sind sie alle vollständig vermögenslos, wenigstens sind Pfändungsversuche mangels pfändbarer Gegenstände fruchtlos verlaufen.

Von den 83 Milchhändlern wohnen 47, also über die Hälfte, in der Ost- und der Weststadt, der Rest verteilt sich annähernd gleichmäßig auf die anderen Stadtteile.

In 67 Fällen betrieben Männer, in 16 Fällen Frauen den Milchhandel. Die Frauen sind am meisten in der Südstadt (6) und in der Oststadt (5) vertreten.

Nach dem Alter unterschieden, zeigt die Erhebung folgendes Bild:

15	Händler stehen im Alter von	21—30 Jahren
32	" " " " "	31—40 "
30	" " " " "	41—50 "
5	" " " " "	51—60 "
1	" " " " "	61—70 "

Über die Hälfte der Karlsruher Händler steht somit im besten Alter von 21—40 Jahren. Im Alter von 31—50 Jahren sind es 62 oder 75 %.

Die Tatsache, daß im Verlauf des letzten Jahres 21 Milchhändler ihren Betrieb aufgegeben haben, läßt auch die Frage berechtigt erscheinen, wie lange überhaupt die derzeitigen Milchhändler ihr Gewerbe betreiben. Die Erhebung ergab, daß

24	Händler	bis 5	Jahre
28	„	6—10	„
25	„	11—20	„
6	„	über 20	„

ihr Geschäft innehaben.

Es stehen somit 52 Händler oder 63 % in den ersten 10 Jahren ihrer Tätigkeit und davon sind wieder nahezu die Hälfte weniger als 5 Jahre in diesem Berufe tätig. Namentlich in den ersten 5 Jahren findet ein häufiger Wechsel statt, da mancher Händler mangels der notwendigsten Betriebsmittel seinen Betrieb wieder einstellen muß.

In der Regel wird die Kundschaft in der Weise verkauft, daß für den Liter 2,50—3,00 ℳ vom Geschäftskäufer bezahlt werden müssen, der dann auch das vorhandene Inventar, das meistens aus einem Handkarren und Literblech besteht, zu mäßigem Preis übernimmt. Das Geschäft selbst wird in den meisten Fällen mit dem Kannenmaterial der Lieferanten betrieben.

Die Milchmenge, welche die Karlsruher Milchhändler täglich absetzen, geht aus folgender Zusammenstellung hervor:

8	Händler	haben	einen	Umsatz	bis	50	Liter
26	„	„	„	„	von	51—100	„
18	„	„	„	„	„	101—150	„
20	„	„	„	„	„	151—200	„
7	„	„	„	„	„	201—300	„
4	„	„	„	„	„	301—500	„

Nur in 13 Fällen ist mit dem Milchgeschäft noch ein Ladenbetrieb verbunden. Fast ausschließlich sind es Kolonialwaren-, Obst- und Gemüseläden.

Über den Verdienst der Milchhändler lassen sich genaue Angaben nicht ermitteln, da begreiflicherweise in solchen Fragen keine oder doch nur unzuverlässige Auskünfte zu erlangen sind. Aber es lassen sich darüber doch annähernde Ermittelungen anstellen. Die Preisspannung zwischen Einkauf und Verkauf der Milch schwankt — wie wir später sehen werden — zwischen 5 und 6 ₰. Als Durchschnitt können $5^1/_2$ ₰ angenommen werden. Über die Hälfte der Händler (52) erreichen nun einen Umsatz bis zu 150 l. Danach berechnet sich der Brutto-Tagesverdienst auf 10,25 ℳ. Davon sind allerdings noch die Unkosten des Milchvertriebs (Haltung eines Pferdes oder Hundes), Verzinsung und Amortisation, eventuell auch Reparatur an Karren, Verluste an Milch durch Verderben oder Einmessen, Verluste an Ausständen usw. zu berücksichtigen, so daß im ungünstigsten Falle bei den kleineren Händlern immerhin noch ein Tagesverdienst von 5—6 ℳ verbleiben dürfte. Es ist dies kein übermäßig hoher Verdienst, immerhin aber doch noch besser als der Verdienst eines Durchschnittsarbeiters oder Tagelöhners.

Bei der Beurteilung der Frage, ob ein Milchhändler mit seinem Verdienst in der Lage ist, seinen Familienunterhalt zu bestreiten, ist auch die Kinderzahl von nicht zu unterschätzender Bedeutung. Nach der Erhebung haben

26	Händler	oder	31	%	keine Kinder
14	„	„	17	„	1 Kind
9	„	„	11	„	2 Kinder
15	„	„	18	„	3 „
5	„	„	6	„	4 „
8	„	„	10	„	5 „
3	„	„	3,5	„	6 „
3	„	„	3,5	„	über 6 Kinder.

Daraus geht hervor, daß 31 % der Milchhändler keine Kinder haben, während weitere 46 % nur bis 3 Kinder besitzen. Nur in verhältnismäßig geringem Maße kommen größere Familien in Betracht.

Es ist allgemein die Ansicht verbreitet, daß die Kinderarbeit im Milchhandel stark verbreitet sei. Auch von seiten des Milchhandels wird mit Vorliebe damit argumentiert, daß Kinder und Frauen im Betrieb mithelfen müssen, um sich den kargen Verdienst zu sichern.

Demgegenüber ergab aber die Erhebung, daß

64	Milchhändler	keine Kinder
11	„	1 Kind
8	„	2 Kinder

verwenden.

Nur 19 = 23 % der Milchhändler verwenden somit Kinder bei der Arbeit des Milchaustragens und besonders sind es wieder die Ost- und Weststadt, in denen nur vereinzelt Kinder zu dieser Arbeit herangezogen werden, während in der Südstadt nahezu die Hälfte der Milchhändler Kinder im Milchgeschäft verwendet.

Es wäre nun noch die Frage zu streifen: Woraus rekrutiert sich der Milchhändlerstand? Nach der Erhebung waren

15 landwirtschaftliche Arbeiter
37 gewerbliche Arbeiter
15 selbständige Handwerker und Gewerbetreibende
16 Frauen.

52 Händler (63 %) entstammen danach dem Arbeiterstande und 15 Händler (18 %) waren früher selbständige Unternehmer, haben aber offenbar kein rechtes Fortkommen gefunden.

Neben dem Milchgeschäft betreiben 65 Händler keine Nebenbeschäftigung, während 13 Händler in der Industrie und im Gewerbe. und 5 Händler in der Landwirtschaft nebenberuflich tätig sind.

Die Kreditwürdigkeit eines Unternehmers, welche als erste Grundbedingung im kaufmännischen Leben beim Eingehen einer Geschäftsverbindung gefordert werden muß, steht im Karlsruher Milchhändlerstand auf sehr schwachen Füßen.

Nach den zuverlässigen Erhebungen eines angesehenen Kreditauskunftsbureaus, welches dem Verfasser über jeden einzelnen Milchhändler einen besonderen Fragebogen beantwortete, konnte folgendes festgestellt werden:

16 Händler sind vermögenslos (davon wurden 10 fruchtlos gepfändet und 3 haben bereits den Offenbarungseid geleistet), bei
5 Händlern ist Vorsicht geboten,
41 Händler haben kleine Kredite,
12 „ haben mittleren Kredit,
9 „ sind gut situiert und kreditfähig.

In Gütertrennung mit der Frau leben 19 Händler.

Danach ist es nicht zu verwundern, wenn seitens der Milchlieferanten ständig Klagen über Milchprellereien erhoben werden. Es gibt Milchhändler, die jedes Halbjahr einen anderen Lieferanten haben. Anfangs bezahlen sie pünktlich, dann aber kommen sie mit der Zahlung in Rückstand und müssen schließlich beim Auflauf einer Schuld von oft mehreren hundert Mark erklären, daß sie zu zahlen nicht mehr in der Lage seien. Pfändbare Objekte sind meist keine vorhanden, oder sie sind Eigentum der Frau.

Auf diese Weise haben im Jahr 1909 vier Absatzgenossenschaften 1860,50 ℳ an Karlsruher Milchhändler verloren. Mit zunehmender

Organisation der Produzenten wird indessen diesem Unfug durch Führung von sogenannten „schwarzen Listen" gesteuert.

2. Einrichtung und Betrieb der städtischen Milchhandlungen.

Die für die Aufbewahrung der so außerordentlich empfindlichen Milch unerläßlichen hygienischen Forderungen hinsichtlich der Räumlichkeiten, nämlich Sauberkeit, Helligkeit und Geräumigkeit sowie Reinheit und Trockenheit der Luft, lassen fast durchweg geradezu alles zu wünschen übrig. Wasserdichte Zement- oder Plattenfußböden findet man nur vereinzelt in den Aufbewahrungsräumen, die Wände sind vielfach schmutzig und soweit sie tapeziert sind, bilden sie den besten Nährboden für Pilze und alle möglichen Ansteckungsstoffe. Mit der Lüftung dieser Räume ist es meistens schlecht bestellt. Außer den Hofräumen werden vielfach Keller, Waschküchen, Vorplätze und auch Wohnstuben als Aufbewahrungsräume in Verwendung genommen. In manchen Milchaufbewahrungsräumen wird Flaschenbier- und Selterswasserhandel oder Mineralwasserfabrikation betrieben, in den Wohnräumen wird gegessen, geraucht, Schränke und andere Mobilien sind aufgestellt. In mehreren Fällen mußte die Wahrnehmung gemacht werden, daß hustende oder sonstige Kranke sich in den Aufbewahrungsräumen mit der Milch beschäftigten und recht unappetitlich aussehende Kinder zwischen offenstehenden Milchkannen herumspielten. Genug, die Wahrnehmungen, welche beim Besuch dieser „Händlerwerkstätten" gemacht wurden, sind derartig traurige, daß der Vertrauensmann erklärte, „wer Einblick in manche Verhältnisse bekomme, der müsse den Appetit an der Milch verlieren und es sei nur zu verwundern, daß hier die Polizei im Interesse der Gesundheit nicht energisch eingreife". Milch ist bekanntlich die empfindlichste aller Handelswaren. Nicht bloß, daß sie bei unzweckmäßiger Behandlung rasch verdirbt, sie nimmt auch alle Gerüche der Umgebung auf und ist für Krankheitserreger der beste Nährboden.

Dort, wo Aufbewahrungsräume vollständig fehlen, finden Waschzuber und Badewannen, in denen die Milch kühl gehalten wird, vereinzelt auch Eiskästen Verwendung. Zum Spülen und Austrocknen der leeren Kannen fehlen vielfach auch die Räume und noch mehr fehlt es an der Reinlichkeit und Ordnungsliebe so vieler Milchhändler, sonst würde es nicht vorkommen, daß leere Kannen mit bereits in Zersetzung übergegangenen Milchresten nach Tagen und Wochen oft vollständig verrostet an die Milchlieferanten zurückgesandt werden. Die Milchgenossenschaft Ötigheim erhielt nach Wochen von einem Milchhändler leere Kannen zurück, in denen sogar lebende Würmer vorhanden waren. In dieser Beziehung liegt bei den Milchhändlern noch vieles im argen. Fast ausnahmslos betreiben sie ihr Geschäft mit dem Kannenmaterial der Milchlieferanten. Stockt der Absatz, dann lassen sie die überschüssige Milch in den Kannen stehen oder behalten dieselben absichtlich leer zurück, um dadurch die Lieferanten zu zwingen, weniger Milch zu senden. Die unregelmäßige Zurückgabe des Kannenmaterials bildet unstreitig die allgemeinste Klage der Milchlieferanten. Zu Unrecht wird vielfach die Schuld der Eisenbahn zugeschoben; bahnamtliche Nachforschungen haben in einzelnen Fällen ergeben, daß in der Behausung der Milchhändler bis zu 20 Stück Kannen in schmutzigem und verrostetem Zustand vorgefunden wurden.

Als Transportmittel benutzen die Milchhändler folgende Einrichtungen:

9	Händler besorgen den Vertrieb durch	Austragen der Milch,
38	" " " " "	Handkarren,
7	" " " " "	Hundewagen,
29	" " " " "	Pferdegespann.

Eine Anzahl von Milchhändlern schmückt ihre Wagen mit der Aufschrift „Schweizerische Milchkuranstalt“, „Trockenfütterung“, „Edelmilch“, „Karlsruher Zentralmolkerei“ usw., um sich damit beim Publikum den Anschein zu geben, als handle es sich um Großbetriebe oder regelrecht betriebene Milchkuranstalten, die unter der Kontrolle des Ortsgesundheitsrats stehen. Auf diese Bezeichnung hat nur eine einzige Karlsruher Milchkuranstalt Anspruch, die auch mit Recht gegen solchen unlauteren Wettbewerb Einspruch erhebt.

Einrichtung:	62	Milchhändler besitzen	keinerlei Einrichtungen,
	11	" "	Milchkühler,
	10	" "	Kühltrog bezw. Bassin, darunter auch ein Eisschrank.

Wenn auch zugegeben werden muß, daß die Polizeiaufsicht zur Sicherung des Milchverkehrs insofern beiträgt, als sie durch ihre Kontrolle das Milchfälschen vermindert, so bestehen doch im großen und ganzen sehr arge Mißstände.

Vergegenwärtigen wir uns den in Karlsruhe üblichen Milchvertrieb. Ein großer Teil der Händler fährt mit Handkarren abends 10 Uhr an die Bahn und holt die angekommene Abendmilch ab. Auf dem Heimweg wird in Gastwirtschaften eingekehrt, der Milchkarren bleibt meist ohne Bewachung oft eine Stunde lang auf der Straße stehen. Zu Hause wird die Milch je nach der Gewissenhaftigkeit und Ordnungsliebe des Milchhändlers geprüft und behandelt.

Um 6 bis 7 Uhr in der Frühe beginnt die Zufuhr an die Konsumenten. Um 9 Uhr fährt der Händler wieder an die Bahn, um die inzwischen eingetroffene Morgenmilch abzuholen, die er bei Milchknappheit direkt in den Verkehr bringt. Die Kundschaft erstreckt sich meistens auf einen oder zwei Stadtteile. Fast in jeder Straße hat er zwei bis drei, vielleicht mehr, vielleicht auch weniger Kunden; eines Liters Milch wegen muß er oft mit seiner Kanne die Treppen bis zum 4. Stock steigen. Die Haustürklinke ist noch warm von der Hand des einen, da erscheint auch schon der zweite, ja dritte und vierte Händler in einem und demselben Hause. So fahren sie alle weiter aus einer Straße in die andere, aus einem Stadtteil in den anderen. Weiter muß die Art und Weise Mißfallen erregen, wie die Milch auf offener Straße, bevor sie in die Hände der Verbraucher kommt, behandelt wird. An Straßenecken, Plakatsäulen kann man vielfach ohne Aufsicht gefüllte Kannen mit Milch stehen sehen, die ein Händler dem anderen vermittelt und am verabredeten Platz zur Verfügung stellt. Abgesehen von der Sonnenwärme, dem Straßenstaub, Regen und sonstigen Einflüssen muß man dabei noch berücksichtigen, daß eine solche Kanne der Verunreinigung durch Hunde preisgegeben ist. Es gibt Milchhändler, die den ganzen Tag die brennende Zigarre nicht aus dem Munde bringen. Was nützen alle Bemühungen hinsichtlich der hygienischen Gewinnung und Behandlung der Milch an den Produktionsstätten, wenn beim Vertrieb die primitivsten Sauberkeitsregeln außer acht gelassen werden?

Weiter ist es üblich, daß die Milchhändler den Inhalt von 2 bis 3 Kannen zusammenschütten und wieder auf einzelne Kannen verteilen, angeblich um die Milch zu mischen und das sich während des Transports abgesonderte Fett wieder gleichmäßig in die Milch zu verteilen. Ob letzteres immer der wahre Grund des Umgießens ist, mag dahingestellt bleiben, jedenfalls ist es nicht notwendig eine gute Abend- und Morgenmilch miteinander zu vermengen, und noch gefährlicher ist es, bei diesem Geschäft die Milch der Verunreinigung durch Straßenstaub auszusetzen.

Nunmehr geschieht die Verteilung in den Häusern; dabei wird wieder umgegossen. Die Milchgefäße werden innen und außen von den vielfach recht unsauberen Händen der Milchhändler und deren Kleidungsstücken berührt. Nicht viel besser ist jene Milch daran, die in Ladengeschäften verkauft wird, in denen nicht allein Milchhandel betrieben wird, sondern in denen noch allerhand sonstige Gegenstände, von dem duftenden Handkäs bis zum Krautkopf, feilgeboten werden.

Dazu kommt die Milchverfälschung, die wohl weiter verbreitet ist, als auf Grund der polizeilichen Feststellungen angenommen werden kann. Wie wäre es sonst auch möglich, daß Milchhändler, die über keine maschinelle Einrichtung verfügen, verhältnismäßig zu billigen Preisen regelmäßig Süßrahm an Konditoreien usw. liefern? Das Abschöpfen ist gar zu bequem. Die Wasserleitungen sind sehr ergiebig und das Gewissen vieler Händler ist ein sehr weites. Es wäre unrecht, wenn an dieser Stelle nicht ausdrücklich konstatiert würde, daß es im Milchhändlerstande sehr ehrenwerte, zuverlässige Leute gibt; aber anderseits wird es nicht bestritten werden können, daß sich mit dem Milchhandel auch sehr gerne gescheiterte Existenzen befassen, die mit Rücksicht auf den geringen Milchumsatz, den sie haben, gar nicht anders bestehen können, als wenn sie die Wasserleitung oder den Rahmschöpflöffel in ausgiebigster Weise zu Hilfe nehmen. Genug, *der Milchhandel entspricht im allgemeinen auch nicht im geringsten den Anforderungen*, die an ihn mit Rücksicht auf den hohen Wert der Milch als Nahrungsmittel, ihre leichte Verderblichkeit und den vorzüglichen Nährboden, den sie für alle Krankheitserreger bildet, gestellt werden müssen.

Es läge daher im Interesse des öffentlichen Wohles, wenn der Kleinhandel möglichst zurückgedrängt und in geeigneter Weise auf eine mehr einheitliche Regelung der Milchversorgung hingearbeitet würde. Dies könnte durch die Errichtung von Großbetrieben tunlichst begünstigt werden, ohne daß jedoch eine förmliche Monopolisierung der Milchversorgung, die durchaus nicht wünschenswert ist, anzustreben wäre. Eine mehr einheitliche Gestaltung der Milchversorgung erleichtert vor allem die Milchkontrolle und würde auch die mittlere Beschaffenheit der Milch dadurch heben, daß die Milchlieferanten gezwungen würden, die Hauptmißstände bei der Gewinnung und Behandlung der Milch zu beseitigen, wofür sie anderseits durch Einführung einer gerechteren Bezahlungsweise (nach Gewicht und Gehalt) wieder zu entschädigen wären.

3. Organisationsformen des Milchhandels.

Die Organisation der Karlsruher Milchhändler läßt viel zu wünschen übrig. Uneinigkeit, Mißtrauen, Neid und Mißgunst, das sind die wichtigsten Hinderungsgründe einer gesunden Organisation, aber zugleich auch die gefährlichsten inneren Feinde jeglicher Organisationsbestrebungen. Ein Teil der Milchhändler war einige Jahre hindurch zu einer Genossenschaft (allerdings nicht eingetragenen) vereinigt, um neben der Pflege der Standesinteressen auch den gemeinsamen Bezug der Milch durchzuführen.

Aus dieser sogenannten Genossenschaft kristallisierte sich später die Karlsruher Milchzentrale heraus, auf die wir später zu sprechen kommen.

Beide Organisationen (die Milchhändlergenossenschaft und die Milchzentrale) haben sich wieder aufgelöst.

Eine weitere Organisation ist der sogenannte Milchhändlerverein, der dem süddeutschen Zweigverband des Verbandes deutscher Milchhändlervereine angehört und zurzeit 153 Mitglieder zählt.

Zweck des Verbandes ist es, die Berufsinteressen der Mitglieder zu vertreten, sowie die Milchversorgung der Städte in hygienischer Hinsicht allen berechtigten Ansprüchen entsprechend zu gestalten; ferner ein gedeihliches Verhältnis zwischen Milchproduzenten und Händlern anzustreben und aufrechtzuerhalten. Weiter soll es Aufgabe des Verbandes sein, eine behördliche Aufsicht über den Verkehr mit Milch anzustreben, welche den wissenschaftlichen Resultaten angepaßt ist und mit den Erfahrungen der Praxis in Einklang steht. Außerdem soll der Verband den einzelnen Vereinen und deren Mitgliedern mit Rat und Tat zur Seite stehen.

Sitz des Verbandes ist am Wohnort des jeweiligen Verbandsvorstandes (zurzeit Stuttgart).

Über die Aufnahme eines Vereins entscheidet der Verbandsausschuß.

Mitgliedschaft endet

a) durch freiwilligen Austritt,

b) durch Ausschließung.

Letztere kann ausgesprochen werden, wenn der Verbandsbeitrag nicht eingelöst wird oder das Verhalten des Vereins sich der Mitgliedschaft des Verbandes unwürdig zeigt.

Verbandsbeiträge. Aufnahmegebühr 3 ℳ. Laufender Jahresbeitrag 1 ℳ pro Mitglied des angeschlossenen Vereins. Veränderungen sind alljährlich im Januar anzuzeigen.

Die Organe des Verbandes sind: der Verbandsausschuß als Vorstand, die Delegiertenversammlung, die Revisionskommission.

Der Verbandsausschuß führt die laufenden Geschäfte und vertritt nach innen und nach außen.

Die Delegiertenversammlung wird gebildet durch die Abgeordneten der dem Verband angehörenden Milchhändlervereine. Es finden jährlich zwei, mindestens aber eine Delegiertenversammlung statt. Dabei hat jeder Vertreter eines Verbandsvereins für je 10 zahlende Mitglieder je eine Stimme.

Die Revisionskommission besteht aus zwei Vorstandsmitgliedern, die auf je ein Geschäftsjahr gewählt werden. Die Kommission hat die gesamte Jahresrechnung nebst Beilagen zu prüfen und der Delegiertenversammlung Bericht zu erstatten.

Verbandsstatistik. Jeder Vorsitzende eines Ortsvereins hat vierteljährlich an den Verbandsvorstand über den Stand und den Preis des betreffenden Ortes Bericht zu erstatten. Ebenso auch über Lieferanten oder Milchhändler, die gegen das Interesse des Verbandes oder einer seiner Ortsvereine arbeiten. Ferner sind dem Bericht die nützlichen oder schädlichen Beobachtungen über die Milchkontrolle beizufügen.

Die regelmäßigen Vereinsversammlungen leiden unter schlechtem Besuch, die außergewöhnlichen Versammlungen (Milchpreisfrage) unter stürmischen Auseinandersetzungen, wodurch ein sachliches und förderliches Arbeiten sehr erschwert wird.

Wenn die Karlsruher Milchhändler nicht beizeiten sich den Verhältnissen entsprechend organisieren und dafür sorgen, daß unreelle Glieder aus ihren Reihen entfernt werden, dann werden sie bei der Lösung der städtischen Milchversorgungsfrage in eine Sackgasse geraten.

II. Die Karlsruher Milchzentrale.

1. Die frühere Milchzentrale der Milchhändler e. G. m. b. H.

Nicht nur in den Kreisen der städtischen Konsumenten, sondern auch innerhalb des Milchhändlerstandes selbst wird schon jahrelang über die weitgehende Zersplitterung des Milchhandels mit allen seinen Nachteilen und Schäden Klage geführt. Bayersdorfer führt darüber in seinem Bericht an den Karlsruher Stadtrat im Mai 1906 folgendes aus:

„Die Lieferung der Milch hat an eine in der Stadt zu errichtende Zentrale zu erfolgen, von welcher aus die Milch durch die hiesigen Händler an die Konsumenten vertrieben wird. Für Ausübung des Milchhändlergewerbes müssen entsprechende ortspolizeiliche Vorschriften erlassen werden.

Die Errichtung der Zentrale muß in der Weise erfolgen, daß der Stadtverwaltung ein gewisser Einfluß auf den Betrieb derselben und besonders auch auf die Preisbildung der Milch gesichert wird. Zu diesem Zweck empfiehlt es sich, daß die Zentrale auf Kosten oder mit Unterstützung der Stadt errichtet und zum Betrieb an die hiesige Milchgenossenschaft gegen eine angemessene Vergütung verpachtet wird."

Von der Durchführung dieses Gedankens erhoffte man sich tatsächlich einen Erfolg insofern, als der vorhandene Milchhändlerstand dadurch erhalten, innerlich gesundet und gestärkt wird. Bayersdorfer selbst nahm an der weiteren Organisationsarbeit regen Anteil und setzte sich mit den besseren Milchhändlern in Verbindung. Zwecks Gründung einer solchen Zentrale hat die Karlsruher Milchhändlervereinigung mehrere Versammlungen einberufen und erst in der dritten wurde am 9. August 1906 die Karlsruher Milchzentrale in Form einer eingetragenen Genossenschaft mit beschränkter Haftpflicht gegründet. Von den damals vorhandenen 430 Milchhändlern sind nur 44 Karlsruher und 6 auswärtige, im ganzen 50 Milchhändler diesem Unternehmen beigetreten. Es haben sich vorwiegend die größeren Händler daran beteiligt, aber auch kleinere, und zwar hauptsächlich solche, die vorher in der Beschaffung ihres Milchquantums aus den verschiedensten Gründen mit Schwierigkeiten zu kämpfen hatten.

Nach dem Statut bildete den Gegenstand des Unternehmens: Der Einkauf von Rohmilch und ihre Verarbeitung zu hygienisch einwandfreien Erzeugnissen, sowie die Unterstützung der Milchproduktion durch Förderung der auf Verbesserung der Milchgewinnung gerichteten Bestrebungen. Der Geschäftsanteil eines jeden Mitglieds betrug 300 ℳ; mehr als ein Geschäftsanteil konnte von einem Genossen nicht erworben werden. Die Haftsumme eines jeden Mitglieds für den erworbenen Geschäftsanteil betrug 300 ℳ. Im übrigen waren die statutarischen Bestimmungen ähnlich jenen auf Seite 67/68.

Von der Erbauung eines eigenen Gebäudes wurde Abstand genommen, nachdem es gelang, die im äußersten Teile der Oststadt, nahe am Schlachthaus gelegene Dampfmolkerei von Milchhändler W. Witt pachtweise zu erhalten. Mit diesem Besitzer wurde ein Pachtvertrag abgeschlossen, wonach derselbe die Räumlichkeiten seines Hinterhauses samt den darin befindlichen Maschinen auf die Zeit vom 15. August 1906 bis 1. Januar 1910 zu einem jährlichen Mietzins von 2500 ℳ vermietete.

Das einstöckige Molkereigebäude war durchweg unterkellert. Es bestand in der Hauptsache aus dem Annahme- und Verarbeitungsraum, dem Ausgaberaum, der Flaschenspülhalle, zwei Kühlkammern und einem Butterlagerraum. Anschließend daran nach der einen Front lag das Dampfmaschinenhaus mit Kühlraum, während im Hintergrunde des Hofes Wohnräume für Kutscher, Vorratsräume für Flaschen usw., Remisen für Heu und Stroh und der Pferdestall sich anschlossen.

Die vorhandene und pachtweise übernommene maschinelle Einrichtung dieser Dampfmolkerei genügte jedoch keineswegs den neuzeitlichen Anforderungen, wie sie von den Hygienikern gestellt werden und wie solche auch bereits in anderen Städten bei verwandten Unternehmungen bereits erfüllt werden. Es wurden Neuanschaffungen entsprechender Maschinen im Gesamtwerte von ca. 14 000 ℳ gemacht.

Die angelieferte Milch wurde morgens von 7—9 Uhr an der Bahn abgeholt und nach Ankunft geprüft. Angesäuerte oder zu geringwertige Milch wurde entweder zurückgeschickt oder vereinbarungsgemäß zu 10 ₰ zwecks Verbutterung übernommen. Nach Durchlaufen durch die Reinigungszentrifuge wurde die Milch in dem Berieselungs-Rückkühlerhitzer auf 65—75° erhitzt, dann auf einem Flächenberieselungskühler, der mit einer Kühlanlage verbunden war, auf 2—4° C. herabgekühlt, dann in Flaschen gefüllt, welche mit einem paraffinierten Pappscheibenverschluß versehen wurden. In dieser Form wurde die Milch andern Tags in den Konsum gebracht.

Der tägliche Milchbedarf der Zentrale betrug ungefähr 1600 l und wurde von 13 ländlichen Zwischenhändlern und 4 Milchabsatzgenossenschaften zum Preise von 14 und 15 ₰ franko Karlsruhe beschafft.

Zur Durchführung des Betriebs waren erforderlich: ein Buchhalter, ein Molkereileiter und drei Hilfspersonen, sowie zwei Kutscher mit zwei Gespannen.

Der Verkauf der Milch geschah ausnahmslos an die 50 Genossen, welche 16 und 17 ₰ dafür an die Zentrale bezahlten und die Milch täglich nach vier Punkten der Stadt sich zuführen ließen.

Jeder halbwegs Denkende mußte einsehen, daß es der Genossenschaft nicht möglich war, bei einem Absatze von 1600 l mit einem Nutzen von 2 ₰ pro Liter die Milch herbeizuschaffen, zu verarbeiten, Schwund und Eindämpfung zu tragen, alle persönlichen und sachlichen Unkosten zu decken, eine Abschreibung an der Einrichtung vorzunehmen und möglichst noch einen Gewinn zu erzielen. Dazu kam noch, daß in der Verwaltung nicht die nötige Umsicht und Opferwilligkeit anzutreffen war, welche die Leitung eines genossenschaftlichen Unternehmens erheischt. Es waren wohl ehrliche, fleißige Leute im Vorstand und Aufsichtsrat, die es verstanden, ihren eigenen kleinen Milchhandel richtig zu betreiben; zur Leitung und Beaufsichtigung eines größeren Unternehmens fehlte ihnen aber vor allem der Gemeinsinn und die erforderliche Geschäftskenntnis. Die Mitglieder waren zum größten Teil mittellos und gingen nur darauf aus, große Sondervorteile aus der Zentrale zu ziehen, bedachten jedoch nicht, daß sie mit einer solchen egoistischen Handlungsweise sich selbst schädigten. Auch das Personal in der Zentrale war nicht zuverlässig, so daß dieses Unternehmen offensichtlich schon bei Beginn seiner Tätigkeit den Todeskeim in sich trug.

Die erste Bilanz auf 31. Dezember 1906 schloß schon mit einem

Defizit von 7422 ℳ ab. Statt für eine gründliche Reorganisation des Unternehmens zu sorgen und Anordnungen zu treffen, die weitere Verluste vermieden, wurde in gleicher Weise fortgewirtschaftet. Am 30. Juni 1907 wurde wiederum Bilanz aufgestellt und zu diesem Zeitpunkt, also ein halbes Jahr später eine gesamte Unterbilanz von 21840 ℳ festgestellt. In einem Zeitraum von einem halben Jahr gingen somit 14000 ℳ zu Verlust. Da eine vollständige Überschuldung vorlag, mußte die Genossenschaft am 8. August 1907, genau ein Jahr nach ihrer Gründung, den Konkurs anmelden. Nach der Bilanz vom 30. Juni 1907 betrugen:

Aktiven.

Maschinen und Mobiliar	18650	ℳ
Warenvorräte	500	„
Milchguthaben bei Mitgliedern . . .	5700	„
Kasse	3905	„
	28755	ℳ

Passiven.

Geschäftsanteile der Mitglieder . . .	10280	ℳ
Schulden an Milchlieferanten	20297	„
Schulden an sonstige Gläubiger . . .	20118	„
	50595	ℳ
Gesamtverlust	21840	ℳ.

Aus diesem Geschäftsergebnis läßt sich auch ersehen, in wie leichtsinniger Weise den einzelnen Mitgliedern Kredit für entnommene Waren gewährt wurde.

Kleinen Händlern, die früher schon auf der schwarzen Liste der Produzenten standen, hatte die Milchzentrale ohne weiteres Waren verabfolgt, wofür sie nie einen Pfennig bekommen konnte. Es waren darunter Händler, die 600—800 ℳ für bezogene Milch schuldig waren, von denen aber nichts zu holen war, da sie von der Hand in den Mund lebten. Den Milchlieferanten blieb die Zentrale die Milch schuldig und betrug die Schuld bei der Konkurseröffnung 20297 ℳ. Bezeichnend ist, daß die ländlichen Zwischenhändler im allgemeinen nur mit geringen Posten hängen blieben, während die ländlichen Milchabsatzgenossenschaften etwa 12000 ℳ Guthaben zu verzeichnen hatten. Die freundschaftliche Verbindung zwischen städtischem Milchhandel und ländlichem Zwischenhandel übte auch in diesem Falle, so gut es eben noch ging, ihre Wirkung.

Die 50 Mitglieder mußten durch den Konkursverwalter mit Einzahlung ihres ganzen Geschäftsanteils à 300 ℳ und ihrer Haftsumme à 300 ℳ herangezogen werden.

Nur ein kleiner Teil konnte diesen Verpflichtungen nachkommen. Die meisten erklärten sich dazu außerstande und zahlten auf gütliche Weise in Vierteljahrsraten von 20—25 ℳ ab. Ein weiterer Teil ist zahlungsunfähig und hat den Offenbarungseid geleistet. Das Konkursverfahren wurde Ende August 1911 beendigt, mit Auszahlung einer Konkursdividende von 58¾ %.

2. Die jetzige Milchzentrale des Genossenschaftsverbandes badischer landwirtschaftlicher Vereinigungen.

In das Grabgeläute der Karlsruher Milchzentrale, mit der die genossenschaftliche Form des Unternehmens bestattet wurde, mischte sich der Auferstehungsreigen ihrer Wiedergeburt insofern, als jetzt der Genossenschaftsverband badischer landwirtschaftlicher Vereinigungen (damals noch der Verband der badischen landwirtschaftlichen Konsumvereine) in Karlsruhe, dem unter anderen auch die Milchabsatzgenossenschaften angegliedert sind, auf dem Plan erschien, um den Fortbestand des Unternehmens zu retten. Es ist eine Ironie des Schicksals, daß die Gründung der Milchzentrale ursprünglich einer gewissen Spitze gegen die ländlichen Milchabsatzgenossenschaften und ihren Verband nicht entbehrte und bei der Gründung dieses Unternehmens für dasselbe mit der Begründung Propaganda gemacht wurde, daß die Produzenten beabsichtigen würden, ähnlich wie in Stuttgart, eine städtische Milchzentrale zu errichten. Dieser Plan bestand niemals. Aber jetzt, nachdem den ländlichen Genossenschaften für Milchlieferungen so gewaltige Verluste bei diesem Milchhändlerunternehmen in Aussicht standen, und die Einrichtungen der Milchzentrale vorhanden waren, lag für die Produzentenorganisation nichts näher, als den Weiterbetrieb dieses Unternehmens probeweise in die Hand zu nehmen.

Am 12. August 1907 verpachtete der Konkursverwalter bis auf weiteres den ganzen Betrieb der Milchzentrale an den Genossenschaftsverband badischer landwirtschaftlicher Vereinigungen mit einer gegenseitigen Kündigungsfrist von 14 Tagen. Der Pächter hatte eigene Geschäftsbücher zu führen; der Pachtpreis sollte einer späteren Vereinbarung vorbehalten bleiben.

Alle Bemühungen des Konkursverwalters, die Einrichtung der Zentrale an einen Privatunternehmer zu verkaufen, blieben erfolglos.

Am 24. Oktober 1907 kaufte schließlich der Genossenschaftsverband badischer landwirtschaftlicher Vereinigungen die gesamte Einrichtung der

Milchzentrale samt lebendem und totem Inventar zum Preise von 8000 *M*. Mitverkauft war vor allen Dingen auch die Firma „Milchzentrale". Von der Berechnung eines Pachtzinses für die Zeit vom 14. August bis zum 24. Oktober wurde abgesehen, da nachweislich der Pächter während dieser Zeit keinen Betriebsüberschuß erzielen konnte.

Für den Genossenschaftsverband war es keine leichte Aufgabe, dieses Unternehmen, das beim städtischen Publikum durch die grenzenlose Mißwirtschaft der früheren Eigentümerin in Verruf geraten war, in die Höhe zu bringen. Die technische Verarbeitung der Milch wurde nach wie vor beibehalten, die Kontrolle aber verschärft und als Milchlieferanten nur ländliche Milchabsatzgenossenschaften herangezogen.

Um einigermaßen auf die Kosten zu kommen, mußte einerseits sparsam und mit der größten Vorsicht gewirtschaftet und vor allen Dingen mit dem unrentablen Verkauf der Milch an die Milchhändler gebrochen werden, nachdem sich diese weigerten, einen höheren Preis zu bezahlen. Anderseits mußte der direkte Verkauf an das städtische Publikum und an größere Konsumenten angebahnt werden. Das Vertrauen des Publikums zur Zentralmilch war aber verschwunden und das Mißtrauen zu dem neuen Unternehmen wurde noch durch die verhetzende Agitation eines Teils der Händler dadurch geschürt, daß dem Verband die einseitige Wahrung der Produzenteninteressen und die Absicht der fortgesetzten Preissteigerung der Milch untergeschoben wurde.

Durch die reelle, aufmerksame Bedienung der Kundschaft ist es dem Verband aber doch gelungen, den Absatz, der auf 3—400 l herabgesunken war, nicht nur ständig zu erweitern, sondern auch den jeweils höchsten Preis für die Zentralmilch bezahlt zu erhalten. Allerdings vermochte die Milchzentrale unter den obwaltenden Verhältnissen vorläufig nicht zu rentieren, da die Miete an den Hauseigentümer, Unkosten für Personal und Fuhrwerke in keinem Verhältnis zu dem Geschäftsumsatz standen.

Das Unternehmen schloß in der Zeit vom August 1907 bis 30. Juni 1908 mit einem Gesamtverlust von 5602 *M* ab, der vom Verband übernommen und gedeckt wurde.

Der Rechenschaftsbericht[1] des Genossenschaftsverbandes pro 1908 sagt darüber:

„Die Hoffnungen bei Übernahme der Milchzentrale haben sich vorerst noch nicht erfüllt, weil einerseits das städtische Publikum für die

[1] Rechenschaftsbericht an die 26. Abgeordnetenversammlung. Karlsruhe 1909, J. J. Reiff, S. 10.

wertvollere, hygienisch einwandfreie, gereinigte Milch keine den Reinigungskosten entsprechenden höheren Preise bezahlen will, anderseits die Stadtverwaltung Karlsruhe uns die in Aussicht gestellte Unterstützung, nämlich ihren Bedarf in hygienisch einwandfreier Milch durch unsere Milchzentrale zu decken, nicht gewähren zu können glaubte.

Wenn wir trotzdem die Milchzentrale, die von uns viel Arbeit, Zeit und Geldopfer fordert, vielleicht in einer anderen Form beibehalten und in einem bis zwei Jahren zu einem rentablen Betriebszweig auszugestalten hoffen, so geschieht dies hauptsächlich deshalb, um neugegründeten Absatzgenossenschaften ihre Anfangsarbeiten zu erleichtern."

Auch im zweiten Geschäftsjahr (1. Juli 1908 bis 30. Juni 1909) vermochte das Unternehmen kein besseres Geschäftsergebnis aufzuweisen. Es schloß mit einem Gesamtverlust von 8885 ℳ ab, der gleichfalls vom Verband gedeckt wurde. Umfangreiche Reparaturen bei den Maschinen, große Einbuße bei Milchflaschen, auch Verluste durch zahlungsunfähige Kundschaft lassen diesen Verlust teilweise erklären, im übrigen stand der Umsatz immer noch nicht im Verhältnis zu den Betriebskosten.

Man hatte auch schon längst eingesehen, daß die extensive Lage der Milchzentrale für den ganzen Betrieb keineswegs glücklich gewählt war. Sowohl für die Zufuhr der Milch vom Bahnhof als auch für den Vertrieb derselben waren verhältnismäßig lange Wegstrecken zurückzulegen, was erhöhten Aufwand an Kutscherpersonal und Pferden bedingte und den Verschleiß der Milch durch Handkarren ungemein erschwerte. Auch die Kesselanlage arbeitete unrationell. Schließlich stand auch der Mietzins für die Gebäulichkeiten in keinem Verhältnis zur Größe des Geschäfts.

Der Verband benutzte deshalb die Gelegenheit, den auf den 31. Dezember 1909 ablaufenden Vertrag mit dem Gebäudebesitzer Witt zu kündigen. Er verlegte bereits am 1. Oktober 1909 den gesamten Betrieb in die anschließenden Räumlichkeiten seines Verwaltungsgebäudes (Ettlingerstraße 59) und richtete denselben zweckmäßiger ein. Der Rechenschaftsbericht[1] spricht sich darüber folgendermaßen aus:

„Wenn die Räumlichkeiten auch etwas eng sind, so dürfen wir mit der Verlegung recht zufrieden sein. Das erste Vierteljahr des Geschäftsjahres 1909/10 in der alten Zentrale hat uns noch einen großen Verlust gebracht, während nach der Verlegung mit Überschüssen gearbeitet wurde. Die notwendigen Abschreibungen machen sich freilich noch unangenehm

---

[1] Rechenschaftsbericht an die 27. Abgeordnetenversammlung. Karlsruhe 1910, J. J. Reiff, S. 14.

bemerkbar. Sobald in ein bis zwei Jahren die Abschreibungen beendet sind, wird auch dieser Geschäftszweig, der für die Milchabsatzgenossenschaften im Kreis Karlsruhe wegen unseres Einflusses auf den direkten Absatz und auf den Milchhandel in der Stadt Karlsruhe von großer Bedeutung ist, einen gesunden Stand aufzuweisen haben."

Seither hat sich die Milchzentrale in recht günstiger Weise weiterentwickelt, so daß dieses Unternehmen eine dauernde Einrichtung bleiben wird [1].

Heute hat die Milchzentrale einen täglichen Milchabsatz von 3600—3800 l und ist damit der größte Betrieb in der Stadt Karlsruhe geworden.

Die täglich in der Zentrale eingehende und von den Milchabsatzgenossenschaften gelieferte Milch wird nach Prüfung des Fett- und Säuregehaltes maschinell von allen Schmutzteilen gereinigt, auf 70—80 ° C erhitzt und hierauf tief gekühlt, dann in ½ und ¹/₁ l-Flaschen abgefüllt, maschinell mittels paraffinierter Pappscheiben verschlossen und im Kühlkeller bis zum Verschleiß aufbewahrt.

Durch 5 Verkaufswagen und ca. 25 Filialen wird die Milch täglich von morgens 6—12 und nachmittags 4—7 Uhr an die Kundschaft abgeliefert.

Bei allen Abnehmern ist seit zwei Jahren tägliche Barzahlung der Milch eingeführt. Diese Vereinfachung ist für einen größeren Betrieb sehr zeitsparend und stets kontrollierbar.

Es bedurfte durchgreifender Maßnahmen, die viel Geduld und Geldopfer kosteten, bis der Betrieb in der Weise, wie er heute geführt wird, ausgestaltet werden konnte.

Klar ist, daß nur eine einwandfreie, gute Milch und eine zuverlässige Bedienung imstande waren, das Vertrauen des Publikums zurückzugewinnen. Dies bedingte den Einkauf frischer und gut gekühlter Milch. Dazu waren als Lieferanten die Milchabsatzgenossenschaften, deren Betrieb wir schon geschildert haben, am besten geeignet. Die technische Einrichtung und der Betrieb jener Genossenschaften gestatten es, Angebot und Nachfrage zu regeln und damit in Zeiten überreichen Milchangebotes mit der Lieferung nach der Stadt zurückzuhalten. Die Milchzentrale selbst hat den Vorzug, daß ihr nur jeweils annähernd dasjenige Quantum

[1] Die ständig steigenden Geschäftsumsätze bedingen jetzt eine wesentliche Erweiterung der Anlage. Der Genossenschaftsverband entschloß sich deshalb zur Erstellung eines Neubaues in der Lauterbergstraße, in dem eine den neuzeitlichen Anforderungen entsprechende Milchzentrale eingerichtet wird.

zugeschickt wird, das sie zur Bedienung der Kundschaft braucht. Es entstehen ihr somit keine Verluste durch Sauerwerden usw.

Es war ein Hauptmißstand in der früheren Milchhändlerzentrale, daß sie vorwiegend mit den landwirtschaftlichen Zwischenhändlern arbeitete, die natürlich nur das Bestreben hatten, recht viel Milch in die Stadt hineinzuwerfen, um möglichst viel zu verdienen. Dadurch wurde der Zentrale infolge des Verderbens von Milch großer Schaden zugefügt.

Wir haben schon früher erwähnt, wie schwer es für eine neugegründete Milchabsatzgenossenschaft ist, für ihr Quantum Milch, das seither durch ländliche Zwischenhändler nach der Stadt verschickt wurde, direkt einen Abnehmer (Händler) in der Stadt zu finden. In diesem Falle leistet die Milchzentrale vorzügliche Dienste, indem sie den jungen Unternehmungen sofort das betreffende Quantum Milch abnimmt und dafür eine ältere Genossenschaft, die schon etwas erstarkt ist, an die Milchhändler oder direkt an größere Konsumenten abgibt. Mit Genossenschaften, die schon 1—2 Jahre bestehen, kann sich nämlich der Milchhandel eher befreunden.

Übrigens haben einsichtige Milchhändler jetzt auch erkannt, daß sie von den Milchabsatzgenossenschaften pünktlicher und mit einer besser behandelten und gehaltreicheren Milch bedient werden als von ländlichen Zwischenhändlern, und bezahlen deshalb auch 1/2 oder 1 ₰ mehr für den Liter. Die Karlsruher Milchzentrale ist für den weiteren Ausbau des genossenschaftlichen Milchabsatzes auf dem Lande eine unentbehrliche Stütze geworden, ohne welche diese jungen Unternehmungen in den ersten Jahren an Absatzstockungen zugrunde gehen würden. Es bestehen keinerlei Haftungen oder sonstige Verbindlichkeiten gegeneinander, es ist das Band der genossenschaftlichen Selbsthilfe, das beide Teile umschließt. Des weiteren haben die ländlichen Genossenschaften durch die Milchzentrale ein Unternehmen in der Stadt geschaffen, welches ein mitbestimmender Faktor in der Karlsruher Milchversorgung geworden ist; sie haben auch durch praktische Arbeit versucht, diese den Anforderungen der modernen Hygiene anzupassen.

III. Sonstige Vertriebsarten.

1. Der Gemeinnützige Verein für Milchausschank.

Als eine erfreuliche Erscheinung dürfen die sogenannten Milchausschankhäuschen in Karlsruhe begrüßt werden, wovon eines im Juli 1910 eröffnet wurde und dem Durstigen auf Straßen und Plätzen zu mäßigem

Preise hygienisch einwandfreie Milch zum Genusse darbietet. Die Bedeutung der Milch als Nahrungsmittel ist noch nicht allgemein erkannt und der Verbrauch der Milch im Vergleiche zu alkoholischen Getränken noch ganz minimal. Eine Hebung des Milchkonsums ist gerade gegenwärtig um so erstrebenswerter, als man den Fragen der Ernährung und der Mäßigkeit im Genusse alkoholischer Getränke mehr Interesse schenkt als je zuvor; wo statt des Weines und des Bieres die sogenannten „Ersatzgetränke" sich um die Wette vordrängen, da muß auch die Milch nicht nur ihre Stelle behaupten, nein, selbst vordringen, ihrem Werte gemäß mehr geschätzt und mehr genossen werden.

Mit diesem Zwecke wurde im Jahr 1903 der Gemeinnützige Verein für Milchausschank im Rheinland und Westfalen mit dem Sitz in Düsseldorf gegründet [1].

Die Gesellschaft suchte auf diese Weise in den Städten des Rheinlands und des Ruhrgebiets den Milchabsatz zu steigern. Dies ist überall in überraschender Weise gelungen, so daß es veranlaßt erschien, das Unternehmen auf ganz Deutschland auszudehnen.

Zu diesem Zwecke wurde die „Deutsche Gesellschaft für gemeinnützigen Milchausschank" mit dem Sitz in Düsseldorf gegründet. Ihr gebührt auch das Verdienst, in Karlsruhe den öffentlichen Milchausschank eingeführt zu haben.

Das bis jetzt in Betrieb befindliche Milchausschankhäuschen (beim Restaurant Walfisch) ist von morgens früh bis abends geöffnet. Hier wird warme und kalte Milch (1/4 l zu 6 ₰) sowie einfache Backware als Zubrot verkauft. Der Umsatz stieg an heißen Tagen auf 300—350 l, also 1200—1500 Glas täglich.

Neben dem wechselnden Passantenpublikum, das oft lediglich aus Neugierde ein Gläschen Milch kauft, hat sich bereits eine feste Stammkundschaft herangebildet. Früh zwischen 6 und 7 Uhr nehmen zahlreiche Arbeiter, verheiratete wie ledige, bevor sie zur Arbeit gehen, hier ein warmes Frühstück. Auch während der Vesperzeit, über Mittag und nach Arbeitsschluß entwickelt sich ein reges Treiben in und vor dem Milchhäuschen. Auffallend gering ist der Besuch durch Arbeiterinnen, was wohl damit zusammenhängen mag, daß die Trinkgewohnheit bei ihnen überhaupt noch nicht so stark hervortritt.

Weitere drei Milchhäuschen sollen nach und nach in Betrieb ge-

[1] Nachdem die Kölner Molkerei vereinigter Landwirte etwa 13 derartige Milchausschankhäuschen bereits mit gutem Erfolg in Köln in Betrieb hatte.

nommen werden. Eines davon war gegenüber dem Hauptbahnhof bereits aufgestellt, mußte aber leider wieder abgebrochen werden, da die umliegenden Gasthöfe und Hotels aus Geschäftsrücksichten dagegen Einspruch erhoben.

2. Der Milchausschank durch sogenannte fliegende Büffets scheint sich ebenfalls in Karlsruhe einzubürgern. Er wird mit Handwagen betrieben, die für glasweisen Ausschank der Milch eingerichtet sind und ihren Standort den Verbrauchsstellen anpassen können. Solche Wagen findet man während der Pausen an Fabriken und größeren Baustellen (Neubau des Karlsruher Hauptbahnhofs) aufgestellt; sie sind während der Sommermonate in Betrieb.

3. Der Milchausschank in den sogenannten Sodawasserbuden, die ebenfalls nur in den Sommermonaten in Betrieb sind, ist auch eine ganz neue Erscheinung. Diese Buden gehören ausschließlich Mineralwasserfabrikanten, die selbstredend nur das Bestreben haben, ihre Erzeugnisse und nebenbei noch sonstige Erfrischungen darin feilzubieten. Noch vor zwei Jahren haben diese Besitzer es strikte abgelehnt, den öffentlichen Milchausschank in diesen Buden zu betreiben. Im verflossenen Jahre schon sahen sie sich aber doch durch die Nachfrage des Publikums nach kühler Milch gezwungen, auch diesen Vertrieb mit aufzunehmen und seither sieht man schüchtern auch die Milchfläschchen in den Sodawasserbuden.

4. Der Werkausschank.

Unter dieser Bezeichnung verstehen wir die Versorgung industrieller und kaufmännischer Betriebe mit Flaschenmilch. Die hier zu überwindenden Schwierigkeiten sind aber bedeutender als bei dem öffentlichen Milchausschank. Auch bei gutem Willen der Fabrikleitung und reger Anteilnahme der Arbeiterschaft ist der Widerstand des Kantinenwirts und der interessierten Bierbrauerei schwer zu überwinden. Selbst beim gleich hohen Verdienst am Milchverkauf (20—25 %) zieht der Wirt doch den Bierverkauf vor, weil er befürchtet, Schaden zu leiden; denn Milch löscht, Bier weckt den Durst und reizt daher zu immer erneutem Trunk.

In industriellen Betrieben konnte die Milch aus diesen Gründen in Karlsruhe noch keinen Eingang finden, wohl aber konnten fünf kaufmännische Betriebe festgestellt werden, in denen die Beamten regelmäßig um 9 und 4 Uhr insgesamt 55 l täglich verzehrten.

5. Die Versorgung von Schulen, städtischen und staatlichen Anstalten mit Milch.

Die städtischen, staatlichen wohltätigen und gemeinnützigen Anstalten, städtischen Schulen, Institute, Krankenhäuser, Kasernen, Gefängnisse usw. nehmen in der Beschaffung ihres Milchbedarfs eine besondere Stellung ein. Das städtische Krankenhaus vergibt alljährlich seine Milchlieferung durch öffentliches Ausschreiben an denjenigen Lieferanten, gleichviel ob Produzenten oder Händler, der imstande ist, die Milch am billigsten zu liefern. Der jährliche Bedarf beträgt ca. 207 000 l oder rund 570 l täglich. Auch die städtischen Volksschulen, welche zurzeit neun Schülerhorte eingerichtet haben, für die jährlich rund 36 000 l Magermilch zur Verabreichung an die Kinder beschafft werden, befolgen die gleichen Grundsätze.

IV. Versorgung der Stadt Karlsruhe mit Kindermilch.

1. Allgemeines.

Die erschreckend hohe Säuglingssterblichkeit, deren Ursache neben der bedauerlichen steten Abnahme der Zahl der selbststillenden Mütter nicht selten in der schlechten Beschaffenheit der den Kindern der ärmeren Bevölkerungsklassen zu Gebote stehenden Milch zu suchen ist, muß unseren städtischen Verwaltungen die ernste Pflicht vor Augen halten, für die Beschaffung guter und billiger Milch zu sorgen. Während beispielsweise im Jahr 1907 in Schweden und Norwegen die Säuglingssterblichkeit durchschnittlich nur etwa 7—8 % der Lebendgeborenen beträgt, beläuft sich dieselbe in Deutschland immer noch auf 17,6 %. Die Säuglingssterblichkeit in Schweden und Norwegen ist also nicht einmal halb so groß als im Deutschen Reich.

Baden selbst zählt zwar zu den günstigsten Gebieten des Reichs, es bleibt mit seinen 16,8 Säuglingstodesfällen auf 100 Lebendgeborene unter dem Reichsdurchschnitt (17,6) und weist nächst Hessen unter den süddeutschen Staaten die niedrigste Verhältniszahl auf. Betrachtet man aber innerhalb der einzelnen Amtsbezirke diese Verhältnisse auf einen größeren Zeitabschnitt — wie z. B. 1901/1905 — näher, so findet man, daß die Säuglingssterblichkeit z. B. in den Bezirken Bruchsal 30,9, Ettlingen 24,0, Karlsruhe 21,8, Durlach 22,0, Eppingen 19,2 betrug, gegenüber Müllheim mit 11,8, Schopfheim 12,2, St. Blasien 12,0 usw. Wir finden also im Karlsruher Milchversorgungsgebiet erschreckend hohe

Kindersterblichkeitsziffern. Das weist doch auf Zustände hin, die dringend der Abhilfe bedürfen.

Selbst eine gute Haushaltungsmilch darf als Säuglingsmilch nicht ohne weiteres verwendet werden, da ihre Beschaffenheit und ihre Zusammensetzung jener der Muttermilch in keiner Weise nahe kommt. Wie oft kann man aber die Wahrnehmung machen, daß unverständige Mütter Kindern billige und minderwertige, ja oft schon alte und angesäuerte Milch zum Genusse darbieten. Und unter dem Namen „Säuglingsmilch" wird zuweilen in der Stadt Karlsruhe von gewissenlosen Lieferanten ein Produkt geliefert, das entschieden als minderwertig bezeichnet werden muß.

Der Verfasser hat selbst die Wahrnehmung gemacht, daß es Lieferanten gibt, die durch „Verbesserung" der gewöhnlichen Haushaltungsmilch eine Säuglingsmilch in der Weise herstellen, daß sie die Milch zur Hälfte abrahmen und das fehlende Quantum durch Warmwasserzusatz ergänzen. Und dafür lassen sich solche Lieferanten 10—15 ₰ für den Liter mehr bezahlen.

Dazu kommt noch, daß bei den derzeitigen wirtschaftlichen Verhältnissen kein rechnender Landwirt sich so leicht bereit finden läßt, nach den heutigen Grundsätzen unserer Veterinärhygieniker sogenannte „Säuglingsmilch" herzustellen, weil zu dem üblichen Milchpreis von 25—30 ₰ ab Stall nichts verdient werden kann. Diese Erzeugungsart erhöht die Unkosten des Produzenten ganz erheblich; er darf, unbekümmert um die Marktlage, nur ganz bestimmte Kraftfuttermittel verwenden, Pflege, Wartung des Milchviehs erfordern erhöhte Sorgfalt, was bei dem minderwertigen und ungenügenden Personal keine geringen Schwierigkeiten bietet. Schließlich darf eine zweckentsprechende, allseitig befriedigende Kühlmaschine nicht fehlen, wenn er mit größerer Entfernung nach der Stadt zu rechnen hat.

So hat das Hofgut Horrenbach von Oktober 1906 bis Ende 1907 an die Karlsruher Milchzentrale unter den als Anlage 5 angeschlossenen Vertragsbedingungen sogenannte „Kinder- und Vorzugsmilch" geliefert.

Die Gutsverwaltung fand aber ihre Rechnung nicht dabei und wollte einen höheren Preis zugestanden haben, der mit Rücksicht auf die Konkurrenzpreise der Milchhändler nicht eingeräumt werden konnte.

Der Bezug von Säuglingsmilch aus den Milchkuranstalten im Weichbild der Stadt kann selbstredend wegen des hohen Milchpreises für den Durchschnitt der städtischen Bevölkerung nicht in Betracht kommen.

Es muß daher der Stadt oder der öffentlichen Wohltätigkeit überlassen bleiben, Musteranstalten zu betreiben oder Anstalten zu subventionieren, um Milch an alle Säuglinge liefern zu können, denen die Muttermilch ganz oder teilweise versagt ist: an die Bemittelten und Wohlhabenden mit angemessenen Nutzen, an kleine Leute und Arme zum Tagespreis oder unentgeltlich.

2. Säuglingsfürsorge des badischen Frauenvereins.

Die Initiative in dieser Beziehung hat Ihre Königl. Hoheit die Großherzogin Luise im Frühjahr 1905 ergriffen, indem sie in einer vertraulichen Besprechung mit einer Anzahl Damen und Herren die Frage beriet, mit welchen Mitteln und auf welchem Wege die übergroße Säuglingssterblichkeit bekämpft werden könne. Es wurde beschlossen, zu diesem Zwecke ein besonderes Komitee zu bilden, das Ende 1906 als Abteilung VI „Säuglingsfürsorge" dem unter dem Protektorate Ihrer Königl. Hoheit der Großherzogin Luise von Baden stehenden Badischen Frauenverein angegliedert wurde [1].

Das Komitee erblickte seine Hauptaufgabe in der Bekämpfung der dem Säuglingssterben zugrunde liegenden ursächlichen Momente: Gleichgültigkeit und Unwissenheit einerseits, Armut sowie Unvermögen der Mutter anderseits. Der Zweck sollte erreicht werden: 1. durch aufklärende Vorträge, 2. durch Verabreichung sogenannter einwandfreier Säuglingsmilch um den Marktpreis, zu ermäßigten Preisen, eventuell unentgeltlich, 3. durch Überwachung der Kinder durch ehrenamtlich tätige „Schutzdamen", 4. durch ärztliche Behandlung kranker Säuglinge unbemittelter Eltern.

Die bedeutungsvollste Verwirklichung dieses Arbeitsplanes liegt ohne Zweifel auch heute noch in der Verabreichung einwandfreier Säuglingsmilch. Sie ist deshalb notwendig, weil zahlreiche Säuglingstodesfälle lediglich durch den Genuß verdorbener Säuglingsmilch verursacht sind und wird es bleiben, wenn es nicht gelingt, das Selbststillen der Mütter in dem früheren Umfang wieder in Übung zu bringen [2]. Einwandfreie Säuglingsmilch kann aber auf zwei Arten abgegeben werden: entweder sterilisierte Vollmilch bezw. sterilisierte gebrauchsfertige Mischmilch oder nicht sterilisierte, aber nach Abstammung wie nach der Art der Gewinnung einwandfreie Kuhmilch.

[1] Säuglingsfürsorge des badischen Frauenvereins. Rechenschaftsbericht für die Zeit vom 1. Juli 1905 bis 31. Dezember 1906.

[2] Ebendaselbst S. 8.

Der Frauenverein entschied sich anfänglich für die letzte Art, da ein geeigneter Milchstall in der Stadt mit 16 tuberkulingeimpften Milchkühen zur sofortigen Verfügung stand, während die Einrichtung einer Milchküche mit allem Zubehör, abgesehen von der Kostenfrage, auch die Inangriffnahme des Unternehmens bedeutend verzögert hätte. Die Anstalt wurde am 1. Juli 1905 eröffnet.

Die Lieferung dieser Milch geschieht gegen Abgabe von Milchmarken, welche gegen Vorausbezahlung des Betrags (Preis der Marktmilch, vielfach bei Armen auch darunter) abgegeben werden und deren Einlösung vom Frauenverein am Schluß jeden Monats an den Lieferanten um den Preis von 30 ₰ erfolgt. Mit Berücksichtigung der allerdings nicht wesentlichen Unkosten verbleibt dabei dem Frauenverein immer noch eine Zugabe von 10—15 ₰ für den Liter.

Um auch über den gesundheitlichen Nutzen dieser Wohlfahrtseinrichtung eine entsprechende Kontrolle ausüben zu können, wurde eine ständige ärztliche Überwachungs- und Beratungsstation für sämtliche Fürsorgekinder eingerichtet. Der Rechenschaftsbericht sagt darüber: „Diese Einrichtung hat sich bis heute — das dürfen wir wohl sagen — voll und ganz bewährt; sie ist denjenigen Frauen und Müttern, denen an der Erhaltung von Leben und Gesundheit ihrer Kinder in der Tat viel gelegen ist, eine ebenso dankbar begrüßte wie als wirkliche Wohltat empfundene Einrichtung geworden, und sie gewährt uns die denkbar beste Sicherheit dafür, daß und inwieweit unsere Wohltat auch in der Tat den von ihr erhofften gesundheitlichen Nutzen stiftet."

Eine weitere rationelle Wohlfahrtseinrichtung traf die Abteilungsleitung „Säuglingsfürsorge" des Badischen Frauenvereins im Frühjahr 1906, nämlich die Unterstützung bedürftiger selbststillender Mütter zum Zwecke der Ermöglichung und Förderung des Selbststillens. Von der Verteilung barer Geldprämien, wie dies in einer Reihe anderer Städte bereits eingeführt ist, wurde Abstand genommen, weil es ohne weiteres nicht rätlich erschien, reine Geldprämien zu gewähren, deren zweckentsprechende Verwendung auch im besten Falle noch zweifelhaft blieb und weil auch eine Geldleistung für Erfüllung der Mutterpflichten nicht gerechtfertigt erschien.

Die Unterstützung erstreckte sich vielmehr auf Gewährung von Stillprämien in Form von Naturalien, wie Milch, Eier, Mehl und dergleichen an solche Mütter, die den guten Willen haben, ihren Mutterpflichten ausgiebig nachzukommen, die aber an der Betätigung durch gesundheitliches oder wirtschaftliches Unvermögen gehindert werden. An die Gewährung ist die Verpflichtung der ärztlichen Kontrolle des Selbststillens geknüpft, weil man nur dadurch eine sichere Wirkung sich versprach. Diese Beihilfen für stillende Mütter beliefen sich

im Jahr 1907 auf 5924 ℳ
„ „ 1908 „ 6008 „
„ „ 1910 „ 4490 „

Schon bei Beginn der Fürsorgetätigkeit wurde die Errichtung einer Milchküche als Bedürfnis empfunden, um den kränklichen und kranken Kindern in den heißen Sommermonaten eine gebrauchsfertige pasteurisierte Mischmilch zukommen zu lassen.

Standen auch anfangs diesem Plane unüberwindliche Hindernisse entgegen, so konnte durch großes Entgegenkommen und hochherzige Spenden dessen Ausführung anfangs 1908 verwirklicht werden. Die Stadt Karlsruhe stellte die Parterre-Räumlichkeiten des Gartenpavillons des alten städtischen Krankenhauses zu diesem Zwecke unentgeltlich zur Verfügung und ließ auch diese Räume zweckentsprechend herrichten. Die vollständige Einrichtung der Küche ist ein Geschenk des New-Yorker Philanthropen, Herrn Nathan Strauß, des eifrigen und erfolgreichen Vorkämpfers für das Pasteurisieren der Milch. Ob das Pasteurisieren der Milch für Säuglingsernährung besseres zu leisten vermag als das Sterilisieren, darüber sind die Meinungen der berufensten Fachmänner noch sehr geteilt. Es fehlt auch nicht an Stimmen, die beides verwerfen, so Gaetano Cornalba[1].

In neuerer Zeit kommt man mehr und mehr davon ab, für die künstliche Säuglingsernährung präparierte Milch zu verwenden, z. B. sterilisierte, homogenisierte, humanisierte, da immer die Gefahr vorliegt, daß ihre Verabreichung Übelstände mit sich bringt. Man kommt deshalb wieder zurück auf die frische rohe Milch von gesunden Kühen und von guter Zusammensetzung. Jede Zubereitung der Milch erfordert eine Reihe von Manipulationen, die den hygienischen Wert beeinträchtigen können. Die Sterilisation beeinträchtigt die Verdaulichkeit, ohne jedoch die nötige Keimfreiheit zu gewährleisten und sie ist außerdem ohne Wirkung auf die von den Bakterien gebildeten Toxine. Außerdem macht sie das Albumin unlöslich, sie führt die organischen Salze, die Phosphoalbumiate, in schwer verdauliche Substanzen über und sie ver-

[1] Revue Générale du Lait, Bd. 7, 1909, S. 433.

nichtet mit den schädlichen Bakterien auch die Enzyme der Milch, die ihre Verdaulichkeit günstig beeinflussen. Es bietet die rohe, natürlich sterile Kuhmilch die besten Bedingungen für die Säuglingsernährung.

In Karlsruhe wird die benötigte Rohmilch von dem nahegelegenen Hofgut Scheibenhardt durch Wagenzufuhr bezogen und kommt im Hochsommer in tiefgekühltem Zustande mit einer Temperatur von etwa 6° C ein. Der Preis dafür beträgt 22 ₰.

Der technische Betrieb der Milchküche untersteht einer Leiterin, der die nötigen Hilfskräfte beigegeben sind.

Die Nahrungsgemische werden nur auf ärztliche Verordnung, für die Besucher der Beratungsanstalt durch die Ärzte derselben, für Privatkunden durch die Hausärzte abgegeben. Die Milchabgabe erfolgt außer in der Milchküche noch in neun Niederlagen. Bei Zustellung ins Haus, die nur von 4—7 Uhr stattfindet, wird die Nahrung gegen einen Preisaufschlag von 10 ₰ berechnet. Die Mischungen werden in sogenannten Normalmischungen auf fünf bezw. sechs Einzelportionen verteilt und zwar:

Nr.	I	150	gr	Milch	450	gr	Wasser
„	II	250	„	„	500	„	„
„	III a	400	„	„	500	„	„
„	III	525	„	„	525	„	„
„	IV	800	„	„	250	„	„
„	V	1000	„	„			

Nr. II—IV werden statt mit Milchzuckerlösung auch mit Gerstenmehlabkochung mit 3% Rohrzuckerzusatz angefertigt.

Außerdem wird auf spezielle Verordnung (Anzahl, Größe und Zusammensetzung der Einzelmahlzeiten) jede gewünschte Säuglingsnahrung geliefert.

Pasteurisierte Vollmilch kann jederzeit abgegeben werden zu 35 ₰ der Liter.

Die Preise betragen bei den Normalmischungen:

für Bedürftige 20 ₰ die Tagesportion,

für Wohlhabende 35—45 ₰ je nach der Stärke der Mischung.

Für Sondermischungen bleibt der Preis besonderer Vereinbarung vorbehalten.

Für die Benutzung der Flaschen müssen bei Bestellung sofort 50 ₰ hinterlegt werden.

In der Milchküche erfolgt die Abholung der Nahrung täglich von 1/25—1/26 Uhr.

In den Depots liegen die Abholungszeiten zwischen 3—7 Uhr.

Der Gesamtumsatz beträgt zurzeit 85 l pro Tag.

Die Tätigkeit der Säuglingsfürsorge läßt sich aus folgender Zusammenstellung ersehen:

Jahr	Zahl der Schutzkinder (Flaschenkinder)	Abgegebene Säuglingsmilch Liter	Übernommene Kosten durch Säuglingsfürsorge ℳ
1905 (1. Juli bis 31. Dez.)	431	42 982	3 119
1906	404	59 941	9 627 [1]
1907	332 [2]	26 989	4 054
1908 [7]	379	16 840 [3] 21 590 [4]	6 434
1909	274	22 044 [3] 17 860 [4]	21 071 [5]
1910	236	.	15 929 [6]

Der Erfolg dieses Vorgehens ist nicht ausgeblieben. Aus nachfolgender Tabelle läßt sich ersehen, daß es der Tätigkeit der Säuglingsfürsorge in hervorragender Weise gelungen ist, die Sterblichkeitsziffer der Kinder wesentlich herabzumindern.

Die Säuglingssterblichkeit in der Stadt Karlsruhe betrug:

[1] Die verhältnismäßig hohe Summe der auf Rechnung der Säuglingsfürsorge entfallenden Unkosten erklärt sich durch die Tatsache, daß eine erhebliche Zahl der Milchabnehmer auch den Marktpreis zu zahlen nicht imstande war; es mußte solchen Müttern die Milch wesentlich unter diesem Preise, teilweise umsonst abgelassen werden. Selbstredend handelt es sich hierbei um notorisch Arme, die ohnedies der Armenverwaltung anheim gefallen wären.

[2] Der Minderverbrauch von Säuglingsmilch vom Jahr 1907 ab rührt nicht allein daher, daß die Zahl der unterstützten Stillmütter, also die Zahl der Brustkinder sich vermehrte, sondern auch daher, daß seitens der Stationsärzte in erhöhtem Maße der Schädlichkeit der Überfütterung zu steuern versucht wurde.

[3] Abgegebene Säuglingsmilch an Flaschenkinder.

[4] Abgegebene, nicht pasteurisierte Milch an stillende Mütter.

[5] Betriebskosten, Gehalt und Löhne sind hier inbegriffen.

[6] Desgleichen.

[7] Von da ab tritt die Tätigkeit der Milchküche ein.

Jahr	Lebend geborene Kinder	Hiervon gestorben	Prozent	Von den lebend Geborenen befinden sich im Säuglingsschutz	Hiervon gestorben	Prozent
1905 (1. Juli bis 31. Dez.)	3047	616	19,9	431	42	9,5
1906	3132	512	16,3	571	51	8,9
1907	3403	539	15,8	610	39	6,3
1908	3345	543	16,2	622	59	9,6
1909	3311	563	17,0	569	36	6,3
1910	3251	542	16,4	597	48	8,2

Noch auffallender treten die Ergebnisse der Schutztätigkeit vor Augen, wenn sie für die einzelnen Stadtbezirke zur Darstellung kommen, wovon aber hier abgesehen werden soll.

Dieser in die Augen springende Erfolg der Säuglingsfürsorge ist um so höher anzuschlagen, als es sich bei den Fürsorgekindern recht oft um bereits erkrankte oder durch längeres Kranksein heruntergekommene Kinder handelte, bei welchen die zu spät einsetzende Hilfe einer rationellen Ernährung selbstverständlich nicht immer mehr lebensrettend einsetzen konnte und als ferner der Totenliste auch diejenigen Kinder beigezählt sind, die erst Wochen und Monate nach Ausscheiden aus der Fürsorge gestorben sind.

3. Privatanstalten, die sich mit der Herstellung von Kindermilch befassen.

Es sind etwa 11 Privatunternehmer mit einer täglichen Absatzmenge von rund 550 l, die sich zum Teil ausschließlich, zum Teil neben dem Verkauf von Haushaltungsmilch auch mit der Produktion und dem Vertrieb von Kur- und Kindermilch befassen. Wir haben bereits früher die Lage der städtischen Kuhhalter geschildert. Es wäre hier nur noch anzufügen, daß keine dieser Anstalten — mit Ausnahme von Birkenmeier, dessen Unternehmen als mustergültig bezeichnet werden kann — den Bestimmungen der ortspolizeilichen Vorschriften über Milchkuranstalten entspricht. Es wäre auch im öffentlichen Interesse der Kindermilchversorgung gelegen, wenn gerade diese Anstalten hinsichtlich der von ihnen in den Verkehr gebrachten Kur- und Kindermilch einer einheitlichen, scharfen und sachverständigen Kontrolle unterstellt würden.

Eine besondere Stellung in der Kindermilchversorgung nehmen die Lieferanten der sogenannten humanisierten Milch ein. Es kommen hauptsächlich in Betracht:

1. Die Karlsruher Sterilisieranstalt vorm. Dr. Sandel (Inhaber Dr. Mangler),

welche sich mit der Herstellung und dem Vertrieb der Gärtnerschen Fettmilch befaßt.

Nach vielen von der Station ausgeführten Untersuchungen zeigt die Gärtnersche Fettmilch folgende mittlere Zusammensetzung:

	Kuhmilch	Gärtnersche Fettmilch	Frauenmilch
Fett	3,69	3,20	3,78
Kaseïn . . .	3,02	1,46	1,03
Milchzucker . .	4,88	5,15	6,21
Mineralstoffe .	0,71	0,33	0,31

Aus diesen Beobachtungen geht hervor, daß es bei Verwendung von guter Kuhmilch und genauer Einhaltung des Gärtnerschen Verfahrens gelingt, eine Milch zu gewinnen, die in bezug auf ihren Gehalt an Fett, Kaseïn, Milchzucker und Salzen in quantitativer Hinsicht eine ähnliche Zusammensetzung zeigt, wie die Frauenmilch. Über die tägliche Absatzmenge und den Preis sind Angaben durch den Besitzer nicht zu erlangen.

2. Die Nutricia (Inhaber Apotheker Stanislaus Woitum), welche in Karlsruhe die alleinige Konzession zur Herstellung und zum Vertrieb der sogenannten Backhausmilch hat. Tägliches Absatzquantum und Verkaufspreise sind mir ebenfalls nicht bekannt geworden.

Wenn durch die Backhausmilch besonders günstige Erfolge erzielt worden sind, so liegt das wohl mehr darin, daß sie infolge ihrer Herstellungsweise der Frauenmilch in der Zusammensetzung am ähnlichsten ist, als darin, daß sie bei sehr hoher Temperatur sterilisiert wird. Die Bekömmlichkeit würde wahrscheinlich noch größer sein, wenn es gelänge, die Entkeimung bei Temperaturen vorzunehmen, bei denen die Eiweißkörper und die Salze der Milch wenig verändert werden.

V. Die polizeiliche Milchkontrolle.

1. Die ortspolizeilichen Vorschriften.

Die Milchpolizei hat die wichtige Aufgabe, darüber zu wachen, daß der Bevölkerung das edelste und wertvollste Lebensmittel, die Milch, frisch, süß und frei von gesundheitsschädlichen Eigenschaften unverfälscht und unverändert, so wie sie von der Kuh kommt, zugänglich gemacht wird. Die Kontrolle hat sich einerseits auf die Behandlung und anderseits auf die Beschaffenheit der Milch zu erstrecken.

Die Überwachung der Beförderung der Milch, der Milchgefäße und Verschlüsse derselben, des Zustands der Verkaufs- und Aufbewahrungsräume läßt sich durch gewissenhafte, über die Einzelheiten der technischen Milchbehandlung informierte Personen vornehmen, während die Beurteilung der Beschaffenheit der Milch ausnahmslos Fachleuten übertragen werden muß, die mit dem Wesen der Milch und den örtlichen Produktionsverhältnissen durchaus vertraut sind. Wenn es auch ohne weiteres klar ist, daß die Einrichtung der Milchpolizei darin besteht, den Milchkäufer und Verbraucher vor Übervorteilung und vor der Gefahr zu schützen, daß ihm gefälschte und gesundheitsschädliche Milch verkauft wird, so darf man auf der andern Seite nicht vergessen, daß die Erzeuger und Verkäufer der Milch ebenso an einer rationellen Kontrolle interessiert sind, weil eine Handhabung derselben, die dem Wesen der Milch nicht Rechnung trägt, erhebliche Bedrückungen der Verkäufer der Milch, also der Landwirte, durch Erhebung von Polizeistrafen und eventuell Verurteilungen im Gefolge haben, die dem Rechtsgefühl widersprechen.

Mit der Vervollkommnung der öffentlichen Gesundheitspflege haben sich auch die Aufgaben der Milchpolizei wesentlich schwieriger und verwickelter gestaltet.

Nach einer Ministerialverordnung vom 17. Juni 1884, den Verkehr mit Milch betreffend, war eine Bestrafung ausgeschlossen, wenn der Beschädigte nachweisen konnte, daß die minderwertige Beschaffenheit der Milch ihren Grund nicht in einer nach der Gewinnung der Milch vorgenommenen Veränderung hatte, oder wenn die chemische Untersuchung ergab, daß die Milch in 100 Gewichtsteilen wenigstens 10,9 Gewichtsteile Trockensubstanz, sowie 2,4 Gewichtsteile Butterfett enthielt. Diese Verordnung verbot ferner den gewerbsmäßigen Verkauf und das Feilhalten von Milch, welche von kranken Tieren oder welche von Tieren innerhalb der ersten 8 Tage nach dem Kalben gewonnen ward, sowie von bitterer, schleimiger, verdorbener, mit Wasser verdünnter oder mit fremdartigen Substanzen versetzter Milch.

Eine ortspolizeiliche Vorschrift über den Verkehr mit Milch wurde in Karlsruhe erstmals am 22. Juli resp. 17. Oktober 1904 erlassen. Über die Notwendigkeit der Einführung einer ortspolizeilichen Vorschrift sagt

Professor Rupp[1]: „man glaubte bisher davon Abstand nehmen zu sollen, weil die hier eingeführte Kontrolle sich gut bewährt hat und weil beim Erlaß einer solchen Vorschrift die Milchhändler zu leicht geneigt sind, bessere Milch mit höherem Gehalt an Trockensubstanz und an Fett, als es die ortspolizeiliche Vorschrift bestimmt, bis zu den vorgeschriebenen Grenzen herab zu verdünnen."

Durch die ortspolizeilichen Vorschriften vom 22. Juli 1904 „Verkehr mit Kur- und Kindermilch" und jene vom 17. Oktober 1904 „Verkehr mit Milch" betreffend — beide sind als Anlagen 6 und 7 zum Abdruck gebracht — sind die Grundlagen einer gesunden, den Anforderungen der Gegenwart genügenden Milchpolizei geschaffen worden.

Diese Vorschriften lassen deutlich die Absicht erkennen, dafür Sorge zu tragen, daß die Milch rein und frei von Krankheitskeimen zum Verkauf kommen soll, daß zur Gewinnung sämtlicher Milch, die in den Verkehr gebracht wird, nur Kühe verwendet werden dürfen, die unter ständiger tierärztlicher Kontrolle stehen, wie dies bei der Kur- und Kindermilch vorgeschrieben ist; das ist noch ein Ideal unserer Hygieniker, welches sich aber in absehbarer Zeit nicht verwirklichen lassen wird und das mit Ernst auch nicht gefordert werden kann, ohne die Milch derart zu verteuern, daß sie rein und unvermischt nur noch von den besser Bemittelten gekauft werden kann.

Die ortspolizeilichen Vorschriften über den Verkehr mit Milch (sogenannte Haushaltungsmilch) beschränken sich deshalb auch darauf, denjenigen mit Strafe zu bedrohen, der wissentlich oder absichtlich Milch in Verkehr bringt, welche fremdartige Zusatzstoffe enthält oder von Kühen herrührt, die sichtlich krank sind oder an einer fehlerhaften Milchabsonderung leiden. Außerdem ist allen Personen, die Milch zum Zwecke des Verkaufs transportieren, verboten, Wasser mitzuführen. Dieses letzte Verbot verdankt, wie wir später sehen werden, der gewerbsmäßigen Milchverfälschung seine Aufnahme.

Zwei viel umstrittene Fragen läßt aber die ortspolizeiliche Vorschrift offen, nämlich die der Festsetzung eines Mindestfettgehalts und den Sauberkeitsgrad der Milch. Es erscheint zweckmäßig, auch diese Fragen hier zu streifen, da eine große Reihe von Städten am Mindestfettgehalt noch festhält und weil es namentlich auch im Karlsruher Gesundheitsrat nicht an Stimmen fehlt, die alles Heil in der

[1] Die Untersuchung von Nahrungs- und Genußmitteln von Professor Rupp. Hygienischer Führer durch Karlsruhe, 1897, S. 35.

Festlegung eines bestimmten Mindestfettgehalts erblicken. Tatsächlich ist in den zurzeit geltenden Bestimmungen, auf Grund deren der Ortsgesundheitsrat die Kontrolle über eine Milchkuranstalt übernimmt, auch ein Mindestfettgehalt von 3,5 % vorgeschrieben.

Die Milch soll geliefert werden, wie sie von der Kuh kommt, das ist eine vernünftige und gerechte Forderung. So einfach und natürlich es ist, diesen Grundsatz aufzustellen, so große Schwierigkeiten stellen sich aber immer wieder der praktischen Durchführung in den Weg. Die Frage, ob im gegebenen Falle eine Milch verfälscht ist oder nicht, läßt sich keineswegs jedesmal mit Sicherheit beantworten, weil die Werte für diejenigen Bestandteile und Eigenschaften der Milch, auf die hin die Milch ausschließlich geprüft zu werden pflegt, nämlich Fett, Trockensubstanz und spezifisches Gewicht, innerhalb sehr weiter Grenzen schwanken können. Es gibt unverfälschte und richtig ermolkene Milch, deren Fettgehalt auf 2 % und vielleicht noch weiter heruntergeht, während dieser in der Milch von andern Viehrassen und schließlich auch bei besserer Futterzusammensetzung und den verschiedenen Jahreszeiten auf 4 % und unter Umständen noch höher steigen kann. Es ist ferner bekannt, daß der Fettgehalt der Milch vom Zeitpunkt der Laktationsperiode, ob frisch- oder altmelkend, von der Zeitdauer, welche seit dem letzten Melken verstrichen und nicht zuletzt auch von dem Umstande abhängig ist, ob die Tiere zwischen den Melkzeiten Ruhe gehabt haben oder öfters gestört worden sind oder gar angestrengte Arbeit haben leisten müssen.

Weiter werden sich die Unterschiede in der Zusammensetzung der Milch in geringerem Maße zeigen, wenn man ein bestimmt begrenztes Gebiet, wie hier den Versorgungskreis der Stadt Karlsruhe betrachtet, als wenn man einen weiteren Kreis, z. B. das ganze badische Land, ins Auge faßt, wo sich natürlich infolge der Haltung der verschiedenen Rassen und Schläge sehr große Unterschiede in der Beschaffenheit der Milch ergeben. Es ist aus diesen Gründen ungemein schwer, oft sogar unmöglich, die Frage zu beantworten, ob die vorliegenden niedrigen Werte einer natürlichen oder einer verfälschten Milch eigen waren. Vor allem müssen die mit der Prüfung betrauten Beamten auf Grund der praktischen Erfahrung nach den gegebenen Verhältnissen über die allgemeine Beschaffenheit der gehandelten Milch sich Klarheit verschaffen, bevor sie ihr Urteil fällen.

Fleischmann sagt darüber:

„Wer sich nicht mindestens ein Jahr lang die Mühe gab, sich in der Gegend, in der er die Milchprüfungen auszuführen hat, durch eine möglichst große Zahl von Milchanalysen über die Eigenschaften der

Milch und das Maß der Schwankungen ihrer Zusammensetzung zu unterrichten, sowie auch die gesamten Verhältnisse der Milchviehhaltung eingehend kennen zu lernen, hat auch kein Recht, zu beanspruchen, daß sein Urteil in einer Frage über Milchprüfung Beachtung findet."

Ebenso äußert sich von Raumer in der Zeitschrift für Nahrungs- und Genußmittel von 1906 S. 513:

„Nach meinen Erfahrungen, die ich mir im Laufe der Jahre durch Kontrolle und Analyse von vielen Tausenden von Milchproben gesammelt habe, ist die Beurteilung der Milch auf Grund der chemischen Analyse eine der schwierigsten Aufgaben für einen gewissenhaften Sachverständigen."

Liegt die Untersuchung der Milch in Händen von Leuten, denen die Kenntnisse des Milchmarktes ihres Arbeitskreises abgehen oder findet in den Stellen solcher Ämter fortgesetzter Wechsel der Beamten statt, so sind Mißgriffe in der Feststellung von Milchverfälschungen unvermeidlich und man kommt auch sehr leicht auf den Ausweg einen Mindestfettgehalt vorzuschreiben.

Für die Erlassung einer solchen Vorschrift können jedoch stichhaltige Gründe kaum geltend gemacht werden. Sie liegt weder im Interesse der Produzenten noch der Konsumenten und hat nur Belästigungen reeller Lieferanten und eine Reihe unerquicklicher Prozesse zur Folge. Eine Normalmilch gibt es nicht. Wird der Fettgehalt zu hoch normiert, dann wird die Zufuhr größerer Mengen Milch nach der Stadt verhindert und dadurch die Milch verteuert. Ist das Gegenteil der Fall, bestimmt die Polizeiordnung einen zu niedrigen Wert des Mindestfettgehalts, so wird dadurch der Standard der Milch herabgedrückt und jede Milch mit dem fraglichen Mindestfettgehalt als durchaus normal angesehen. Das wird weder den Produzenten noch Händler anregen, eine bessere Milch auf den Markt zu bringen. Im Gegenteil, es besteht die Gefahr, daß die Milch „gestellt" wird, d. h. Fett entzogen und Magermilch oder Wasser in dem Maße zugesetzt wird, bis eben die Ware der polizeilichen Vorschrift noch entspricht. Solche Zustände schädigen aber die gesamte Volksernährung und sind mit der neuzeitlichen Gesundheitspflege unvereinbar. Auch die öffentliche Moral muß darunter leiden, weil eine derartige Vorschrift verändernde Eingriffe in die natürliche Beschaffenheit der Milch, die der gesunde Sinn der Bevölkerung als Fälschung ansieht, gutheißt und dem Verschneiden der Milch geradezu gesetzlichen Schutz verleiht.

Warum bei Milch ein Mindestfettgehalt so oft verlangt wird, während man bei keinem anderen Nahrungsmittel die gleiche Forderung erhebt, ist nur verständlich, wenn man annimmt, daß es der Bequemlichkeit wegen geschieht. Der Handel mit Fleisch z. B., dessen analytischen Wert die Konsumenten ebensowenig ohne weiteres feststellen können, unterliegt doch auch keiner Beschränkung in dieser Beziehung, oder doch nur insoweit, als gesundheitswidriges Fleisch vom Verkehr ausgeschlossen ist. Trotzdem der Wassergehalt bei Fleisch eine große Rolle spielt, hat man von der Festsetzung eines Maximalwassergehalts noch nichts gehört. Dies wird füglich den Käufern zur selbständigen Beurteilung überlassen, was zur Folge hat, daß sie dort kaufen, wo sie es am preiswertesten bekommen.

Von den Stadtverwaltungen und Polizeibehörden wird immer noch viel zu wenig Gewicht auf den Sauberkeitsgrad der Milch gelegt. Daß der Fettgehalt freilich ein sehr wichtiger, aber keineswegs der einzige wertbestimmende Faktor ist, haben wir dargetan. Die Reinlichkeit, mit der die Milch bis zur Ablieferung an den Verbraucher behandelt wird, ihre Haltbarkeit, namentlich in wärmerer Jahreszeit, ihr Geschmack und ihre Bekömmlichkeit, das alles sind Eigenschaften, die der Konsument bei der Wertschätzung mit zu veranschlagen hat, aber leider noch viel zu wenig beachtet. Soweit gewöhnliche Haushaltungsmilch in Betracht kommt, versprechen polizeiliche Vorschriften über Stalleinrichtungen, Gewinnung und Behandlung der Milch am Produktionsort schon deshalb wenig Erfolg, weil sie sich nur schwer überwachen lassen. In diesem Punkt ist die Milchversorgung auf das Verständnis und den guten Willen der Landwirte angewiesen. Die Organisation des genossenschaftlichen Milchabsatzes mit verschärfter Kontrolle, die zugleich die Hebung der Milchleistung der Kühe anstrebt, trägt auch ganz entschieden dazu bei, den Sinn für Reinlichkeit im Kuhstall zu fördern. Man muß dabei nur bedenken, daß sich die Kuhställe nicht im Handumdrehen den Anforderungen der neuzeitlichen Gesundheitspflege entsprechend umändern oder durch neue ersetzen lassen. Die Beachtung aller hygienischen Vorschriften beansprucht neben einer planmäßigen und nachhaltigen Aufklärungsarbeit viel Zeit und Arbeitskräfte, so daß sich bei den heutigen Verhältnissen oft mit dem besten Willen nicht alles erreichen läßt, was einsichtige Landwirte gern leisten möchten und bei entsprechend höheren Milchpreisen auch leisten könnten.

2. Durchführung der Milchkontrolle.

Bei der Durchführung der polizeilichen Kontrolle handelt es sich darum, zunächst die Verkäufer verdächtiger Milchmengen ausfindig zu machen und weiter festzustellen, ob und wie die beanstandete Milch etwa verfälscht wurde. Die eigentliche Handhabung dieser Kontrolle zerfällt in zwei Tätigkeitsgebiete, nämlich:

1. die **Vorprüfung** an den Einfahrtsstellen der Milch, auf den Straßen, in den Verkaufsstellen usw. und

2. die **endgültige Beurteilung** durch die **Lebensmittelprüfungsstation der Technischen Hochschule Karlsruhe.**

Mit der Vorprüfung sind zwei Polizeibeamte in Zivil betraut, deren Dienstfunktion ausschließlich in der Nahrungsmittelkontrolle besteht, so daß sie neben der Milchprobenerhebung auch den Verkauf von Eiern, Käse, Butter, Schweinefett, Wurstwaren, Gewürze, Obst, Getränken und sonstigen Nahrungsmitteln zu überwachen haben.

Die Vorprüfung, mit welcher die Polizeibeamten in der Großh. Lebensmittelprüfungsstation bekannt gemacht werden, besteht in der Bestimmung des spezifischen Gewichts der Milch mittels des Laktodensimeters von Quevenne. Zeigt die Milch hierbei ein abnormes, d. h. unter 1,029 oder über 1,034 bei 15° C. liegendes spezifisches Gewicht, so wird eine Probe in das Laboratorium gebracht und dort einer weiteren chemischen Untersuchung auf ihren Gehalt an Trockensubstanz und Fett unterworfen.

Umfangreiche Untersuchungen von Milch aus der näheren und weiteren Umgebung von Karlsruhe zum Zwecke der Aufstellung von Normen, die zur Beurteilung der Beschaffenheit der hier in den Handel gebrachten Milch notwendig sind, haben ergeben, daß die hier eingeführte Milch im Mittel einen Trockensubstanzgehalt von 12,25 % und einen Fettgehalt von 3,1 % aufweist, mindestens aber 10,9 % Trockensubstanz und 2,4 % Fett besitzt.

Nachstehende Tabelle gibt über Umfang und Resultate der Untersuchungen von 1888—1908 Aufschluß.

Jahr	Vorprüfung durch die Schutzmannschaft	Davon als beanstandet an Großh. Lebensmittelprüfungsstation eingeliefert	Hiervon beanstandet	Jahr	Vorprüfung durch die Schutzmannschaft	Davon als beanstandet an Großh. Lebensmittelprüfungsstation eingeliefert	Hiervon beanstandet
1888	.	120	53	1898	12 893	330	119
1889	.	116	51	1899	12 011	254	95
1890	.	92	32	1900	10 798	281	69
1891	10 591	159	50	1901	10 982	255	78
1892	10 151	167	59	1902	11 625	260	84
1893	10 944	152	64	1903	10 848	444	115
1894	14 736	251	123	1904	10 135	439	86
1895	11 520	223	81	1905	18 260	877	212
1896	10 288	111	30	1906	22 961	635	119
1897	9 383	183	70	1908	26 115	581	56

Es fällt zunächst auf, daß von 1891 bis 1904 eine nennenswerte Steigerung in der Zahl der Untersuchungen, trotz Anwachsens der Bevölkerung und des damit verbundenen höheren Milchverbrauchs nicht stattgefunden hat und daß erst in den letzten Jahren eine wesentliche Zunahme wahrnehmbar ist. Im Jahresbericht der Lebensmittelprüfungsstation wurde schon im Jahre 1888 betont, daß die Beschaffenheit der beanstandeten Milch fast durchweg in bezug auf Gehalt an Trockensubstanz und Fett den Anforderungen der Ministerialverordnung von 1884 nicht entsprechen würde. Sie hätte sich hauptsächlich als gewässert, teilweise auch als entrahmt gezeigt, was namentlich durch Erhebung von Stallproben erwiesen worden sei. Scharfe Kontrolle der Milchhändler sei deshalb angebracht. Es gelang aber nicht, die Milchfälschungen wesentlich zurückzudrängen. Die Kontrolle erstreckte sich deshalb nach dem Jahresbericht von 1890 „auch auf die Lieferanten und wurde gelegentlich mehrerer am hiesigen Bahnhofe bei der Milcheinfuhr vorgenommenen Milchvisitationen die Erfahrung gemacht, daß auch einige Milchproduzenten ihre Ware mit Wasser verdünnen. Die größte Zahl der beanstandeten Proben kommt jedoch von hiesigen oder in der Nähe von Karlsruhe wohnenden Milchhändlern".

Dabei wurde, wie dies der Jahresbericht von 1895 betont, in Fällen, in denen die Milch ein zu niedriges spezifisches Gewicht zeigt, die Trockensubstanz aber nahe an der noch zugelassenen Grenze und der Fettgehalt über dieser Grenze lag, von einer direkten Beanstandung abgesehen. In solchen Fällen wurde die Polizeibehörde auf die gegenwärtige Beschaffenheit der Milch aufmerksam gemacht und wurden öfters Milchproben von dem betreffenden Händler erhoben, um feststellen zu können, ob er dauernd geringwertige Milch in den Handel bringt.

In den Jahren 1900—1904 wurde ein merkliches Umsichgreifen der Verfälschungen wiederum konstatiert in der Weise, daß die Milchhändler direkt Wasser auf ihren Karren mitführten, angeblich zum Ausspülen der Kannen. Der Jahresbericht für 1904 sagt darüber:

„Wie raffiniert einige Zwischenhändler mit Milch ihr unreelles Geschäft betreiben, geht daraus hervor, daß dieselben mit Milch gefärbtes Wasser auf ihren Karren mitführen, welches dazu benutzt wird, die gute von den Milchlieferanten erhaltene Milch zu wässern. Die Vermischung wird nicht selten erst nach dem Betreten der Häuser vorgenommen, um auf diese Weise der Kontrolle zu entgehen. Es ist uns in mehreren Fällen gelungen, derartige Fälscher zu ermitteln, dieselben sind unter scharfe Kontrolle gestellt."

Auffällig stark, um rund 81 %, hat sich die Zahl der durch die Schutzmannschaft vorgenommenen Vorprüfungen im Jahre 1905 gegenüber dem Vorjahre vermehrt, während sich die Zahl der dabei festgestellten Beanstandungen verdoppelt hat.

Diese Emsigkeit in der Probenahme ist zweifellos der inzwischen in Kraft getretenen neuen Milchverordnung zuzuschreiben. Es ist interessant, diese Kontrolltätigkeit auch in den darauf folgenden Jahren zu verfolgen.

Es betrugen:

Jahr	Vorprüfung durch die Schutzmannschaft	Mehrung oder Minderung gegen das Vorjahr in Prozent	Davon als beanstandet an die Großh. Lebensmittelprüfungsstation eingeliefert	Mehrung oder Minderung in Prozent	Hiervon beanstandet	Mehrung oder Minderung in Prozent
1904	10 135	.	439	.	86	.
1905	18 260	+ 80,2	877	+ 100	212	+ 146,5
1906	22 961	+ 26,0	635	— 27,6	119	— 44,0
1907	21 544	— 6,2	632	— 0,5	98	— 17,6
1908	26 115	+ 21,2	581	— 8,1	56	— 42,9

Die Zahl der Probenahmen ist von 1905—1908 absolut um rund 8000 gestiegen, während sie relativ gegenüber dem Zugang von 1904 auf 1905, der 80,2 % betrug, nur einen solchen von 43 % aufweist.

Die bei der Kontrolle beanstandeten und an die Prüfungsstation eingelieferten Proben weisen seit 1905 einen absoluten und relativen Rückgang auf. Noch auffälliger ist der Rückgang der Beanstandungen auf Grund der chemischen Untersuchungen. Während seit 1905 die Abnahme der als beanstandet erklärten eingelieferten Milchproben 33,7 % beträgt, sind die Beanstandungen der Lebensmittelprüfungsstation in diesem Zeitraum um 73,6 % zurückgegangen.

Wenn man berücksichtigt, daß im Jahre 1908 im ganzen 26 115 Proben gezogen und davon nur 56 oder 0,2 % als beanstandet erklärt wurden, so kann man sich des Eindrucks nicht erwehren, daß entweder im Karlsruher Milchversorgungsgebiet ganz ideale Zustände in bezug auf Reellität der Milchlieferung bestehen, oder aber daß die Kontrolle nicht scharf genug gehandhabt wird.

Dies wird auch bestätigt, wenn man die Befunde der Karlsruher Milchkontrolle vom Jahr 1908 in Vergleich zu anderen Städten setzt; es ergibt sich dann folgendes Bild:

	Zahl der untersuchten Proben	Zahl der Beanstandungen	In Prozent
Karlsruhe . . .	581	56	9,6
Heidelberg . . .	711	139	19,5
Mannheim . . .	1104	386	34,9
Freiburg i. Br. .	674	160	23,7

Interessant ist auch ein Einblick in das polizeiliche Strafregister, weil daraus zu entnehmen ist, in welcher Zahl und mit welchem Anteil die Produzenten und die Händler an den Strafen beteiligt sind.

Nach dem Karlsruher Polizeistrafregister für 1908 wurden bestraft:

Milchlieferanten (Stadt)	1	mit		5	ℳ	=	5	ℳ
	1	„		20	„	=	20	„
	2	„	je	50	„	=	100	„
Milchhändler (Stadt) .	1	mit		5	„	=	5	„
	13	„	je	20	„	=	260	„
	2	„	„	30	„	=	60	„
	1	„		50	„	=	50	„
Milchlieferanten (Land) .	2	mit	je	2	„	=	4	„
	5	„	„	3	„	=	15	„
	1	„		4	„	=	4	„
	14	„	„	5	„	=	70	„
	1	„		6	„	=	6	„
	8	„	„	10	„	=	80	„
	17	„	„	20	„	=	340	„
	1	„		45	„	=	45	„
	6	„	„	50	„	=	300	„
	1	„		80	„	=	80	„
	2	„	„	100	„	=	200	„
Milchhändler (Land) . .	1	mit		3	„	=	3	„
	11	„	je	20	„	=	220	„
	1	„		30	„	=	30	„
	2	„	„	50	„	=	100	„
Gesamtzahl der Bestraften	94	mit					1997	ℳ

Danach treffen bloß 21 Bestrafungen die Lieferanten und Milchhändler in der Stadt, während 73 auf Lieferanten und Händler vom Land entfallen. Über zwei Drittel der Bestrafungen treffen somit die

Erzeugungsstätten, womit die Behauptung der Milchhändler gerechtfertigt erschien, daß am Produktionsort, also bei den Bauern, die Milch in den meisten Fällen schon verfälscht würde. Eine Untersuchung nach dieser Richtung auf Grund des Polizeistrafregisters hat jedoch ergeben, daß diese Behauptung nicht richtig ist. Unter den 58 ländlichen Milchlieferanten befinden sich nämlich 49 Bestrafte, die zu den „ländlichen Einbringern" zählen. Diese sind Milchhändler, die auf dem Lande wohnen und einige Kühe halten, in der Hauptsache aber Milch zukaufen, diese täglich mit dem Fuhrwerk in die Stadt bringen und dort selbst vertreiben. Diese Gruppe von Milchlieferanten wurde bereits früher näher geschildert. Bei den Strafen bis 10 ℳ handelt es sich übrigens bei den ländlichen Lieferanten hauptsächlich um unsauberes Kannenmaterial, während bei allen Bestraften höhere Strafen mindestens wegen Wässerns der Milch oder Entnahme von Rahm erkannt werden mußten. Zum nicht geringen Teil sind bereits Vorstrafen vorhanden.

Was die Kontrolle der Kindermilchanstalten anbelangt, so muß gesagt werden, daß hierbei befriedigende Resultate zutage treten. Namentlich wird die allein unter der Kontrolle des Ortsgesundheitsrates stehende Milchkuranstalt E. Birkenmeier ausnahmslos lobend erwähnt. Nach den genauesten Wahrnehmungen liefern diese Anstalten eine Milch mit einem durchschnittlichen Gehalt von 12,2 % Trockensubstanz und 3,3—4 % Fett.

Vierter Abschnitt.

Der Milchverbrauch.

I. Der Milchverbrauch in der Stadt.

Mit steigender Einwohnerzahl nimmt auch die Milchversorgung einer Stadt verschiedene Formen an. In der Hauptsache lassen sich drei verschiedene Entwicklungsphasen feststellen. Entweder wird der Milchverbrauch durch den Viehstand in der Stadt selbst gedeckt, wobei ein etwaiger Milchüberschuß nach anderen Orten versendet oder zu Molkereierzeugnissen verarbeitet und dann weiter verfrachtet wird, oder, was die zweite Möglichkeit ist, der Milchbedarf übersteigt die städtische Milcherzeugung, kann aber noch durch Zufuhren aus den Orten der nächsten Umgebung gedeckt werden und schließlich kann die dritte Versorgungsart vorliegen, wonach der Milchbedarf weder durch die Erzeugung des städtischen Viehstands, noch durch die Zufuhren aus der benachbarten Umgebung, sondern nur durch Hereinziehung entfernt gelegener Gebiete gedeckt werden kann.

1. Die Erzeugung im Stadtgebiet.

Die Milchversorgung ausschließlich durch den eigenen Viehstand hat in Karlsruhe zweifellos nie bestanden, im Gegensatz zu vielen anderen Großstädten, die noch bis zu Beginn des vorigen Jahrhunderts hinein ein ziemlich abgeschlossenes Wirtschaftsgebiet mit Selbsterzeugung der eigenen Bedürfnisse darstellten. Während in diesen Städten ein großer Teil der Bevölkerung sich mit Landwirtschaft befaßte und nicht nur den eigenen Milchbedarf, sondern auch noch darüber hinaus zum Verkaufe produzierte, war in Karlsruhe schon seit Gründung der Stadt (1715) mangels genügender landwirtschaftlich benutzbarer Bodenfläche die Viehhaltung kaum nennenswert und hat erst später mit fortschreitender Ausrodung und Nutzbarmachung des umliegenden Waldgeländes und dem Erwerb von benachbarten Gemarkungen stetig zugenommen. Zuverlässige Aufzeichnungen über den Viehbestand liegen seit dem

Jahr 1861 vor. Nachfolgende Übersicht gibt über die Entwicklung seit diesem Jahr Aufschluß.

Jahr	Zahl der Kühe	Zahl der Einwohner	Auf 1000 Einwohner entfallen Kühe
1861	77	27 640	2,79
1864	73	29 371	2,49
1868	114	31 949	3,57
1870	108	36 582	2,95
1875	103	42 927	2,40
1880	100	49 301	2,02
1885	83	56 959	1,45
1890	355	73 684	4,82 [1]
1895	364	84 030	4,33
1898	429	90 608	4,73
1901	421	98 979	4,25
1905	476	111 580	4,27
1907	844	124 904	6,76 [2]
1908	830	128 794	6,44

In dem Zeitraum von 1861—1885 erreicht das Jahr 1868 die höchste Ziffer im Kuhbestand mit 114 Stück oder 3,57 Stück auf 1000 Einwohner. Es folgte darauf ein starker, auch relativer Rückgang der Viehhaltung. Erst die Einverleibung von Mühlburg im Jahre 1890 mit 156 Kühen und jene der Orte Beiertheim, Rüppurr und Rintheim im Jahre 1907 mit zusammen 472 Stück verursachte ein augenblickliches Anwachsen der Zahl der Kühe; aber schon das Jahr 1908 läßt wieder einen Rückgang erkennen.

Steht die Zahl der für die Milcherzeugung in der Stadt in Betracht kommenden Tiere fest, so läßt sich die Höhe des Milchertrags auf Grund der tatsächlichen Milchergiebigkeit der Melktiere berechnen. Allerdings muß man dabei in Betracht ziehen, daß diese Eigenschaft in hohem Maße wieder von der individuellen Veranlagung, der Pflege, Haltung und Fütterung der Tiere abhängig ist und deshalb gewissen Schwankungen unterliegt. Es läßt sich aus diesen Gründen der gesamte Milchertrag auch nur schätzungsweise ermitteln, um so mehr als bei den kleineren Besitzern der Vororte zuverlässige Unterlagen zur Feststellung des Leistungsvermögens ihres Milchviehs überhaupt fehlen und derartige Aufzeichnungen auch von den Milchkuranstaltsbesitzern ungemein schwer erhältlich sind.

[1] Einverleibung von Mühlburg mit 156 Kühen.

[2] Einverleibung von Rüppurr mit 218 „
„ „ Beiertheim „ 118 „
„ „ Rintheim „ 136 „

Bei mehreren kleineren Besitzern fanden sich indes genaue Angaben vor und auch einige Milchkuranstaltsbesitzer stellten ihre genauen Aufzeichnungen zur Einsichtnahme zur Verfügung. Daraus ging hervor, daß pro Tag und Kuh durchschnittlich in den Milchkuranstalten 2—5 l Milch mehr ermolken werden, als bei den kleinen Besitzern, deren Milchvieh zum größten Teil auch noch Gespannarbeiten leisten muß.

Als Durchschnittsertrag für das gesamte Stadtgebiet dürfen nach unseren Erkundigungen 3300 l pro Kuh und Jahr angenommen werden.

Außer den Kühen kommen noch die Ziegen als milchgebende Tiere in Betracht. Nach den amtlichen Viehzählungen war der Stand der milchgebenden Ziegen (Geißen) folgender:

Jahr	Zahl der Geißen	Einwohner	Auf 1000 Einwohner entfallen Geißen
1890	212	73 684	2,88
1895	195	84 030	2,32
1898	179	90 608	1,98
1901	123	98 979	1,24
1905	155	111 580	1,39
1907	497	124 904	3,98[1]
1908	491	128 794	3,81

Der Jahresmilchertrag einer Ziege kann durchschnittlich auf 450 l[2] angenommen werden.

Auf diese Weise berechnet sich der gesamte Milchertrag im Weichbild der Stadt Karlsruhe im Jahre 1908 wie folgt:

Art der milchgebenden Tiere	Zahl der Tiere	Milchertrag		
		durchschnittlich pro Stück Liter	im ganzen Hektoliter	pro Tag Liter
Kühe	830	3300	27 390	7504
Ziegen	491	450	2 210	605
Zusammen	1321	—	29 600	8109

[1] Einverleibung von Rüppurr mit 188 Stück
„ „ Beiertheim „ 81 „
„ „ Rintheim „ 102 „

[2] Fleischmann, Lehrbuch der Milchwirtschaft, § 36.

Der Gesamtmilchertrag pro Jahr innerhalb der Stadt Karlsruhe beträgt hiernach 29 600 hl oder pro Tag 8109 l, wovon die Kühe 93 %, die Ziegen 7 % liefern.

2. Die Milchzufuhr auf den Landstraßen.

Zur Feststellung derjenigen Milchmenge, welche durch ländliche Einbringer durch Fuhrwerke in die Stadt gefahren wird, wurde am 19. November 1908 eine genaue Erhebung an sämtlichen Zufahrtsstraßen veranstaltet. Gleichzeitig wurden bei den Bürgermeisterämtern der in Betracht kommenden Gemeinden Erkundigungen eingezogen. Diese von beiden Seiten unabhängig voneinander gemachten Erhebungen führten zu einem ziemlich genau übereinstimmenden Ergebnis. Danach betrug die tägliche Milchzufuhr auf Landstraßen insgesamt 12 840 l, welche durch 92 Einbringer aus 17 Gemeinden eingeführt wurden.

Nachstehende Tabelle gibt eine Übersicht über den Milchverkehr auf den Landstraßen hinsichtlich der Entfernung, Zahl der Einbringer und Größe der Zufuhren.

Zone	Entfernung Kilometer	Herkunftsort	Zahl der Liter	Zahl der Liter nach Zone	Zahl der Einbringer
I 0 bis unter 5 km	4	Bulach	1 200	1 200	22
II 5 bis unter 10 km	6	Scheibenhardt . . .	750		1
	6	Teutschneureut . . .	1 100		6
	6	Welschneureut . . .	450		7
	6	Daxlanden	420		6
	6	Aue	150		1
	6	Knielingen	1 725		12
	7	Wolfahrtsweier . .	30		1
	8	Grötzingen. . . .	2 560		10
	8	Eggenstein	705		10
	9	Hohenwettersbach. .	1 460		1
	9	Lambrechtshof . . .	350		1
	9	Büchig	200		3
	9	Forchheim	560	10 460	4
III 10 bis unter 15 km	10	Batzenhof	400		1
	10	Blankenloch	400		3
	12	Söllingen	380	1 180	3
			12 840	12 840	92

Der am weitest entfernt gelegene Ort, von dem aus per Achse noch Milch nach Karlsruhe zum Versand kommt, ist Söllingen (Amt

Durlach), mit 12 km. Teilt man dieses Zufuhrgebiet in Zonen von 5 km Breite ein, so kommen aus der nächsten Umgebung

Zone unter 5 km	1 200 l	=	9 %
aus der Zone von 5—10 km	10 460 l	=	82 „
aus der Zone von 10—15 km	1 180 l	=	9 „

Es liefern somit die Orte der allernächsten Umgebung mit einer Entfernung von 5—10 km rund 82 % der gesamten Milchmenge, welche auf den Landstraßen eingeführt wird.

3. Die Milchzufuhr auf der Eisenbahn.

Um ein genaues Bild der durch die Eisenbahn zugeführten Milchmenge zu erhalten, wurde durch die in Betracht kommenden Eisenbahndirektionen gleichzeitig auf sämtlichen Karlsruher Empfangsstationen an drei im voraus bestimmten Tagen, und zwar am 17., 19. und 21. November 1908, der Milcheingang festgestellt.

Das Ergebnis dieser Erhebung ist geordnet nach Versandstationen unter Angabe der angelieferten Milchmenge in Anlage 8 zusammengestellt[1].

Danach beträgt die ganze Bahnzufuhr täglich im Durchschnitt 44 029 l, woran sich 75 Versandstationen beteiligen. Davon liefert:

Baden	39 507 l	=	89,7 % der Gesamtzufuhr
Württemberg	1 172 l	=	2,7 „ „ „
bayerische Pfalz	3 180 l	=	7,2 „ „ „
Elsaß	170 l	=	0,4 „ „ „

Als äußerste Grenze für die Karlsruher Milchzufuhr kann gegenwärtig eine Entfernung von 60 km angesehen werden. Es kommt zwar täglich Milch aus der 92 km entfernt gelegenen württembergischen Gemeinde Altensteig; doch ist das tägliche Bezugsquantum von 55 l unbedeutend und es läßt sich auch nicht bestimmt voraussagen, daß man es hier mit regelmäßigen Lieferungen zu tun hat.

Die Verteilung des Milchempfangs auf die einzelnen Zonen ist folgender Zusammenstellung zu entnehmen:

[1] Vgl. dazu auch die am Schlusse beigefügte Karte.

Entfernungszone in Kilometern	Zahl der Stationen	Menge der Zufuhr in Litern	Prozent	Davon aus			
				Baden	Württemberg	bayer. Pfalz	Elsaß
I 0 bis unter 10	4	1 486	3,4	1 486	—	—	—
II 10 „ „ 20	23	19 587	44,5	19 587	—	—	—
III 20 „ „ 30	15	6 636	15,1	5 956	—	680	—
IV 30 „ „ 40	15	6 705	15,2	5 630	345	560	170
V 40 „ „ 50	10	5 595	12,7	3 760	215	1620	—
VI 50 „ „ 60	7	3 965	9,0	3 088	557	320	—
VII 92	1	55	0,1	—	55	—	—
Zusammen	75	44 029	100	39 507	1172	3180	170

Das Schwergewicht der Milchversorgung liegt demnach in Zone II, aus der allein 44,5 %, also nahezu die Hälfte sämtlicher Bahnmilch, eingeliefert werden. Wird noch Zone III und IV zugezogen, so liefert der Gürtel von 10—40 km Entfernung 74,8 % sämtlicher ankommenden Bahnmilch.

Hinsichtlich der Beteiligung der Karlsruher Bahnhöfe am Milchempfange soll folgende Zusammenstellung Aufschluß geben:

Bahnhöfe	17. November Liter	19. November Liter	21. November Liter	Zusammen Liter	Durchschnitt Liter
a) Auf der Großh. Staatsbahn:					
Karlsruher Hauptbahnhof . .	25 673	25 560	25 477	76 710	25 570
Karlsruhe Mühlburger Tor .	9 163	9 218	9 235	27 616	9 205
„ Mühlburg. . . .	1 069	1 023	1 020	3 112	1 037
„ Beiertheim . . .	412	415	427	1 254	418
Sa.	36 317	36 216	36 159	108 692	36 230
b) Auf der Karlsruher Lokalbahn.	7 377	7 698	7 536	22 611	7 537
c) Auf der Albtalbahn . . .	266	260	260	786	262
Gesamtsumme	43 960	44 174	43 955	132 089	44 029

Auf dem Karlsruher Hauptbahnhof trifft der weitaus größte Teil der Milch, nämlich 25 570 l oder 58,8 % der gesamten Bahnzufuhr, ein, während auf dem Bahnhof der Albtalbahn (Kleinbahn) die geringste Menge mit 262 l zur Anlieferung gelangt. Die beiden größten Karlsruher Bahnhöfe, der Hauptbahnhof nebst Mühlburgertorbahnhof beteiligen sich mit zusammen 34 778 l oder 78,9 % an der gesamten Bahnzufuhr. —

Fragen wir schließlich noch nach den verschiedenen Bahnstrecken, welche der Stadt Karlsruhe die Milch zuführen, so gibt uns die nebenstehende Tabelle hierüber Auskunft.

Die Linie Karlsruhe—Heilbronn, nach der geographischen Landesgegend das „Kraichgaugebiet“ genannt, weist die stärkste Bahnzufuhr mit 30,4 % auf, während die Bahnlinien der Rheinebene, das sind Offenburg—Karlsruhe—Heidelberg, Karlsruhe—Graben, Karlsruhe—Winden und Karlsruhe—Röschwoog, sowie sämtliche Nebenbahnen zusammen mit 69,6 % sich beteiligen.

Obwohl diesen amtlichen Feststellungen die weitestgehende Genauigkeit zugebilligt werden muß, dürfte es doch von Interesse sein, das Ergebnis der Erhebung über den gesamten Milcheingang in Karlsruhe während eines größeren Zeitraums mit jener dreitägigen Erhebung in Beziehung zu bringen.

Einen Maßstab und zugleich eine vorzügliche Kontrolle für diesen Vergleich bilden die bahnamtlichen Aufzeichnungen der Versandstationen, die als Grundlage der Milchfrachtberechnungen dienen. Nach Mitteilung der Großh. Generaldirektion wurden auf Grund dieses Rechnungsmaterials im Januar, Februar und März 1909, also in 90 Tagen, nach Karlsruhe verfrachtet:

Januar	1 118 753 l
Februar	1 073 679 l
März	1 120 536 l
Zusammen	3 312 968 l

oder durchschnittlich pro Tag 36 810 l. Nach der veranstalteten Erhebung wurden auf der Großh. Staatsbahn zusammen täglich durchschnittlich 36 230 l, also 580 l oder $1^1/_2$ % weniger angeliefert. Diese Differenz ist ganz unerheblich und läßt sich durch die Bevölkerungszunahme während des Zeitraums von $^1/_4$ Jahr wohl erklären.

Milchzufuhr auf der Eisenbahn.

Entfernungszonen Kilometer	Bahnlinien							Zusammen
	Offenburg-Karlsruhe-Heidelberg Liter	Karlsruhe-Graben-Neudorf Liter	Karlsruhe-Heilbronn Liter	Karlsruhe-Mühlacker Liter	Karlsruhe-Winden Liter	Karlsruhe-Röschwoog Liter	Karlsruher Nebenbahnen (Albtal- und Spöck-Durmsheim) Liter	
I 0 bis unter 10	—	66	—	180	260	—	980	1 486
II 10 „ „ 20	2905	4505	720	445	290	3810	6912	19 587
III 20 „ „ 30	240	1560	4 060	—	680	—	96	6 636
IV 30 „ „ 40	2405	—	2 910	60	560	730	40	6 705
V 40 „ „ 50	600	320	3 050	110	1620	—	—	5 700
VI 50 „ „ 60	280	—	2 423	942	—	—	—	3 645
VII 60 „ „ 70	—	—	215	—	—	—	—	215
über 70	—	—	—	55	—	—	—	55
Sa.	6430	6451	13 378	1792	3410	4540	8028	44 029
Anteil in Prozent . .	14,6	14,7	30,4	4,1	7,7	10,3	18,2	100

4. Gesamtverbrauch.

Nachdem wir die verschiedenen Arten der Herkunft der Milch festgestellt haben, läßt sich nunmehr ein Gesamtüberblick gewinnen. Nach Entfernungszonen geordnet, verteilt sich die tägliche Gesamtmilchmenge wie folgt:

Entfernungszone	Eigengewinnung	Achsenzufuhr	Eisenbahnzufuhr	Zusammen	In Prozent
I. Eigene Produktion	8109	—	—	8 109	12,5
II. Einfuhr:					
I 0 bis unter 10 km	—	11 660	1 486	13 146	20,2
II 10 „ „ 20 „	—	1 180	19 587	20 767	32,0
III 20 „ „ 30 „	—	—	6 636	6 636	10,2
IV 30 „ „ 40 „	—	—	6 705	6 705	10,3
V 40 „ „ 50 „	—	—	5 595	5 595	8,6
VI 50 „ „ 60 „	—	—	3 965	3 965	6,1
über 60 „	—	—	55	55	0,1
Zusammen	8109	12 840	44 029	64 978	100
Anteil in Prozent...	12,5	19,8	67,7	100	—

Über die Hälfte (52,2 %) des Karlsruher Milchbedarfs kommt somit aus der I. und II. Zone, also aus einer Entfernung bis zu 20 km. Der Gesamtmilchverbrauch berechnet sich wie folgt:

1.	Erzeugung im Stadtgebiet	8 109 l	12,5 %
2.	Milchzufuhr auf Landstraßen	12 840 l	19,8 „
3.	Milchzufuhr auf der Eisenbahn	44 029 l	67,7 „
	täglicher Gesamtverbrauch	64 978 l	100 %

Für das Jahr berechnet sich hieraus der Gesamtverbrauch von etwa 23,7 Millionen Liter, der einen Verkaufswert von rund 5,2 Millionen Mark repräsentiert[1]. Bei einem täglichen Milchverbrauch von 64 978 l entfallen bei einer Einwohnerzahl von 128 794[2] auf den Kopf der Bevölkerung 0,501 l. Mit diesem durchschnittlichen Verbrauch steht Karlsruhe obenan. Es wurde nämlich der tägliche Milchkonsum in nachstehend bezeichneten Städten wie folgt berechnet[3]:

[1] Der November, welcher der ganzen Erhebung zugrunde gelegt wurde, ist allerdings ein Monat mit besonders starker Zufuhr, deshalb dürfte der hieraus berechnete Gesamtverbrauch von 23,7 Mill. Liter den tatsächlichen Verbrauch wohl nicht unerheblich übersteigen.

[2] Nach der fortgeschriebenen Bevölkerung.

[3] Beukemann und Sieveking, Deutsche Gemeindezeitung vom 12. September 1903. – A. Creuzbauer, Die Versorgung Münchens mit Lebensmitteln. München 1903.

Berlin—Charlottenburg—Schöneberg—Rixdorf (1903)	auf	0,297 l
Dresden (1902)	„	0,301 l
München (1901)	„	0,370 l
Elberfeld (1901)	„	0,371 l
Altona—Hamburg—Wandsbeck (1902)	„	0,375 l
Hamburg (1902)	„	0,400 l
Zürich (1903)	„	0,416 l
Heidelberg (1904)	„	0,500 l

Die jährlichen Ausgaben für Trink- und Kochmilch auf den Kopf der Bevölkerung berechnet für Bayern Dr. Arnold[1]:

Mittelstädte	16,82 ℳ
größere Städte	24,10 „
Großstädte	24,98 „
Städte zusammen	22,93 „

5. Die Milchkonsumenten.

Der städtische Konsument kann verlangen, daß die Milch unverfälscht sowie in frischem und gesundem Zustande in seine Hände gelangt. Er sollte in erster Linie das entscheidende Wort sprechen und Milch, die seinen Anforderungen nicht entspricht, zurückweisen. Zum mindesten sollte man vom Konsumenten verlangen dürfen, daß, wenn von seiten der Produzenten und Milchhändler alle Maßnahmen getroffen sind, um eine einwandfreie Milch an den Konsumenten zu bringen, ihm die Pflicht obliegt, auch seinerseits in seinem eigenen Interesse zur Frischerhaltung der ihm gut gelieferten Milch beizutragen. Dies setzt eine gute Behandlung der Milch im Haushalt voraus. Leider sieht es aber hier beim Konsumenten im allgemeinen recht bedenklich aus.

Es ist ja unangenehm, hier die Tatsache vermerken zu müssen, daß ein großer Teil unserer Karlsruher Hausfrauen der Milch die allerwenigste Beachtung im Einkauf schenkt, dieselbe gewohnheitsgemäß vom „Milchmann“ bezieht, und nur, wenn sie sauer wird, Veranlassung nimmt, dies dem Milchmanne zu bemerken. Es herrscht das Bestreben vor, die Milch möglichst billig zu beziehen, die Menge ist die Hauptsache, die Güte kommt erst in zweiter Linie in Betracht. Daß diese Art des Einkaufs zu Fälschungen verleiten muß, liegt auf der Hand. Von der

[1] Ph. Arnold, Die Milchwirtschaft in Bayern. Heft 78 der Beiträge zur Statistik des Königreichs Bayern, S. 106.

Güte und voraussichtlichen Dauerhaftigkeit der Milch könnte sich die Hausfrau sehr leicht durch die sogenannte Alkoholprobe überzeugen, die weit empfindlicher ist als die Kochprobe. Aber davon wird in 100 Fällen vielleicht einmal Gebrauch gemacht. Es gibt noch ein einfacheres Mittel, um zu prüfen, ob die Milch auch süß ist — blaues und rotes Lakmuspapier — aber auch das wird im Haushalt nicht angewendet. Der Konsument überläßt die Wahrnehmung seiner Interessen der Polizei und glaubt, daß damit alles gut sei.

Zur wärmeren Jahreszeit sind die Klagen über das Sauerwerden der Milch groß. Mag dies auch zum großen Teil mit der ganzen Art des Milchvertriebs durch den Zwischenhandel zusammenhängen, so darf doch nicht ohne weiteres der Milchlieferant dafür verantwortlich gemacht werden. Es sollte auch der Behandlung der Milch im Haushalt selbst größere Beachtung geschenkt werden. Die geringste Anforderung, welche an den Konsumenten für die Frischerhaltung der Milch unbedingt gestellt werden muß, ist die, daß er die Milch in einem sauberen, verschlossenen und für diesen Zweck gehaltenen Topf kühl aufzubewahren hat.

In diesem Punkte liegt noch viel im argen. Milchhändler und Milchkutscher können nichts Rühmliches über die Reinlichkeit der Milchgefäße aussagen und wie oft steht die Milch stunden-, ja halbtagelang in der heißen Küche oder in der Nähe des heißen Herdes.

Wenn man der Milch nur dieselbe Sorgfalt zukommen lassen möchte wie dem Bier, dann wäre schon ein großer Schritt vorwärts getan.

Für die hygienisch gewonnene Milch zeigt die Allgemeinheit des Karlsruher Publikums noch kein richtiges Verständnis. Als die Karlsruher Milchzentrale den Preis für diese Milch und ebenso für die Flaschenmilch um 2 ₰ für den Liter erhöhen mußte, stellte ein großer Teil der Kundschaft, besonders aus den wohlhabenden Kreisen, den Milchbezug ein. Der Verkauf der Flaschenmilch bürgert sich aber dennoch langsam ein. Die Vorzüge der Flaschenmilch gegenüber dem offenen Kannenausschank in bezug auf Schutz gegen Verunreinigung sind allgemein bekannt.

Über den Ordnungssinn des Dienstpersonals der städtischen Haushaltungen in bezug auf Rückgabe der Flaschen wird empfindliche Klage geführt. Zum Beweis dafür darf man nur einmal in einem Milchwagen die leeren Flaschen betrachten, die von den Haushaltungen zurückgegeben werden. Statt nach Gebrauch die Flaschen mit Wasser auszuspülen und am nächsten Tage zurückzugeben, läßt man sie oft tagelang in der Küche stehen und verabfolgt sie dann mit dicken Milchresten an den Wänden und am Boden bei ekelerregendem Geruch gelegentlich dem Milchkutscher.

In dieser Beziehung könnte der städtische Milchkonsument dem Milchlieferanten das Geschäft sehr erleichtern.

Zu einer wesentlichen Verbilligung des Milchvertriebs könnten die Abnehmer auch beitragen, wenn sie sich dazu verstehen könnten, die Milch zu bestimmten Zeiten auf der Straße von dem sogenannten Verkaufswagen abzuholen. Dadurch würde sich der Milchvertrieb wesentlich vereinfachen und damit rascher abwickeln. Aber hier wenden die Hausfrauen, welche über ein Dienstmädchen nicht verfügen, sofort ein:

„Wenn ich des Morgens den Mann zur Arbeit, die Kinder zur Schule ausgerüstet habe und der Milchmann kommt um acht Uhr, dann bin ich noch nicht straßenfähig angezogen, und ich kann doch nicht im Negligé in Wind und Wetter auf der Straße stehen und warten, bis die Reihe an mir ist. Außerdem würde die Milch auch durch Regen und Staub verunreinigt werden."

Es ist allerdings viel bequemer, wenn der Milchmann selbst in die Wohnung kommt, er ist auch gefällig, besorgt dies und jenes und bringt manche Neuigkeit mit. Man sieht, es gilt hier, neben einer planmäßigen Aufklärungsarbeit, die im Verein für Volksbildung, Arbeiterfortbildungsverein usw. durch Vorträge und praktische Demonstrationen geleistet werden könnte, in der Hauptsache noch die Feinde zu bekämpfen, die sich ganz harmlos ansehen, aber doch die größten Gegner jedweden Fortschritts sind: Gewohnheit und Bequemlichkeit[1]!

II. Die Volksernährung im Milchversorgungsgebiet.

Eine auffällige Erscheinung ist es, daß im Untersuchungsgebiet trotz der starken Bevölkerungszunahme (41,9 % von 1885 bis 1910), wobei allerdings die Städte Karlsruhe, Bruchsal, Durlach und Rastatt mitgezählt sind, der Bestand an Kühen nur in ganz geringem Maße gewachsen ist.

Es drängt sich deshalb die Frage auf, ob und in welchem Maße bei der ländlichen Bevölkerung des Milchversorgungsgebiets ein Rückgang im Milchverbrauch eingetreten ist. So ist namentlich Kaup[2] auf Grund seiner Untersuchungen, denen ein reicher, aus Zeit-

---

[1] In allerletzter Zeit hat die Karlsruher Milchzentrale eine ganz moderne Vertriebsart, nämlich den Milchausschank auf der Straße durch Kuchlerwagen (Patent Kuchler-München), eingeführt. Diese Vertriebsart hat bedeutende Vorzüge und dürfte geeignet erscheinen, den städtischen Milchverschleiß in ganz andere Bahnen zu leiten.

[2] Kaup, Ernährung und Lebenskraft der ländlichen Bevölkerung. Tatsachen und Vorschläge. Heft 6 der Schriften der Zentralstelle für Volkswohlfahrt. Berlin 1910.

schriften und Veröffentlichungen gesammelter Stoff zugrunde liegt, zu dem Ergebnis gekommen, daß die schnelle Entwicklung der Städte und die Ausgestaltung des Verkehrswesens auf dem Lande aus Unkenntnis einer richtigen Ernährungsweise und durch einseitige Rücksichtnahme auf den Gelderwerb eine zu starke Entäußerung der eigenen Erzeugnisse, namentlich der Milch veranlaßt und dadurch in manchen Gebieten eine gesundheitsbedenkliche Verschlechterung der Ernährungsweise bewirkt hätte. Diese bedauerlichen Ursachen müßten zu einer Verminderung der konstitutiven Kraft der ländlichen Bevölkerung führen, wie dies in einzelnen Gebieten des Reichs bereits nachgewiesen sei. Eine ausführliche Beschreibung der badischen Verhältnisse fehlt allerdings in dem Kaup'schen Werke. Wir halten auch die von dem Verfasser vorgenommene Berechnung derjenigen Milchmenge, die zur Ernährung der ländlichen Bevölkerung zur Verfügung steht, für eine gewagte, statistische Aufstellung, die lediglich auf Schätzungen und Annahmen sich aufbaut [1]. Es braucht deshalb auch nicht weiter aufzufallen, daß Kaup immer wieder zur Überzeugung kommt, es wäre mit der Volksernährung auf dem Lande weit besser bestellt, wenn die Landwirte keine Gelegenheit mehr hätten, so viel Milch an ihre Molkereien oder durch dieselben in die Stadt zu liefern. In ihnen erblickt Kaup die schlimmsten Gefahren für das Volkswohl [2].

Über die badischen Verhältnisse äußerten sich Riehm, Häcker und Sänger auf dem XXI. deutschen landwirtschaftlichen Genossenschaftstag im Jahre 1905 [3]. Häcker wies unter anderem darauf hin, daß die Molkereien viele Gegner haben. Außer den offiziellen Zentrifugentötern gibt es auch noch andere. Es ist jetzt nahezu modern geworden, gegen die Molkereien zu reden. Es gibt Ortschaften, wo gewisse Herren, wie Beamte, Gendarmen usw. sagen: früher haben wir für einen Nickel einen großen Topf voll Milch bekommen, jetzt, wo die Molkerei gegründet ist,

[1] Kreuzzeitung Nr. 561 vom 1. Dezember 1910.

[2] Derartige Anklagen gegen die Molkereien und neuerdings in erhöhtem Maße gegen die Milchabsatzgenossenschaften werden immer wieder von neuem erhoben, ohne daß ein beweiskräftiges Material dafür erbracht wird. Vor einigen Jahren hat schon der „Deutsche Verein für ländliche Wohlfahrts- und Heimatpflege“ auf die „Unterernährung der Landbewohner, insbesondere der Landkinder“ hingewiesen. (Vgl. hierzu Geh. Ökonomierat Petersen-Eutin in der Illustrierten landw. Zeitung Nr. 13 vom 12. Februar 1908 auch Molkereizeitung Berlin Nr. 7 vom 15. Februar 1908.)

[3] Jahrbuch des Reichsverbands der deutschen landw. Genossenschaften für 1905, S. 147 ff.

erhalten wir genau einen Liter Milch und müssen mehr dafür bezahlen. Sofort ist die Gegnerschaft da. Ja, man liest und hört sogar, daß es in den betreffenden Orten vom Augenblick der Errichtung der Molkerei an keine Soldaten und keine ordentlichen Kälber mehr gibt. Sänger erklärte als praktischer Landwirt: „in meiner Heimatgemeinde ist die Viehzucht nicht nur durch die Errichtung der Molkerei gehoben worden, ist überhaupt durch die Gründung der Molkerei erst gekommen" und hinsichtlich der Volksernährung führte er aus:

„Stellen wir uns doch einmal die Sache in der Praxis vor, wie die sogenannte Volksernährung, soweit sie hier in Betracht kommt, vor sich geht. Es ist bekannt, was der Bauer unter Kaffee versteht. Denn nur als „Kaffee" genießt er Milch, Milch für sich allein trinkt er nie. Ganz anders aber ist es in der städtischen Familie, in die der Bauer als Hausfreund kam. Er bekam schlechten Kaffee und machte der Hausfrau das Kompliment: Ihr Kaffee hat eine Licht- und eine Schattenseite, die Lichtseite ist die, daß keine Zichorie drin ist, und die Schattenseite ist die, daß kein Kaffee drin ist. So ist es gewöhnlich auch im Bauernhause; dafür sind aber 4/5 oder gar 9/10 Milch in dem sogenannten Kaffee. Bei uns sagen die meisten Bauersfrauen, daß sie jetzt viel besseren „Kaffee" trinken als früher. Früher war es Usus, morgens die Milch hinzustellen, abends den Rahm abzuschöpfen und dann die zum Teil abgerahmte Milch zu kochen oder umgekehrt, vom Abend zum Morgen. Jetzt aber verwenden sie die Milch, die sie zum Kaffee haben wollen, wie sie die Kuh gibt und schicken was übrig in die Molkerei."

In unserm Beobachtungsgebiet haben, soweit der Verfasser im Benehmen mit maßgebenden Persönlichkeiten und aus eigener Erfahrung heraus feststellen konnte, Änderungen in der Ernährung der Landbevölkerung innerhalb der letzten 20—25 Jahre allerdings stattgefunden. Die Milch- und Butternahrung und auch der Genuß von Mehlspeisen ist zurückgegangen, aber dafür wird mehr Fleisch gegessen. Mit einer Rahm- bezw. Milchsuppe und dazu Kartoffeln und Milch (süße oder saure), welche das alltägliche Abendessen bei Bauersleuten von alters her bildete, sind heute unsere Dienstboten nicht mehr zufrieden. Notgedrungen muß die Bauersfrau für Abwechslung sorgen und bringt mindestens 2—3 mal in der Woche zum Abendessen Salat mit Wurst, Fleisch, Rauchfleisch, harte Eier usw. Gibts einmal wieder Suppe, Kartoffeln und Milch, dann kann man lange Gesichter am Tische sehen. Ähnlich ist es mit dem 9 Uhr- und 4 Uhr-Brot. Früher erhielt das Gesinde höchstens 1 Schoppen Most (Apfelwein) und dazu wurde der

Laib Brot hingelegt. Heute muß schon eine Flasche gegeben werden und zum Brot entweder Käse, Wurst, Fleisch oder auch mal Häring. Aber auch hier muß die Hausfrau für geschickte Abwechslung sorgen. Zum Kaffee am Morgen gab es früher keinen Zucker, heute hat sich der Zuckergenuß sehr eingebürgert. Bei den Mittagsmahlzeiten ist man gezwungen — wenigstens dort, wo man Dienstboten hält — an Stelle der Mehl- und Milchspeisen, die früher im Küchenzettel vorherrschten, mehr Fleisch mit Gemüse (mindestens 3 mal wöchentlich) zu bringen. Zu Zeiten strenger Arbeit gibt es vielfach jeden Tag Fleischkost. Zu Mehlspeisen wird ganz entschieden mehr Obst genossen (gedämpftes im Sommer und Dürrobst im Winter). Die Zubereitung der Speisen ist auch eine bessere geworden. Es werden auch mehr Hausschlachtungen vorgenommen, wie dies aus folgenden Zahlen für das ganze Großherzogtum hervorgeht:

Jahr	Zum häuslichen Gebrauch geschlachtet			
	Kälber	Großvieh	Schweine	Ziegen
1898 . . .	479	1277	191 130	11 576
1910 . . .	1245	1341	201 237	18 634

Der Genuß von proteïn- und fettreichen Leguminosen, wie Bohnen, Erbsen und Linsen, hat bedeutend zugenommen. Allerdings hat die Verwendung von Butterfett im Haushalt durch den hohen Preis desselben abgenommen. Dafür wird in starkem Maße Schweine- und Nierenfett zu Kochzwecken verwendet. Der Wert der Gemüse wird höher eingeschätzt und in zunehmendem Maße wird durch die verschiedensten Aufbewahrungsmethoden Vorsorge getroffen, daß auch im Winter Abwechslung in das Einerlei des Tisches kommt. Dagegen ist nicht in Abrede zu stellen, daß der Verbrauch von Bier in den Landgemeinden zugenommen hat. Namentlich in Industriegegenden kann man beobachten, daß der Landwirt zuweilen auch Werktag abends ausgeht, während er dies früher nur an Sonntagnachmittagen zu tun pflegte.

Inwieweit nun allerdings diese Änderungen auf das Gedeihen der Landjugend einen Einfluß ausüben, das zu untersuchen, würde über den Rahmen der vorliegenden Arbeit hinausgehen. Doch wäre es im Interesse einer Klärung dieser hervorragenden volkswirtschaftlichen und nationalen Frage gelegen, wenn gründliche Untersuchungen darüber bei uns in Baden angestellt würden; solche Untersuchungen sind aber unseres Erachtens nur möglich, wenn sie auf amtlichem Wege erfolgen.

Fünfter Abschnitt.

Der Milchpreis.

Nach den Aufzeichnungen des Großh. Badischen Statistischen Landesamts betragen die monatlichen Durchschnittspreise für 1 l Vollmilch in Karlsruhe:

Monatliche Durchschnittspreise für 1 l Vollmilch in Karlsruhe.

Jahr	Jan. ₰	Febr. ₰	März ₰	April ₰	Mai ₰	Juni ₰	Juli ₰	Aug. ₰	Sept. ₰	Okt. ₰	Nov. ₰	Dez. ₰
1897	18	18	18	18	18	18	18	18	18	18	18	18
1898	18	18	18	18	18	18	18	18	18	18	18	18
1899	18	18	18	18	18	18	18	18	18	18	18	18
1900	18	18	18	18	18	18	18	18	18	18	18	18
1901	18	18	18	18	18	18	18	18	18	18	18	18
1902	18	18	18	18	18	18	18	18	18	18	18	18
1903	18	18	18	18	18	18	18	18	18	18	18	18
1904	18	18	18	18	18	18	18	18	18	18	18	18
1905	18	18	18	18	18	18	18	18	**20**	20	20	20
1906	20	20	20	20	20	20	20	20	20	20	20	20
1907	20	20	20	20	20	20	20	20	20	20	20	20
1908	20	20	20	20	20	20	20	20	20	20	20	20
1909	20	20	20	20	20	20	20	20	20	20	20	**21**
1910	**22**	22	22	22	22	22	22	22	22	22	22	22

Danach ist der Milchpreis von 1897 (Beginn der statistischen Erhebungen) bis September 1905 mit 18 ₰ gleichgeblieben. Von da ab, bis Dezember 1909, erhöhte er sich auf 21 und im Januar 1910 erfuhr er eine abermalige Erhöhung auf 22 ₰ [1].

Vergleichen wir den Karlsruher Milchpreis mit demjenigen in den größeren badischen Städten, so ergibt sich folgendes [2]:

---

[1] Im September 1911 trat eine weitere Preiserhöhung auf 24 ₰ ein.

[2] Statistische Mitteilungen über das Großherzogtum Baden 1910. Neue Folge, Bd. III, S. 142/143 bezw. 1911 S. 4.

in	Jahresdurchschnittspreis für 1 Liter Vollmilch													
	1897 ₰	1898 ₰	1899 ₰	1900 ₰	1901 ₰	1902 ₰	1903 ₰	1904 ₰	1905 ₰	1906 ₰	1907 ₰	1908 ₰	1909 ₰	1910 ₰
Mannheim . . .	20	20	20	20	20	20	20	20	20	22	22	22	22	22
Karlsruhe . . .	18	18	18	18	18	18	18	18	19	20	20	20	20	22
Freiburg	18	18	18	18	18	18	18	18	19	20	20	22	22	22
Pforzheim . . .	20	20	20	20	20	20	20	20	20	20	20	20	20	21
Heidelberg . . .	20	20	18	19	18	19	20	20	20	21	22	22	22	23
Konstanz	15	15	15	15	15	16	16	16	16	17	18	18	18	19
Baden	18	18	18	18	18	18	18	18	18	19	20	20	22	22
Offenburg . . .	18	18	18	19	22	22	22	22	22	19	19	20	20	22
Bruchsal	20	18	18	18	18	18	18	18	19	20	20	20	20	20
Lahr	18	18	18	18	20	20	20	20	20	20	20	20	20	22
Rastatt	17	17	17	17	17	17	17	17	17	18	19	20	20	20
Lörrach	20	20	20	20	20	20	20	20	20	20	20	20	20	22
Durlach	17	16	17	18	17	17	17	17	18	20	20	20	20	22
Weinheim . . .	18	18	18	18	20	20	20	20	20	20	20	20	20	20
Villingen . . .	16	16	16	16	16	16	16	16	17	18	18	20	20	20
Ettlingen . . .	20	20	20	20	20	20	20	20	20	20	20	20	20	22
Im Landesdurchschnitt	16,3	17,0	16,7	17,0	17,0	17,0	17,0	17,1	17,1	17,1	18,0	18,0	18,0	20,0

Es geht aus diesen Zahlen zunächst die Tatsache hervor, daß der Karlsruher Milchpreis in noch etwas stärkerem Maße gestiegen ist als der Landesdurchschnittspreis. Denn es betrug:

	1897 ₰	1910 ₰
Milchpreis in Karlsruhe	18	22
Landesdurchschnittspreis	16,3	20

Während in dieser Zeitspanne der Landesdurchschnittspreis sich von 16,3 auf 20 ₰ = 3,7 ₰ gehoben hat, hat der Karlsruher Milchpreis von 18 ₰ auf 22 ₰ = 4 ₰ sich erhöht. Von den oben genannten 16 badischen Städten hatten im Jahr 1897:

6 Städte einen höheren Milchpreis, nämlich 20 ₰
5 „ den gleichen „ „ 18 „
4 „ einen niedereren „ „ 15 bis 17 ₰

dagegen hatten im Jahre 1910:

1 Stadt einen höheren Milchpreis, nämlich 23 ₰
8 Städte „ gleichen „ „ 22 „
6 „ „ niedereren „ „ 19—21 „

Die höchsten Milchpreise wurden im Jahr 1897 mit 20 ₰ in Mannheim, Pforzheim, Heidelberg, Bruchsal, Lörrach und Ettlingen und

1910 mit 23 ₰ in Heidelberg bezahlt. Sehr bezeichnend ist auch, daß die beiden Nachbarstädte von Karlsruhe, nämlich Ettlingen und Pforzheim, schon seit 1897 einen Milchpreis von 20 ₰ hatten und daß derselbe erst im Dezember 1909 auf 21 bzw. 22 ₰ erhöht wurde[1].

Es wären jetzt die Gründe zu untersuchen, aus denen die Preisbewegung im Beobachtungsgebiet sich erklären läßt.

Den Milchpreis in der Stadt bestimmen im wesentlichen die folgenden Faktoren:

1. Die Produktionskosten und der Preis der Milch ab Hof (Produzentenpreis),
2. die Transport- sowie sonstige Unkosten des Vertriebs und der Geschäftsgewinn des Milchhändlers.

Verringern sich die Produktionskosten im Verhältnis zum Preis, so tritt eine Steigerung der Produktion und als deren weitere Folge ein Preisdruck unvermeidlich ein. Vergrößern sich dagegen die Produktionskosten, so müßte auch der Milchpreis in die Höhe gehen, oder aber die Produktion wird eingeschränkt, bis das verminderte Angebot eine Erhöhung des Preises herbeiführt.

Im ersten Falle ist ein längeres künstliches Zurückhalten der Milch vom Verkauf in einer Wirtschaft, die auf Milchlieferung eingerichtet ist, wie wir bereits früher dargetan haben, mit großen Verlusten verbunden. Solange jeder einzelne Produzent vom städtischen Milchhändler oder vom ländlichen Aufkäufer wirtschaftlich abhängig war, kam jeder momentane Milchüberschuß auf Kosten des Produzenten insofern zum Ausgleich, als ihm das überflüssige Quantum entweder gar nicht oder mit einem willkürlichen Preisabzug abgenommen oder teilweise wieder zurückgeschickt wurde. Diese Gelegenheit wurde überdies noch benutzt, um den vereinbarten Milchpreis um ½—1 ₰ zu drücken. Bei eintretender Milchknappheit suchten sich natürlich die Produzenten dafür wieder schadlos zu halten und antworteten mit einem Preisaufschlag.

Mit der Organisierung des Angebots haben die Produzenten es erreicht, daß Übermilch gar nicht der Stadt zugeführt, sondern, soweit

---

[1] Das Statistische Amt der Stadt Frankfurt a. M. hat für eine Reihe größerer Städte die Durchschnittspreise von Milch für März und April 1910 festgestellt, die auch im Reichsanzeiger wiedergegeben sind. Danach haben die Städte München, Dresden, Breslau, Nürnberg, Hannover, Stuttgart, Essen, Magdeburg, Dortmund, Kiel, Halle a. S., Aachen und Lübeck einen um 1—2 ₰ niedrigeren Milchpreis. Berlin, Hamburg, Köln, Frankfurt, Düsseldorf, Charlottenburg, Straßburg, Altenburg, Schöneberg, Mainz, Plauen i. V. den gleichen Milchpreis wie Karlsruhe.

dies geboten erscheint, in ihren Sammelstellen zu Molkereiprodukten verarbeitet wird.

Einen bestimmten Minimalpreis zu verabreden oder zu fordern, war bei der räumlichen Ausbreitung und der Verschiedenartigkeit der landwirtschaftlichen Betriebe sowie bei der Eigenart der zahllosen Betriebsunternehmer für das Karlsruher Milchproduktionsgebiet früher gänzlich undurchführbar. Erst die genossenschaftliche Organisation, die in steter Weiterbildung begriffen ist, hat den Einzelproduzenten instand gesetzt, den Verkaufspreis zu beeinflussen.

Wie haben sich nun die objektiven Preisfaktoren, namentlich die Kosten für Fütterung und Wartung während der letzten Jahrzehnte entwickelt?

Die Methoden der Milchviehhaltung weichen in vielen Variationen voneinander ab. Zwischen der reinen Abmelkwirtschaft und der ausgesprochenen Aufzucht gibt es eine Reihe von Zwischenstufen. Läßt sich deshalb auch nicht ein absoluter Normalsatz der Erzeugungskosten der Milch feststellen, so kann man doch eine relative, steigende Entwicklungstendenz des Wertes der beiden Faktoren, Fütterung und Wartung, feststellen.

Mit den steigenden Getreide- und Kartoffelpreisen ist auch der Preis der künstlichen und natürlichen Futtermittel, der Aufwand für Stallung und Viehhaltung im Laufe der letzten Jahrzehnte höher geworden.

Hinsichtlich der Kauf- und Pachtpreise für Acker- und Wiesenland haben wir früher schon die wesentlichen Preissteigerungen nachgewiesen. Ebenso haben wir auch gezeigt, inwieweit die Abwanderung der ländlichen Bevölkerung und der Mangel an Dienstboten als Folgeerscheinung sich ziffernmäßig feststellen läßt. Über das Steigen der Arbeitslöhne (ohne Kost) in dem Zeitraum von 10 Jahren (1895—1905) gibt die nebenstehende Tabelle Aufschluß.

Danach sind in dem verhältnismäßig kurzen Zeitraum von 10 Jahren bei den Männern die Mindestsommerlöhne

in 3 Amtsbezirken	von	1,50 ℳ	auf	2,50 ℳ	=	67 %
„ 1 Amtsbezirk	„	1,50 „	„	2,— „	=	33 „
„ 2 Amtsbezirken	„	2,— „	„	3,— „	=	50 „

gestiegen, während die Höchstsommerlöhne in 2 Amtsbezirken (Karlsruhe und Durlach) eine Steigerung um 40 % erfahren haben. Die Winterlöhne haben sich in gleicher Weise aufwärts entwickelt.

Durchschnittliche Arbeitslöhne (ohne Kost)[1].

Amtsbezirk	Jahr	Männer im Sommer ℳ	Männer im Winter ℳ	Frauen im Sommer ℳ	Frauen im Winter ℳ
Bretten	1895	1,50—2,00	1,00—1,50	1,00—1,50	0,50—1,00
	1900	2,00—2,50	1,50—2,00	1,50—2,00	1,00—1,50
	1905	2,50—3,00	2,00—2,50	2,00—2,50	1,00—1,50
Karlsruhe	1895	2,00—2,50	1,50—2,00	1,00—1,50	1,00—1,50
	1900	2,00—2,50	1,50—2,00	1,50—2,00	1,00—1,50
	1905	3,00—3,50	2,00—2,50	1,50—2,00	1,00—1,50
Eppingen	1895	1,50—2,00	1,00—1,50	1,00—1,50	0,50—1,00
	1900	2,00—2,50	1,50—2,00	1,00—1,50	0,50—1,00
	1905	2,00—2,50	1,50—2,00	1,50—2,00	1,00—1,50
Rastatt	1895	1,50—2,50	1,50—2,00	1,00—1,50	0,50—1,50
	1900	2,00—2,50	2,00—2,50	1,00—1,50	1,00—1,50
	1905	2,50—3,00	2,00—2,50	1,50—2,00	1,00—1,50
Bruchsal	1895	1,50—2,00	1,00—1,50	1,00—1,50	0,50—1,00
	1900	2,00—2,50	1,50—2,00	1,50—2,00	1,00—1,50
	1905	2,50—3,00	2,00—2,50	1,50—2,00	1,00—1,50
Durlach	1895	2,00—2,50	1,50—2,00	1,00—1,50	1,00—1,50
	1900	2,50—3,00	2,00—2,50	1,50—2,00	1,00—1,50
	1905	3,00—3,50	2,00—2,50	1,50—2,00	1,00—1,50

Auch bei den Frauen läßt sich eine ähnliche Entwicklung wahrnehmen. Die Mindestsommerlöhne sind:

in 5 Amtsbezirken von 1,— ℳ auf 1,50 ℳ = 50 %
„ 1 Amtsbezirk „ 1,— „ „ 2,— „ = 100 „

in die Höhe gegangen.

Den kleinen Landwirt, der in der Regel mit seinen Angehörigen die laufenden Arbeiten bewältigen kann und nur in der arbeitsreichsten Zeit, wie Ernte, Heuet, Dreschgeschäft usw., die Hilfe von Tagelöhnern (in den Morgen- und Abendstunden auch jene von Fabrikarbeitern) in Anspruch nehmen muß, belasten diese erhöhten Arbeitslöhne nicht so empfindlich. In stärkerem Maße klagen die mittleren und größeren Besitzer. Diese leiden in erster Linie unter dem Mangel an brauchbarem Gesinde, obwohl die Löhne der Knechte und Mägde in den letzten Jahrzehnten ganz erheblich in die Höhe gegangen sind.

Nach einer Rundfrage bei den für die Karlsruher Milchversorgung in Betracht kommenden Großbetrieben betrugen die Jahreslöhne in Mark:

[1] Berechnet auf Grund der Nachweisungen im Statistischen Jahrbuch für das Großherzogtum Baden, 28. Jahrg. S. 278/279, 33. Jahrg. S. 282/283 u. 36. Jahrg. S. 326/327.

	Knechte	Mägde	Melker		Knechte	Mägde	Melker
1880 . .	330	100	330	1900 . .	440	240	600
1895 . .	400	150	450	1909 . .	510	300	660

Das sind natürlich Barlöhne. Dazu kommen die vollständige Verpflegung und die Lasten der sozialen Gesetzgebung (Kranken- und Invalidenversicherung), deren Abwälzung auf den Dienstherrn sich im Laufe des letzten Jahrzehnts als ganz selbstverständlich vollzogen hat. In dem Zeitraum der letzten 30 Jahre haben somit die Löhne der

Knechte eine Steigerung von 55 %
Mägde " " " 200 "
Melker " " " 100 "

erfahren.

Die Wirkung dieser Entwicklung hat man im landwirtschaftlichen Betrieb nach Möglichkeit durch Heranziehung der Maschine abzuschwächen versucht, aber bei der Milchproduktion läßt sich die menschliche Arbeitskraft, die dabei eine wichtige Rolle spielt, nicht ersetzen. Die wachsende Schwierigkeit, gerade brauchbares Gesinde zur Pflege des Viehes zu angemessenem Preis zu bekommen, hat schon manchen größeren Landwirt zur Einschränkung seiner Milchviehhaltung veranlaßt[1].

Die Preisbewegung der Kraftfuttermittel seit dem Jahre 1895 läßt sich aus den Notierungen des Genossenschaftsverbandes badischer landwirtschaftlicher Vereinigungen aus folgender Darstellung ersehen.

Preise der Kraftfuttermittel für 100 kg
(nach den offiziellen Preislisten des Genossenschaftsverbandes bad. landw. Vereinigungen in Karlsruhe).

Futterarten	1895 M	1900 M	1903 M	1906 M	1908 M	1911 (Spätjahr) M	Steigerung in Prozent M
Mais	11,00	11,40	13,50	14,20	16,00	17,30	57,2
Futtergerste . . .	12,50	13,00	13,00	13,50	15,80	15,80	26,4
Kleie	6,00	9,00	8,60	9,70	11,00	12,50	108,3
Weizenfuttermehl	10,50	11,00	11,25	12,60	14,00	15,50	47,6
Malzkeime . . .	9,00	9,60	10,20	11,40	12,75	13,80	53,3
Biertreber . . .	9,00	10,50	9,60	11,40	13,50	14,00	55,4
Erdnußkuchen . .	11,20	14,20	14,30	15,30	16,00	17,50	56,1
Sesamkuchen . .	10,50	11,00	11,30	13,50	13,50	14,75	40,5
Palmkuchen . . .	9,50	11,00	11,40	13,60	11,90	15,00	58,0
Leinkuchen . . .	13,50	14,50	14,90	15,30	15,65	19,50	44,5
Rapskuchen . . .	9,60	11,50	11,10	11,50	12,10	12,50	30,3

[1] Wir konnten feststellen, daß in den letzten 5 Jahren 4 größere Gutspächter im Kreis Karlsruhe mit einer täglichen Milchlieferung von 1820 Litern die Milchviehhaltung wesentlich eingeschränkt, zum Teil ganz aufgegeben haben.

Alle Kraftfuttermittel sind im Preise in der 15 jährigen Periode ganz bedeutend gestiegen. Bei der Kleie beträgt die Steigerung sogar 108,3 %. Bei anderen spezifischen Milchfuttermitteln, wie Malzkeime, Biertreber, Erdnuß- und Palmkuchen nahezu 60 %. Erheblich teuerer (57,2 %) wurde auch der Mais, das Weizenfuttermehl (47,6 %), Sesamkuchen (40,5 %) und vor allem die Leinkuchen (große Nachfrage wegen ihrer Bekömmlichkeit und diätetischen Vorzüge). Am wenigsten hat die Futtergerste mit 26,4 % an der Preissteigerung teilgenommen. Auffallend ist die scharfe Aufwärtsbewegung der Preise im Jahre 1906 und im Spätjahr 1911. Damals war die geringe Futtermittelernte im Osten die Ursache, da eben jene von der Trockenheit heimgesuchten Gegenden ihre Futtermittel zurückbehalten haben. Im Spätjahr 1911 machten sich die Nachwirkungen des abnorm heißen Sommers mit seinen traurigen Folgeerscheinungen für den gesamten Futterbau stark fühlbar. Die stürmische Nachfrage nach Kraftfuttermitteln aller Art hat eine außerordentliche Preissteigerung ausgelöst, die allem Anscheine nach längere Zeit anhalten dürfte. Darunter hat natürlich die Milchwirtschaft am empfindlichsten zu leiden.

Die obige Preiszusammenstellung zeigt aber auch, daß sich die Preise der Futtermittel, deren Nähr- und Bekömmlichkeitswert entsprechend, nicht gleichmäßig gestaltet haben. Der Milchproduzent müßte daraus die Konsequenz ziehen, mehr Gerste zu füttern, wenn Kleie und Mais teuer ist und müßte einen Teil der teueren Malzkeime durch das billigere Futtermehl ersetzen, und sollte dem relativ billigeren Ölkuchen mehr Beachtung schenken.

Es ist eine bekannte Tatsache, daß mit der Verteuerung der Futtermittel sich auch die Melkviehpreise erhöht haben. Diese Erscheinung wird in Kreisen der Milchproduzenten sehr beklagt. Gute neumelkende Milchkühe mittleren Alters, die vor 10 Jahren noch mit 470—500 ℳ erhältlich waren, müssen heute mit 700—750 ℳ bezahlt werden.

Das kommt einer Preissteigerung von 50 % gleich. Den Produzentenpreis müssen hohe Melkviehpreise nachteilig beeinflussen, weil erfahrungsgemäß beim Verkauf abgemolkener Kühe als Schlachtvieh die Spannung zwischen Melkviehpreis und Schlachtviehpreis von 150—200 ℳ beträgt. Dieser Verlust kann je nach der Milchergiebigkeit der betreffenden Kuh 2—3 ₰ pro Liter betragen [1]. Leider läßt sich die Wahrnehmung machen, daß sich der Geschmack des Großstädters immer mehr abwehrend gegen das Fleisch der abgemolkenen Kühe verhält, obwohl sich die Erzeugung von tadellosem Fleisch neben der Milchproduktion durch die zunehmende Erkenntnis in der Fütterungslehre erreichen läßt. Eine Abneigung gegen den Verbrauch des Kuhfleisches, an der zum Teil auch die Metzger schuld sind, führt aber mit Naturnotwendigkeit zur Steigerung des Milchpreises, da die Differenz von 2—3 ₰ dem Städter vom Fleischkonto in das „Soll" seines Milchkontos übertragen werden muß.

Weiter wird die Preisbildung der Milch durch die Entfernung des Erzeugungsortes und die aus ihr sich ergebenden Transportkosten wesentlich beeinflußt, wie das Heinrich von Thünen in seinem „isolierten Staate" in theoretischer Konstruktion zur Darstellung gebracht hat.

Steigt die städtische Bevölkerung, so müssen zu ihrer Milchversorgung natürlich größere Milchmengen beschafft werden. Kann die Produktion im seitherigen Produzentengebiet nicht erhöht werden, so muß aus weiteren Entfernungen die Milch beschafft werden und der Preis in der Stadt muß — bei sonst gleichen Produktionsbedingungen — ganz allgemein um die nun sich ergebende Erhöhung der Transportkosten der ungünstigst gelegenen Produktionsorte steigen. Der Zunahme der Bevölkerung und dem steigenden Bedarf entspräche demnach regelmäßig eine Steigerung der Milchpreise.

Diese Preisregel paßt aber heute nur noch bedingt, wie auch Heinrich von Thünens Konstruktion nicht mehr allgemein zutrifft. Dank der vortrefflichen Eisenbahnverbindungen, die den Unterschied des Raumes fast aufheben, sowie der Verbilligung des Transporttarifs haben Entfernungen, mit denen das Karlsruher Versorgungsgebiet zu rechnen hat, einen nur untergeordneten Einfluß auf die Milchpreise. Sie lassen sogar die Möglichkeit einer Änderung der Bezugsquelle zu, wie dies namentlich in milchkargen Zeiten durch Herbeischaffung von Milch aus Württemberg, der Schweiz, Frankreich usw. zutage tritt.

[1] Durchschnittlich rechnet man in reinen Abmelkwirtschaften mit einer zweijährigen Melkzeit. Kühe mit einer geringeren Milchleistung als 6—8 l täglich rentieren nicht mehr und werden als Schlachtvieh abgesetzt. Legt man der Berechnung eine jährliche Milchleistung von durchschnittlich 3000 l zugrunde, so ergibt dies in 2 Jahren = 6000 l Gesamtproduktion. Verliert der Milchwirt beim Verkauf der Kuh 150 ℳ gegenüber dem Einkaufspreis, so belastet dies nachträglich jeden erzeugten Liter Milch mit 2,5 ₰. Bei Milchproduktion in Verbindung mit Aufzucht liegen die Verhältnisse meist etwas günstiger.

Weiter wird der Milchpreis stark beeinflußt durch die Menge kleiner, heute noch unorganisierter Milchproduzenten, welche zwar unter den gleichen wirtschaftlichen Bedingungen, wie die organisierten Produzenten die Milch erzeugen, aber aus Furcht vor Absatz- oder Preiskrisen (vielleicht auch wegen geringerer Qualität) lieber mit einem geringen Milchpreis vorlieb nehmen. Es tritt uns hier das Gravitationsgesetz der Konkurrenzpreise von Neumann als preisbildender Faktor entgegen, indem unter sonst gleichen Bedingungen die billigste Produktionsart für die Preisbildung bestimmend ist.

Endlich wäre bei der Preisbildung noch die Tatsache zu würdigen, daß die in nächster Umgebung der Stadt gelegenen Milchproduzenten, sagen wir z. B. soweit sie für die Zone der Achsenzufuhr in Betracht kommen, an jeder Preiserhöhung der Milch geradeso gut teilnehmen, wie jene entfernt gelegenen Produzenten, die um einen Preis kämpfen, der ihre Erzeugungskosten deckt. Es bestätigt sich hier das Gravitationsgesetz der Rentenpreise (Neumann): Müssen zur Deckung des Bedarfs eines und desselben Marktes Waren beschafft werden, deren Erzeugungskosten verschieden sind, so hat der Preis der Ware am Marktort das Bestreben, sich mit den geringsten Kosten derjenigen teuersten Erzeugungsart in Übereinstimmung zu setzen, die zur Deckung des Bedarfs noch herangezogen werden muß.

Aus dem Gesagten geht hervor, daß keines aller für die Milchpreisbildung in Erscheinung tretenden Gesetze für sich allein in Geltung tritt; der Milchpreis ist vielmehr das Resultat ihrer Wechselwirkungen. Aber es ist die Wirkung keineswegs eine exakte. Sie wird zum Teil durchkreuzt und unterbrochen durch mannigfache Einflüsse, z. B. Zwangslagen von Käufern und Verkäufern, wobei namentlich die Beschaffenheit geringer Haltbarkeit der Milch sehr in Betracht kommt, ferner durch bewußte Spekulation auf größere Gelegenheitsverkäufe oder umgekehrt vorauszusehende Absatzstockungen. Dazu kommt als störender Faktor eine gewisse Unberechenbarkeit bei sämtlichen an der Bildung des Milchpreises beteiligten Kreisen: Erzeuger, Händler und Verbraucher[1].

Hinsichtlich der Milchpreiserhöhung läßt sich sagen: Während die Milchproduktionskosten, besonders die Fütterung und Wartung des Viehs in den letzten 15 Jahren erheblich (zum Teil bis zu 50 %) gestiegen sind, zeigt der Milchpreis in derselben Zeitspanne nur eine

[1] Dollinger, S. 7.

mäßige Zunahme, nämlich von 18 auf 22 ₰ = 22,2 %. Das bedeutet eine Verbesserung der Milchversorgung durch die Landwirtschaft, denn die vermehrte Produktion ist nicht durch eine unverhältnismäßige Verteuerung der Milch, sondern offenbar durch eine zunehmende Verbesserung der Technik und Organisation des Angebots erzielt worden.

Entsprechend der steigenden Kurve der Milchpreise nehmen auch die Konsumenten reges Interesse an der Frage der Milchversorgung. Der erstmalige Milchpreisaufschlag im Jahr 1905 stieß zwar auf harten Widerstand bei den Milchhändlern, die eine weitere Belastung nicht mehr ertragen wollten, ohne sich an den Konsumenten schadlos zu halten.

Es bezahlte nämlich der Karlsruher Milchhandel franko Hauptbahnhof Karlsruhe folgenden Durchschnittspreis an die Lieferanten (Produzenten und Zwischenhändler auf dem Lande):

1895	10 —12	₰	1906	13—16	₰
1898	10 —13	„	1908	14—16	„
1900	10½—13½	„	1910	16—17½	„
1905	11 —15	„			

Die jeweiligen Minimalpreise erzielten die kleineren Produzenten, die Höchstpreise dagegen größere Güter und genossenschaftliche Absatzorganisationen.

Diese Milchpreise lassen folgendes erkennen:

1. Bis zum Jahr 1906 haben die Preisschwankungen im Einkauf 3—4 ₰ betragen; in den letzten Jahren wurden sie jedoch auf 1½—2 ₰ reduziert. Es dürfte dieses Streben nach Beseitigung größerer Preisschwankungen und der Erzielung von Einheitspreisen offenbar auf die Tätigkeit der Produzentenorganisation zurückzuführen sein.

2. Die Preisspannung zwischen Einkaufs- und Verkaufspreisen ist geringer geworden. Sie betrug im Durchschnitt:

1895	7	₰	1906	5,5	₰
1898	6½	„	1908	5	„
1900	5,5	„	1910	5,25	„
1905	6	„			

Es arbeitet somit der Milchhandel mit einem geringeren Nutzen als dies früher der Fall war, wogegen natürlich mit dem Steigen des Milchpreises sein Risiko sich erhöht hat.

Untersuchen wir nun, welche Preise die Milchproduzenten selbst erzielen. Die Preise, welche der Milchhändler zahlt, erhält der Milchlieferant. Derselbe ist nicht immer identisch mit dem Milchproduzenten, er kann vielmehr ein ländlicher Zwischenhändler oder auch eine ländliche Absatzorganisation sein.

Nach den Ende 1908 und 1910 veranstalteten Erhebungen erhielten die Milchwirte für nachbenannte Milchmengen die beigesetzten Preise ausbezahlt:

	1908 Liter	1910 Liter
12 ₰	9 260	—
13 „	12 900	—
14 „	16 120	1 860
15 „	10 300	6 250
16 „	3 400	12 320
17 „	2 510	26 920
18 „	1 920	4 520
19 „	1 530	3 650
20 „	960	3 210
21 „	—	1 590
22 „	—	1 060
	58 900	61 380

Daraus ist ersichtlich, daß im Jahre 1908 noch 38 280 l = 65 % nur 12—14 ₰ erzielten, somit der Preis durchschnittlich 2 ₰ hinter demjenigen zurückblieb, den die Karlsruher Milchhändler bezahlten.

Dagegen haben 13 700 l = 23,3 % diesen Milchpreis erreicht und 6920 l = 11,7 % haben höhere Preise erzielt.

Im Jahr 1910 ist eine wesentliche Verschiebung insofern eingetreten, als nur 20 430 l = 33,3 % hinter dem Milchhändlerpreise zurückblieben, dagegen 31 440 l = 51,2 „ den Milchhändlerpreis und
9 510 l = 15,5 „ sogar einen höheren Preis erzielten.

Es haben somit die Produzenten von den Milchpreiserhöhungen am meisten profitiert, während der ländliche Zwischenhandel dabei vielfach ausgeschaltet wurde und der städtische Milchhändler nicht in der Lage war, seinen früheren Verdienst (Preisschwankung) aufrechtzuerhalten.

Diese Preisbesserstellung der Produzenten konnte allerdings nur durch Kampf und Opfer errungen werden. Der Kampf um den

Milchpreis bildet eine ständige Begleiterscheinung der Milchpreisfrage in der Stadt Karlsruhe.

So hat die Stadt Karlsruhe seit 1905 mit jedem Milchpreisaufschlag auch seinen Milchkrieg oder Milchstreik gehabt, der fast jedesmal mit einer Niederlage der Konsumenten endete.

Eine Eigenart der Karlsruher Milchversorgung sind diese Kämpfe allerdings nicht, fast aus allen Großstädten werden von Zeit zu Zeit Konflikte zwischen Milchlieferanten, Milchhändlern und Konsumenten gemeldet.

Es ist überall so ziemlich der gleiche Vorgang. Die Landwirte verlangen eine Erhöhung des Milchpreises; die Konsumenten, wie sie in Gewerkschaften, in Konsumvereinen und sonstigen Korporationen verbunden sind, verweigern die Preiserhöhung; die Milchhändler, die Partei ergreifen müssen, um nicht vollends zerrieben zu werden, schlagen sich auf die Seite der Konsumenten, und nun wird der Krieg geführt mit allen Mitteln des wirtschaftlichen Kampfes, wie sie durch die Kämpfe zwischen Arbeitgebern und Arbeitnehmern ausgebildet worden sind. Die Landwirte scheuen sich nicht, als letztes Mittel den „Streik" zu erklären und zu drohen, von einem bestimmten Tage ab die Milchlieferung einheitlich einzustellen. Die Konsumenten antworten mit dem Arbeitgebermittel, der „Aussperrung" und der Herbeiziehung von „Streikbrechern"; sie schränken den Verbrauch von Milch und Molkereiprodukten ein, indem sie nur den Kindern und den Kranken ihre übliche Ration gewähren, im übrigen aber sich mit wenig oder ganz ohne Milch ernähren; sie verwenden Ersatzmittel wie kondensierte Milch und suchen zugleich auch unter momentanen Opfern Milch aus größeren Entfernungen, sogar aus dem Auslande herbeizuschaffen. Auf diese Maßregeln erstrecken sich auch fast einzig und allein die Maßnahmen der Stadtverwaltung Karlsruhe zur Abwehr eines Milchkrieges. Entscheidend ist dann, wer es länger aushält, welche Partei durch die Verluste und durch den Abfall ihrer Anhänger zuerst zum Nachgeben gezwungen wird.

Das ganze Wirtschaftsleben ist ein Kampf, und daß dieser Kampf nicht milder wird, wenn statt der einzelnen Individuen ganze Interessengruppen sich gegenübertreten, ist begreiflich.

Aber dieser Kampf um den Milchpreis berührt doch zu sehr vitale Interessen der Allgemeinheit, er ist zu wichtig für die physische Gesundheit des Volkes sowohl wie für seine soziale Gesundheit, für das Verhältnis der einzelnen Bevölkerungsschichten zueinander, als daß die Öffentlichkeit dabei stillschweigend zur Seite stehen könnte. Es handelt sich doch hier um eines der wichtigsten Nahrungsmittel des Volkes, um eine Hauptquelle seiner Lebenskraft, die ihm nicht unterbunden werden darf. Und es handelt sich zugleich dem Anscheine nach wieder um einen Streit zwischen Stadt und Land, die nun erneut gegeneinander gestellt werden, während doch in Wirklichkeit das wirtschaftliche Gedeihen beider zu einem guten Teile davon abhängt, daß Bauer und Städter endlich ihre gemeinsamen Interessen erkennen und sich gegenseitig fördern, statt sich zu hemmen.

Schlußbetrachtung.

Aus dem Ergebnis der Untersuchung geht hervor, daß die Stadt Karlsruhe inmitten eines ergiebigen Milchproduktionsgebiets liegt und demzufolge in der günstigen Lage ist, über die Hälfte ihres gesamten Milchbedarfs aus einer Entfernung bis zu 20 km zu decken. Trotz der wachsenden Bevölkerung hat das Produktionsgebiet, welches sich auf eine Entfernung von 60 km erstreckt, eine räumliche Erweiterung in den letzten 5 Jahren nicht erfahren. Diese Tatsache ist dem Umstande zuzuschreiben, daß innerhalb dieser Zone weitere Ortschaften, die bislang nicht in der Lage waren, mit Vorteil Milch in die Stadt zu liefern, durch Erhöhung der Preise hierzu befähigt wurden. Die Möglichkeit der weiteren Einbeziehung von Gemeinden innerhalb des Versorgungsgebiets und eine Intensivierung der Milchwirtschaft in den liefernden Gemeinden ist in starkem Maße vorhanden.

Die Milch hat aber, bis sie vom Produzenten zum Konsumenten gelangt — abgesehen vom Eisenbahntransport — den weiten Weg durch einen ausgedehnten Zwischenhandel zurückzulegen; die Folge davon ist, daß die direkten Beziehungen zwischen Produzenten und Konsumenten verloren gegangen sind, eine Verteuerung des Preises eintrat und in hygienischer Beziehung die Gefahr der Verunreinigung und Wertminderung der Milch dadurch bedeutend gesteigert wurde. Die Hygieniker verlangen, daß den Konsumenten eine hygienisch einwandfreie Milch zu billigem Preise geliefert wird, während die Produzenten einen den ständig wachsenden Produktionskosten entsprechenden hohen Preis heischen. Diese widerstrebenden Interessen führten zu Reibereien, die den Produzenten Veranlassung gaben, zur Selbsthilfe zu greifen und eine planmäßige Organisation des Angebots durchzuführen. Denn die erfolgreich durchgeführte Organisation der Milchversorgung in verschiedenen deutschen und außerdeutschen Städten beweist, daß diese widerstreitenden Interessen nur auf dem Wege der planmäßigen Regelung der Milchversorgung miteinander in Einklang gebracht werden können[1].

[1] Vgl. Ph. Arnold, Zur Frage der Milchversorgung der Städte. Jahrbücher für Nationalökonomie und Statistik. III. Folge, 41. Bd., S. 609 ff.

Eine Einschränkung des Milchhandels ist in erster Linie für die Organisation der Milchversorgung von großer Bedeutung. Sie ist aber nach Lage der Dinge nicht anders denkbar, als durch den weiteren genossenschaftlichen Zusammenschluß der Produzenten, die direkte Beziehungen zu leistungsfähigen soliden Händlern und Großkonsumenten, oder, wenn möglich, auch zu genossenschaftlichen Konsumentenorganisationen anknüpfen müssen.

Das Interesse der Produzenten-Genossenschaften an klaren, durchsichtigen Markt- und Absatzverhältnissen, an regelmäßiger normaler Preisbildung ist geeignet, die Wirkung der von Zeit zu Zeit eintretenden, auf die verschiedenartigsten Ursachen zurückzuführenden Schwankungen in Angebot und Nachfrage und der damit verbundenen Preistreibereien (Milchteuerung) indirekt und direkt abzuschwächen.

Indirekt durch Vermehrung und Verbesserung der Produktion überhaupt, durch Vereinfachung des Instanzenwegs vom Produzenten zum Konsumenten, durch die Erweiterung des Verständnisses der mit den Abnehmern in nähere Berührung kommenden Produzenten für die Milchversorgung; direkt vor allem aber dadurch, daß ihre zentrale Organisation einen interlokalen Ausgleich von Vorrat und Bedarf leicht ermöglicht.

Die ländlichen Milchabsatzgenossenschaften sind daher das wirksamste Mittel, die Produktion anzuregen, ohne die Konsumenten mit höheren Preisen zu belasten. In ihren Folgeerscheinungen (Bekämpfung des unreellen Zwischenhandels usw.) gehen sie über das Gebiet der Milchproduktion weit hinaus.

Ihr Ziel muß eine noch weitere Entwicklung des Instanzenwegs der Organisation sein, derart, daß die zentralisierten ländlichen Absatzgenossenschaften zur Verwertung der Milch direkt mit städtischen Konsumentengenossenschaften in Verbindung treten und zu bestimmten Preisen bestimmte Milchmengen liefern.

Dann erst stehen Produktion und Konsumtion wieder in der nahen Berührung miteinander, die noch heute auf dem Lande und in der kleinen Stadt die Regel bildet.

Alle diese Zwischenglieder, die sich bei der wachsenden Unübersehbarkeit der Produktions- und Konsumtionsarten und -gebiete im Interesse von Angebot und Nachfrage einschieben mußten, sind dann als Einzelpersönlichkeiten unnötig. Ihre Tätigkeit übernehmen weitverzweigte, großzügig geleitete Organisationen, die nunmehr im Gesamtinteresse ihrer Gruppe jene Zwischenpersonen als Beamte verwenden können, die früher ihre Fähigkeiten lediglich dem eigenen Nutzen dienstbar machten. Das Schema der Organisation würde dann sein

Produktion	Einkauf
und	und
Absatz	Konsumtion.

Dieses Ziel liegt in der Richtung der allgemeinen wirtschaftlichen Entwicklung, die an Stelle vieler selbständigen Einzelindividuen in immer zunehmendem Maße Kollektivvertretungen entstehen läßt.

Wenn auch die Zahl der selbständigen Existenzen hierdurch verringert wird, so muß man doch bedenken, daß in dem umfangreichen Rahmen derartiger großzügiger Organisationen das einzelne Glied eine ziemliche Selbständigkeit besitzt, eine größere oftmals, als der von fremdem Kapital abhängige Zwischenhändler; dann ist auch zu berücksichtigen, daß die Ausschaltung lediglich *scheinbar* selbständiger Existenzen der Charakterbildung des Volkes nur förderlich sein kann.

Daß die Entwicklung dieses Ziel erreichen *kann*, wird im Zeitalter der Organisation füglich nicht bestritten werden. Ob sie dieses Ziel erreichen *wird*, ist freilich fraglich. Fraglich ist aber nicht mehr, daß die erste und wichtigste Etappe auf dem Wege, der Zusammenschluß der Produzenten, in absehbarer Zeit lückenlos vollzogen sein wird. Fraglich ist auch nicht, daß dieser Zusammenschluß auf die gesamte Organisation der Milchversorgung einen günstigen Einfluß ausüben *muß* und keineswegs nur den Produzenten zugute kommt.

Aufgabe unserer Landwirtschaft muß es zunächst sein, durch Veredlung und Züchtung der Futterpflanzen, besonders der Kleearten eine *Verbilligung der Viehernährung* und zugleich eine Steigerung der inländischen Viehproduktion zu erreichen. Es ist auf diesem Gebiete — ausgenommen die Rübenproduktion — noch wenig geschehen. Großes wurde bisher geleistet in der Getreide- und Kartoffelzucht, und dadurch wurden die Erträge dieser Pflanzen ganz erheblich gesteigert.

Hand in Hand mit einer Verbilligung der Fütterung muß die *Steigerung der Milchleistung* gehen, denn mit der Beschaffung von milchreichem Vieh durch systematische Zucht nach Leistung steht und fällt die Milchwirtschaft. Darum sind Leistungsprüfungen ein wichtiges Förderungsmittel der Milchwirtschaft.

Nach dieser Richtung hin entfalten in anderen deutschen Staaten (namentlich in Bayern und Norddeutschland) die *Herdebuchgesellschaften* eine hervorragende Tätigkeit. Erfolge haben auf dem Gebiet der Leistungsprüfungen auch die sogenannten *Kontroll-*

vereine zu verzeichnen, welche die Zucht von Milchkühen bezwecken, die aus möglichst geringen Futtermengen viel Milch erzeugen sollen. So ist in Schweden innerhalb von 10 Jahren der Durchschnittsertrag in den kontrollierten Herden um 1000 l pro Jahr gehoben worden. Schon im ersten Jahr konnten die Mitglieder eine Steigerung ihrer Milcherträge verzeichnen, die lediglich auf schärfere Beobachtung, richtige Fütterung, besseres Melken und besonders aber auch auf die Entfernung schlechter Kühe zurückgeführt werden kann.

Es fragt sich allerdings, ob es empfehlenswert ist, gerade dieses schwedische und auch dänische Muster bei unseren ziemlich anders gelagerten Verhältnissen ohne weiteres nachzuahmen.

Benno Martiny[1], ein hervorragender Kenner unserer deutschen milchwirtschaftlichen Verhältnisse, erhebt gewichtige Bedenken gegen die vorbehaltlose Einführung der Kontrollvereine.

Für Baden mit seinem ausgeprägten Kleinbetrieb muß noch berücksichtigt werden, daß die Kosten des Wanderprüfers (Kontrollassistenten), auf die einzelne Kuh ausgeschlagen, viel höher würden, als in Norddeutschland oder anderen Staaten, in denen der Mittel- oder der Großbetrieb vorherrschend ist.

Doch sind auch in Baden Anfänge nach dieser Richtung hin gemacht worden, die eine Besserung der Milchleistung erhoffen lassen.

Die Großh. Versuchsanstalt Augustenburg stellt gegenwärtig im ganzen Gebiet des Landes Beobachtungen über die durchschnittliche Jahresleistung einer Kuh in bezug auf die Milchmenge an. Diese Ergebnisse der mehrere Jahre hindurch fortgesetzten Milchleistungsprüfungen werden Unterlagen für die Berechnung des Milchertrags in ganz Baden, wie in den einzelnen Zuchtgebieten geben. Die zurzeit vorliegenden Melkergebnisse umfassen erst einen kurzen Zeitraum und ein noch zu beschränktes Gebiet, um jetzt schon eine einigermaßen zuverlässige Berechnung des jährlichen Milchertrags vorzunehmen.

Unsere Rindviehprämierungen nehmen leider auf die Milchergiebigkeit meist gar keine Rücksicht und sind viel mehr dazu angetan, die Milcherträge nach und nach herabzudrücken. Milchergiebigkeit wird fast nie verlangt und gewöhnlich nur die schöne Form und Wüchsigkeit berücksichtigt. Äußerlichkeiten und Erwägungen ästhetischer Art sollten aber niemals vorherrschend sein, sonst läuft man Gefahr, daß Sportzucht statt Leistungszucht getrieben wird.

[1] Mitteilungen des Deutschen milchwirtschaftlichen Vereins 1911, S. 82 ff.

In einem Punkt krankt es in unserer Landwirtschaft noch sehr, nämlich in der **Buchhaltung der einzelnen Landwirte**. Die praktische Arbeit im Feld und Flur ist dem Bauer eine Quelle der Freude und des Genusses. Ja, harte Arbeit hat der Bauer noch nie gescheut. Doch, wenn er des Abends oder auch am Tage die Feder in die Hand nehmen soll, erlahmt seine Energie. Nur nicht schreiben und nicht rechnen! Allenfalls vermerkt er im Kalender wichtigere Vorkommnisse im Stall, hie und da ist auch ein Landwirt zu treffen, der über Einnahmen und Ausgaben geordnete Aufzeichnungen führt, aber das sind weiße Raben. Und doch wäre auch für den kleinsten Landwirt eine solche von großer Bedeutung. Es genügt eben nicht zu wissen, ob man in einem Jahr vorwärts oder rückwärts gekommen ist — mancher bemerkt dies erst, wenn es zu spät ist — sondern er sollte auch die **Ursache** der Vermögensänderung kennen lernen. Oft ist es zu geringer **Verdienst**, oft aber auch zu hoher **Verbrauch**.

Über die Zweckmäßigkeit einer **Betriebseinrichtung** und über die **Betriebsrichtung** selbst kann ebenfalls nur eine genaue Buchführung Aufschluß geben. Es ist gar nicht möglich ohne solche auf die wichtigsten alltäglichen Fragen zu antworten, wie z. B.: Was rentiert besser, die Mast oder die Milchproduktion? Welches Bodennutzungssystem ist das zweckmäßigste? Welcher Intensitätsgrad ist in einer Gegend anzuraten? Welche Preise decken die Produktionskosten? Das sind nur Beispiele, die durchaus nicht erschöpfend sind. Auf Grund solcher ordnungsgemäßen Aufzeichnungen werden dann wirklich zuverlässige Antworten auch über die Produktionskosten der Milch erreicht, nicht aber durch Aufstellung einer Rechnung, in der bestimmte Sätze für Heu, Stroh und Dünger in Ansatz kommen. Solche „Berechnungen" kann man nach Belieben drehen und wenden, wie man will, ohne daß jemand nachweisen kann, es sei irgendeine Zahl nicht mehr diskutabel. Aus diesem Grunde werden auch die Produktionskostenberechnungen vielfach als unzuverlässig erachtet.

In Baden gebührt der Landwirtschaftskammer das große Verdienst, sich dieser Frage angenommen zu haben. Im Spätjahr 1911 wurde eine Reihe Buchführungskurse in den verschiedensten Gegenden des Landes abgehalten, die von praktischen Landwirten gut besucht waren. Es wäre zu wünschen, daß diese Bestrebungen planmäßig ausgebaut und zu einer ständigen Einrichtung erhoben würden [1].

---

[1] In der Schweiz wird auf diesem Gebiete Mustergültiges geleistet. In 860 landwirtschaftlichen Betrieben werden in wirklich brauchbarer und zufrieden-

Die Durchführung der Milchkontrolle kann nach dem Ergebnis unserer Untersuchung den Hygieniker nicht befriedigen. Es sollte schärfer kontrolliert und gegen Milchfälschungen in strengster Weise vorgegangen werden. Daran haben Staat und Gesellschaft das größte Interesse. Dringend wünschenswert wäre es, daß die Strafen des Nahrungsmittelgesetzes noch verschärft würden. Die Hauptsache ist aber, daß der Gesetzgeber durch strafgesetzliche Mittel den Nahrungsmittelverbrechern zeitweise oder für immer die Gelegenheit nimmt, das alte Gewerbe nach Verbüßung der Strafe wieder zu betreiben. Es sollte den Behörden die Befugnis eingeräumt werden, derartigen Personen bei ihrer Verurteilung gleichzeitig die Ausübung ihres Gewerbes wenigstens für eine bestimmte Zeit zu untersagen.

Man darf damit rechnen, daß die Androhung einer derartigen Nebenstrafe zugleich eine starke abschreckende Wirkung ausüben wird. Es soll auch darauf hingewiesen werden, daß ähnliche Bestimmungen schon zurzeit in den Niederlanden, Italien, Bulgarien und Norwegen sowie in mehreren schweizerischen Kantonen bestehen. Gegenüber den großen kriminalpolitischen und sozialen Vorteilen, welches dieses vorgeschlagene Mittel bietet, müssen alle etwaigen Bedenken schwinden. Jedenfalls würden sich die Nahrungsmittelvergehen auf diesem Wege am besten vermindern lassen.

In der Organisation des Milchvertriebs kann es keinem Zweifel unterliegen, daß die Frage weitestgehend städtische Interessen berührt und daß es daher eine Pflicht der Kommunalpolitik ist, nach Möglichkeit hier einzugreifen.

Die Aufgaben der Stadt auf diesem Gebiete sind nicht so einfach. Soll sie die Milchversorgung in eigene Regie nehmen? Wird diese billiger arbeiten als der Milchhandel? Welche technischen Einrichtungen sind möglich, um die in hundert Kanälen der Stadt zufließende Milch durch ebensoviele tausende den Familien wieder zuzuführen? Oder soll die Stadt ein neues Mittelglied zwischen Produzenten und Händlern sein, um eine wirksame Preiskontrolle neben der hygienischen zu übernehmen? Oder soll sie andere Gesellschaften, Genossenschaften subventionieren, die die Milchversorgung unter dieser Rückendeckung in die Hand nehmen könnten?

---

stellender Weise Wirtschaftsberechnungen geführt, die vom schweizerischen Bauernsekretariat in Brugg überwacht, abgeschlossen und weiter verarbeitet werden. Zurzeit liegen bereits über 2000 Rechnungsabschlüsse vor.

Dies sind die Fragen über das Wie der Milchversorgung. Die „Kommunale Praxis“[1] hat sie unter Anführung einer Reihe gemeindlicher Maßnahmen mit dem genossenschaftlichen Vertrieb der Milch an die Einzelkonsumenten beantwortet und dabei folgendes gesagt:

„Wenn nun aber alle möglichen Maßnahmen von seiten der Stadt durchgeführt wären, was würde das Ergebnis sein? Die Milch würde vermutlich noch erheblich teurer zu stehen kommen als jetzt. Damit ist bewiesen, daß diese Maßnahmen allein in keiner Weise ausreichen. Soll der Milchpreis auf erschwinglicher Höhe bleiben, dann müssen Produzenten und Konsumenten zur Verminderung der Unkosten in nähere Berührung gebracht werden. Genossenschaftliche Milchversorgung ist ein Weg dazu. Aber wenn man schon in Ansehung ihrer bisherigen Geschäftssparten bei den Arbeiterkonsumvereinen eine auffallende Zurückhaltung und Scheu vor „modernen“ Propagandamitteln beobachten kann, so hat die Konsumvereinsbewegung auf dem Gebiete der Milchversorgung noch nicht einmal schüchterne Versuche gemacht. Es kann aber doch nicht die Aufgabe der genossenschaftlichen Konsumorganisation bleiben, den profitlichen Kram mit Seife und Salz, Dürrobst und Heringen und ähnlichen Sachen zu betreiben, sondern sie muß die großen Notwendigkeiten der Zeit erkennen und die wirklich bedeutungsvollen Probleme entschlossen anpacken. Sei es auch nur, um die Gemeinden vorwärtszutreiben, und unseren Gegnern das Argument aus der Hand zu schlagen, eine Verbesserung der Milchversorgung sei unmöglich, denn — sonst hätten die Konsumvereine sie schon versucht.“

Hier ist insofern ein Irrtum zu verzeichnen, als die Konsumvereinsbewegung tatsächlich schon begonnen hat, auch die Milchversorgung ihrer Mitglieder zu übernehmen. Die Konsumvereine in Bant, Essen, Mülhausen i. Els., Augsburg, Ravensburg, Kirchheim u. T. verfügen bereits über eigene Molkereien, andere größere Konsumvereine stehen vor ihrer Errichtung. Und vor den Toren der Stadt Karlsruhe hat der verhältnismäßig noch junge Konsumverein Durlach den Vertrieb der Milch seit 3 Jahren aufgenommen, er bezieht von ländlichen Milchabsatzgenossenschaften und setzt direkt an seine Mitglieder ab.

Am bedeutsamsten ist die Milchversorgungsanstalt und Molkerei des großen Baseler Konsumvereins, dessen Erfahrungen nutzbringend verwendet werden können. Eine eingehende Darstellung der Erfahrungen dieser Konsumvereine mit ihren Molkereibetrieben kann hier nicht gegeben

[1] Kommunale Praxis, Dezember 1909.

werden. Es mag nur erwähnt sein, daß sich anfänglich auch große Schwierigkeiten ergeben haben, die aber erfolgreich überwunden wurden. Jedenfalls ist durch das Experiment nachgewiesen, daß Konsumgenossenschaften auch die Milchversorgung ihrer Mitglieder betreiben können, wenn bestimmte Voraussetzungen erfüllt sind. Die immer mehr zutage tretenden Schäden der heutigen Art der Milchversorgung der Städte werden sicherlich immer mehr die Verwaltungen von Konsum- oder Lebensmittelbedürfnisvereinen zur Prüfung der Frage veranlassen, ob in ihrem Wirkungskreise die Voraussetzungen zur Einrichtung des genossenschaftlichen Milchvertriebes vorliegen.

Nicht zu verkennen ist, daß auch die genossenschaftlichen Unternehmungen der Konsumenten mit Schwierigkeiten hinsichtlich des Vertriebes zu rechnen haben werden.

Es ist dabei aber zu berücksichtigen, daß das genossenschaftliche Unternehmen von vornherein den größten Wert auf Bezug von Qualitätsmilch in hygienisch einwandfreiem Zustande legen muß und Einrichtungen zu treffen hat, um jederzeit das benötigte Quantum zur Verfügung zu haben und eventuell überschüssige Milch in Molkereiprodukte zu verwandeln.

Vor allem läge es an der Arbeiterschaft neben der übrigen minderbemittelten Bevölkerung zu zeigen, daß diese Kreise ernstlich gewillt sind, positive Arbeit in dieser Frage zu leisten. Bisher ist man aber über gelegentliche Protestkundgebungen oder Boykottdrohungen anläßlich von Milchpreiserhöhungen nicht hinausgekommen, die lediglich agitatorischen Wert haben, im übrigen aber Maßregeln sind, die einem organisierten Angebot gegenüber wirkungslos bleiben müssen.

Um eine Reorganisation des Milchvertriebes bei der städtischen Milchversorgung durchzuführen, genügt nämlich der gute Wille der Produzenten nicht, auch nicht die kräftige und zielbewußte Leitung ihrer Korporationen: dazu gehört vor allem ein gewisses Entgegenkommen des konsumierenden Publikums und eine sachgemäße Unterstützung der einschlägigen Behörden.

Es muß ein inniges Zusammenwirken sämtlicher in Betracht zu ziehender Faktoren stattfinden, soll ein günstiges Resultat schließlich das Werk mühevoller Arbeit krönen. Das kann aber nur erreicht werden, wenn der Aufbau des Ganzen auf der gesunden Grundlage gerechter Forderungen, guten Willens und wechselseitigen Entgegenkommens erfolgt.

Daß eine Forderung dieser Bestrebungen im volkswirtschaftlichen Interesse Aller liegt, sollten die vorstehenden Ausführungen nachweisen;

sie sollten aber auch zeigen, wie viel noch durch Verbesserung der Organisation zu erreichen ist. Der Nachweis einer fehlerhaften Organisation der Milchversorgung rechtfertigt keinen Vorwurf gegenüber den Leistungen der Vergangenheit; die Umwälzungen unseres wirtschaftlichen Lebens im verflossenen halben Jahrhundert waren zu gewaltig, als daß die Gestaltung von Produktion und Absatz — auf welchem Gebiet es auch sei — entsprechend schnell hätte folgen können. Für die Zukunft eröffnen sich aber um so mehr erfreuliche Aussichten und Verbesserungsmöglichkeiten als sich zugleich zeigen ließ, daß bereits in der Gegenwart erfolgreich an einer Fortbildung der Organisation gearbeitet wird.

Anlagen.

Anlage 1.

Entwicklung des Milchverkehrs auf den badischen Staatsbahnen[1].

Im Jahr	Beförderte Tonnen	Einnahmen M	Bemerkungen
1880	4 194	40 505	
1881	5 188	46 655	
1882	5 203	42 082	
1883	6 118	47 627	
1884	6 570	45 445	Seit 1. Februar 1884 neuer Tarif. Von 21 km ab ermäßigt.
1885	7 831	50 130	
1886	8 405	56 466	
1887	9 670	63 604	
1888	11 468	76 927	
1889	13 361	89 461	
1890	14 484	97 964	
1891	15 246	101 765	
1892	16 431	110 821	
1893	16 637	108 464	
1894	18 242	119 476	
1895	20 466	130 948	
1896	22 461	143 074	
1897	24 469	152 315	
1898	26 132	163 593	
1899	30 942	137 721	Seit 1. April 1899 neuer Tarif. Frachtstückgutsätze.
1900	34 713	138 721	
1901	37 244	149 948	
1902	40 989	167 297	
1903	45 716	178 631	
1904	50 080	202 291	
1905	52 691	213 062	
1906	55 199	232 056	
1907	59 967	260 861	
1908	63 813	289 434	
1909	66 193	297 863	

[1] Aus dem Protokoll der 60. Sitzung des badischen Eisenbahnrates, Karlsruhe, 3. März 1911.

Anlage 2.

Vergleichende Darstellung der Milchfrachten für 500 kg = 500 l einschließlich der Rückbeförderung der leeren Gefäße.

Entfernung	Der Frachtsatz für 100 kg = 100 l beträgt:				Die Fracht für 500 kg = 500 l einschließlich der Rückbeförderung der Gefäße beträgt:				Auf der Badischen Staatsbahn kommt auf 1 l Milch Fracht
	Badische Staatsbahn	Elsaß, Pfalz u. Preußen	Württemberg	Bayern	Badische Staatsbahn	Elsaß, Pfalz u. Preußen	Württemberg 1 l = 1½ kg	Bayern	
km	₰	₰	₰	₰	590 kg	590 kg	750 kg	500 kg	₰
5	16	16	16	18	0,90	0,90	1,20	0,90	0,18
10	21	21	21	25	1,20	1,20	1,60	1,30	0,24
15	27	28	27	33	1,60	1,70	2,00	1,70	0,32
20	32	33	32	40	1,90	1,90	2,40	2,00	0,38
25	40	40	40	48	2,40	2,40	3,00	2,40	0,48
30	48	45	48	55	2,80	2,70	3,60	2,80	0,56
35	56	52	56	63	3,30	3,10	4,20	3,20	0,66
40	64	57	64	70	3,80	3,40	4,80	3,50	0,76
45	70	64	70	78	4,10	3,80	5,30	3,90	0,82
50	75	69	75	85	4,40	4,10	5,60	4,30	0,88
55	80	75	80	92	4,70	4,40	6,00	4,60	0,94
60	85	80	85	99	5,00	4,70	6,40	5,00	1,00
65	90	86	90	106	5,30	5,10	6,80	5,30	1,06
70	95	91	95	113	5,60	5,40	7,10	5,70	1,12
75	100	97	100	120	5,90	5,70	7,50	6,00	1,18
80	105	102	105	126	6,20	6,00	7,90	6,30	1,24
85	110	108	110	133	6,50	6,40	8,30	6,70	1,30
90	115	113	115	139	6,80	6,70	8,60	7,00	1,36
95	120	119	120	145	7,10	7,00	9,00	7,30	1,42
100	125	124	125	150	7,40	7,30	9,40	7,50	1,48
101		126		152		7,40	9,50	7,60	1,48
110		135		161		8,00	10,10	8,10	1,60
120		145		170		8,60	10,90	8,50	1.72
130		155		179		9,10	11,60	9,00	1,82
140		165		186		9,70	12,40	9,30	1,94
150		175		193		10,30	13,10	9,70	2,06
160		185		200		10,90	15,00	10,00	2,18
170		195		207		11,50	15,50	10,40	2,30
180		205		214		12,10	16,10	10,70	2,42
190		215		221		12,70	16,60	11,10	2,54
200		225		228		13,30	17,10	11,40	2.66

Baden, Elsaß, Pfalz und Preußen rechnen für die Rückbeförderung der leeren Gefäße ein Sechstel des Gewichts der beförderten Menge. Württemberg rechnet für 1 l = 1½ kg und befördert die leeren Gefäße frachtfrei zurück. Bayern befördert die leeren Gefäße frachtfrei zurück, hat aber dafür eine besondere Preistafel mit höheren Frachtsätzen, welche nicht mit den Stückgutsätzen übereinstimmen.

Anlage 3.

Vorschriften

für Molkereien zur Entnahme und Einsendung von Milchproben an die Großh. Landwirtschaftl. Versuchsanstalt Augustenberg.

I. Für die Erhebung und Einsendung von Milch- und Rahmproben, bei denen Anspruch auf den niedrigsten Gebührensatz erhoben wird, gelten folgende Vorschriften:

1. Es dürfen ausschließlich Probegläschen von einheitlicher Größe und hierzu passende Transportkästen verwendet werden. Diese Probegläschen sowie auch die Transportkästen sind von der Landwirtschaftlichen Versuchsanstalt zum Selbstkostenpreise zu beziehen; hierbei ist anzugeben, welche Numerierung der Probegläschen von der Molkereileitung gewünscht wird. Um Irrtümer zu vermeiden und um eine übersichtliche Zusammenstellung der Untersuchungsergebnisse durch die Versuchsanstalt zu ermöglichen, ist es zweckmäßig, die Nummern der Probegläschen mit den jedem Lieferanten nach der Milchlieferungsliste zukommenden Nummern in Einklang zu bringen. Hiervon ist nur in ganz besonderen Fällen unter Angabe der Gründe abzuweichen.

   Jede Molkerei, die in monatlichen oder halbmonatlichen Zwischenräumen regelmäßig untersuchen läßt, erhält einen zweiten Satz von Probegläsern, der benutzt wird, sobald der erste Satz zur Untersuchung der Milch an die Versuchsanstalt abgeschickt ist.

2. Auf richtige Probenahme ist Hauptgewicht zu legen, es muß daher die Gesamtmenge der Vollmilch oder des Rahmes eines Lieferanten vor der Entnahme der Probe gründlichst gemischt werden; insbesondere ist darauf zu achten, daß die oberen und unteren Schichten sorgfältig durcheinander gemischt werden.

3. Unmittelbar nach erfolgter Mischung ist aus den mittleren Milchschichten eine Probe der Milch in das zugehörige Probegläschen mittelst einer Pipette, eines Löffels oder anderer geeigneter Geräte, die sauber und trocken sein müssen, zu geben, bis die Milch den mit 1 bezeichneten Markierungsstrich des Gläschens erreicht. Das Probegläschen ist zu verschließen, umzuschütteln und bis zur nächsten Probenahme mit den anderen Probegläschen an einem kühlen, möglichst gleichmäßig temperierten Raume aufzubewahren. Bei der nächsten Probenahme sind die Gläschen in der gleichen Weise bis zum zweiten Markierungsstrich mit Milch zu beschicken, umzuschütteln und so fort, bis zur Anfüllung an die vierte Marke.

   Die vier Tage der Probenahme sind, je nachdem die Milch monatlich ein- oder zweimal untersucht werden soll, auf den gewählten Zeitraum entsprechend zu verteilen.

   Für die Probenahme soll das Gemisch von Morgen- und Abendmilch Verwendung finden. Ist die Mischung nicht durchführbar, so ist an zwei Probenahmetagen Morgenmilch und an den beiden andern Probenahmetagen Abendmilch in das Probegläschen zu füllen.

Das auf der Versuchsanstalt in die Probegläschen gegebene orangegelbe Pulver, das als Konservierungsmittel dient, darf nicht aus den Gläschen entfernt werden. Das Pulver ist giftig. Milch, in welche das Pulver oder eine Lösung davon gelangt ist, ist gesundheitsschädlich und darf zum Genuß für Menschen oder Tiere nicht verwendet werden.

4. Diese Vorschriften finden auch für die Probenahme bei der Einsendung von Mager- und Buttermilchproben entsprechende Anwendung. Bei monatlich einmal stattfindender Probenahme von Mager- und Buttermilch sind die Gläser bis zum Markierungsstrich 4 zu füllen; soll die Probenahme zweimal erfolgen, so hat die Einfüllung mit der ersten Probe bis zum Teilstrich 2 und mit der nachfolgenden Probe bis zum Teilstrich 4 zu geschehen.

Die Magermilch darf nicht direkt aus der Zentrifuge, sondern muß aus einer möglichst großen im Magermilchbassin angesammelten Magermilchmenge nach erfolgter Durchmischung entnommen werden. Bei der Buttermilch sind mittelst Haarsieb zunächst die Butterklümpchen zu entfernen.

Die für die Einfüllung der Magermilch bestimmten Probegläschen tragen die Aufschrift „M", die zur Aufnahme von Buttermilch zu verwendenden Gläser die Aufschrift „B".

II. Für Proben von Milch und Molkereiprodukten, die nach einem anderen Verfahren als dem azidbutyrometrischen auf Fettgehalt untersucht werden sollen, oder bei Milchproben, die auf Verfälschung zu prüfen sind, ist ebenfalls auf die sorgfältige Entnahme guter Durchschnittsproben besonderer Wert zu legen. Untersuchungsproben, die mindestens 1/2 l betragen müssen, sind in gut gereinigte, trockene Flaschen von beliebiger Form zu füllen und mit gut passenden, sauberen, ungebrauchten Korkstopfen zu verschließen.

Denjenigen Proben, welche auf Verfälschung untersucht werden sollen, wozu auch Stallproben gehören, dürfen Konservierungsmittel nicht zugesetzt werden. Um eine Veränderung der Proben nach Möglichkeit zu verhindern, sind sie gut gekühlt in Holzwolle, Sägespäne, Papierschnitzel oder Watte verpackt, in der heißen Jahreszeit, wenn angängig, unter Zugabe von Eis auf dem schnellsten Wege der Versuchsanstalt zu übersenden.

In Säuerung begriffene oder bereits geronnene Milch ist von der Probenahme auszuschließen. Die Entnahme von Stallproben hat nach Maßgabe besonderer Vorschriften, die auf Antrag von der Landwirtschaftlichen Versuchsanstalt unentgeltlich abgegeben werden, zu erfolgen.

Anlage 4.

Vorschriften für Lieferung der Milch

an die Milchverkaufsgenossenschaft Durmersheim

(e. G. m. beschr. H.).

§ 1. Es darf nur Milch gesunder Tiere, bei frisch melkenden Tieren erst vom zehnten Tage nach dem Abkalben, geliefert werden.

§ 2. Die Tiere sind reinlich zu halten und sind die Euter derselben vor dem Melken gründlich zu reinigen.

§ 3. Das Ausmisten der Stallung und Putzen der Tiere, wie auch das Futteraufstecken, sind während des Melkens zu unterlassen.

§ 4. Die melkenden Personen dürfen das Melkgeschäft nur mit sauber gewaschenen Händen besorgen, ebenso sind Melkkübel, Seihen und Kannen nach dem Gebrauch gründlich zu reinigen und bis zum Wiedergebrauch möglichst im Freien aufzubewahren und zu lüften. Bei Tuchseihen ist der Seihelappen jedesmal abzunehmen, in Sodalauge zu brühen und mit kaltem Wasser nachzuspülen.

§ 5. Personen mit Wunden und Geschwüren an Händen, auch Personen mit Husten behaftet, dürfen das Melken nicht besorgen.

§ 6. Die Kühe soll der Besitzer in seinem eigenen Interesse recht sauber ausmelken und es soll nur Mischmilch, also Milch des Gesamtgemelkes, angeliefert werden.

§ 7. Die Milch soll frisch, unmittelbar nach dem Melken, zur Sammelstelle gebracht werden. Es ist verboten, einen halben Tag oder länger aufbewahrte Milch anzuliefern.

§ 8. Die jeweils festgesetzte Lieferzeit ist genau einzuhalten, verspätete Anlieferung kann zurückgewiesen werden.

§ 9. Die Milch liefernden Genossen haben sich einer ordnungsmäßigen Fütterung zu befleißigen. Ausgeschlossen sind alle verdorbenen Futtermittel, sowie die einseitige Fütterung von Rüben und Rübenkraut zur Herbstzeit. Reinlichkeit bei der Fütterung trägt nicht nur zur Gesunderhaltung der Tiere, sondern auch zur Gewinnung besserer Milch bei.

§ 10. Die Milch ist unverfälscht, wie sie von den Kühen gewonnen wird, nach der Sammelstelle zu verbringen.

§ 11. Die Genossenschaft hat einen Milchkontrolleur angestellt, dessen Aufgabe darin besteht, die Einhaltung vorstehender Vorschriften zu prüfen. Er wird insbesondere bei jeder Milchanlieferung jeweils eine größere Zahl von Proben erheben und untersuchen, Stallproben entnehmen und hat bei etwa festgestellten Differenzen dem Vorstand sofort Anzeige zu erstatten. Ist auf dem Wege der Untersuchung nachgewiesen, daß eine Milch, ohne gewässert oder abgerahmt zu sein, bei wiederholter Untersuchung nur einen Gehalt von 2,5 bis 3% Fett besitzt, so hat das betreffende Mitglied nur auf die Bezahlung von 13 ₰ per Liter Milch für den betreffenden Monat Anspruch. Ist dagegen nachgewiesen, daß die eingelieferte Milch der entnommenen Stallprobe nicht entspricht und der bis zur Entnahme der Stallprobe festgestellte Minderfettgehalt durch unehrliche Manipulation hervorgerufen, sei es durch Entrahmung, Zusatz von Wasser oder Magermilch usw., so hat das betreffende Mitglied sich nicht nur mit einem Minderpreis, entsprechend dem Mindergehalt, zu begnügen, sondern verfällt auch in eine Konventionalstrafe von 50 ℳ und hat sofortigen Ausschluß aus der Genossenschaft zu gewärtigen.

§ 12. Der Vollzug der in § 11 erwähnten Strafen steht nur dem Gesamtvorstande zu, jede weitere Ergreifung eines Rechtsmittels seitens des Bestraften ist nach Beschluß der Generalversammlung vom 2. Februar 1906 ausgeschlossen.

§ 13. Falls die Genossenschaft in die Lage versetzt werden sollte, größere Quantitäten Milch separieren zu müssen, liegt den Mitgliedern die Pflicht ob, entsprechend der angetragenen Milch, Magermilch und zwar zum jeweilig festgesetzten Preis zurückzunehmen.

§ 14. Obenstehende Vorschriften wurden am 2. Februar 1906 von der Generalversammlung genehmigt und rechtskräftig.

Durmersheim, den 2. Februar 1906.

Der Vorstand.

Anlage 5.

Vertrag.

Zwischen der Milchzentrale Karlsruhe e. G. m. b. H. und der A. Ziegler'schen Gutsverwaltung Horrenbach ist heute folgender Vertrag vereinbart worden:

Die A. Ziegler'sche Gutsverwaltung Horrenbach liefert sämtliche in ihrem Stalle von auf Tuberkulose geimpften Kühen und ohne Grünfütterung gewonnene Milch — mit Ausnahme der im eigenen Haushalte nötigen — an die Milchzentrale Karlsruhe, und zwar in plombierten Kannen zum Preise von 26 (zwanzig sechs) Pfennig per Liter franko Hauptbahnhof Karlsruhe.

Die Milchanlieferung hat während des Winters mit dem Zuge früh 8 Uhr 4 Min. ab Steinbach zu geschehen; während der warmen Jahreszeit muß die Anlieferung auf Verlangen auch abends mit dem Zuge 8 Uhr 16 Min. erfolgen.

Die Versandkannen müssen von seiten des Lieferanten in gut verzinntem Zustande, ohne Entschädigung, für die Milchlieferung gestellt werden.

Die Abrechnung für die gelieferte Milch erfolgt monatlich.

Die Milchlieferung beginnt am 1. November d. J. mit zirka 120 l und muß von seiten des Lieferanten danach getrachtet werden, daß für die erste Zeit der Lieferung eine nicht zu große Schwankung nach oben oder unten eintritt.

Die Milchzentrale verpflichtet sich dagegen sämtliche in ihrem Betriebe als „Kinder- oder Vorzugsmilch" zum Verschleiß kommende Milch von der A. Ziegler'schen Gutsverwaltung zu beziehen und erst wenn diese nicht mehr imstande sein sollte das nötige Quantum zu liefern, anderweitige Bezugsquellen zu benutzen. Es ist dabei vorausgesetzt, daß, wenn die Lieferung von dem derzeitigen Viehbestand der A. Ziegler'schen Gutsverwaltung (13 Stück) nicht mehr ausreicht, dieselbe bis zu 25 Stück zur Lieferung einstellen kann.

Als Milchvieh dürfen Holländer bezw. Ostfriesische Kühe gehalten werden; werden Simmenthaler oder Schwyzer Kühe zur Haltung von der Zentrale verlangt, so erhöht der Milchpreis sich auf 28 (zwanzig acht) Pfennig per Liter.

Die A. Ziegler'sche Gutsverwaltung unterwirft ihre gesamte Milchvieh-Stallhaltung einschließlich Fütterung sowie Behandlung der Milch während der Dauer des Vertrags der von der Milchzentrale angeordneten Kontrolle.

Bezüglich des Fettgehalts und der sonstigen Beschaffenheit der Milch wird bestimmt, daß die in Karlsruhe aus den ankommenden plombierten Kannen entnommene Milchdurchschnittsprobe in ihrem Fettgehalt und ihrer sonstigen Beschaffenheit mit einer im Stalle der Lieferantin genommenen Durchschnittsprobe übereinstimmen muß.

Im übrigen wird von der Zentrale die in dem Schreiben der A. Ziegler'schen Gutsverwaltung vom 18. September d. J. näher angegebene Stallhaltung, Fütterung und Milchbehandlung als ausreichend anerkannt.

Die A. Ziegler'sche Gutsverwaltung Horrenbach verpflichtet sich auch noch auf die Dauer dieses Vertrags weder die in ihrem Betriebe aus zugekaufter Milch gewonnene als auch zugekaufte Butter an Abnehmer in Karlsruhe zu liefern und ebensolche in einem in Karlsruhe erscheinenden Blatte auch nicht anzubieten.

Die Dauer des vorstehenden Vertrags wird vorläufig auf ein Jahr vom 1. November d. J. beginnend, festgesetzt. Die Kündigung soll für beide Teile eine sechsmonatliche sein und kann nur am 1. November und 1. Mai erfolgen.

Sollte die Zentrale mehr Kinder- und Vorzugsmilch benötigen als die A. Ziegler'sche Gutsverwaltung von ihrem derzeitigen Viehbestande zu liefern imstande ist und letztere dadurch gezwungen sein einen Stallneubau zu erstellen, so muß der Lieferungsvertrag auf mindestens fünf Jahre festgelegt werden und zwar beginnend vom Tage der Milchlieferung aus dem vermehrten Viehbestand.

Seuche, elementare Ereignisse und Krieg entbinden ohne Entschädigung von der Milchlieferung. Vorstehender Vertrag wurde in zwei gleichlautenden Exemplaren ausgefertigt, wovon jede der beiden vertragschließenden Parteien ein Exemplar in Händen behielt und mit rechtsgültigen Unterschriften versehen wurde.

Karlsruhe i. B., den 1. Oktober 1906.

per Milchzentrale Karlsruhe G. m. b. H.	**per A. Ziegler'sche Gutsverwaltung.**
Der Vorstand: (Unterschriften.)	(Unterschrift.)

Anlage 6.

Verkehr mit Kur- und Kindermilch.

Ortspolizeiliche Vorschrift vom 2. Januar 1907 auch für die Stadtteile Beiertheim, Rüppurr und Rintheim.

I. Allgemeines.

§ 1. In der Gemarkung Karlsruhe darf Milch mit einer Bezeichnung, welche die Milch als zu gesundheitlichen Zwecken besonders geeignet erscheinen läßt (z. B. Kindermilch, Säuglingsmilch, Sanitätsmilch, Kurmilch und dergl.) nur dann gewerbsmäßig in Verkehr gebracht werden, wenn sie den Anforderungen dieser Vorschrift entspricht.

Desgleichen dürfen als „Milchkuranstalten" bezw. mit einer sonstigen Bezeichnung, welche erkennen läßt, daß Milch von der in § 1 genannten Art darin erzeugt oder feilgeboten wird, nur solche Einrichtungen bezeichnet werden, bei deren Betrieb die nachfolgenden Vorschriften eingehalten werden.

§ 2. Mit einer Bezeichnung im Sinne des § 1 (Kindermilch, Kurmilch und dergl.) darf nur frische reine Milch versehen werden, der nichts genommen und nichts zugesetzt ist und bei deren Gewinnung die Vorschriften der §§ 3—6 erfüllt sind.

II. Haltung und Fütterung der Kühe.

§ 3. In Ställe, aus welchen Milch im Sinne des § 1 in Verkehr gebracht werden soll, dürfen nur Kühe eingestellt werden, welche den Höhenviehrassen (Simmentaler, Braunvieh, Wälder) angehören und deren Gesundheit zuvor durch den zuständigen Beamten oder einem andern, von der Polizeibehörde damit betrauten Tierarzt festgestellt ist. Zur Feststellung der Gesundheit gehört auch die Impfung mit Tuberkulin.

Die Kühe sind mindestens alle drei Monate von dem in Absatz 1 bezeichneten Tierarzt von neuem auf ihren Gesundheitszustand zu untersuchen. Die Tuberkulinprüfung ist nach Umfluß je eines Jahres zu erneuern.

Erkrankte Tiere, insbesondere solche, welche die Tuberkulinprüfung nicht bestehen, dürfen zur Gewinnung von Kindermilch usw. nicht benutzt werden und müssen sofort aus dem Stalle entfernt werden. Jede Erkrankung einer Kuh ist sofort dem zuständigen Tierarzt anzuzeigen.

Arzneimittel, einschließlich der sogenannten Hausmittel (Glaubersalz und dergl.) dürfen den Kühen nur auf Anordnung eines Tierarztes verabreicht werden.

§ 4. Die Kühe dürfen nur folgende Futtermittel erhalten:

a) Heu von frischer Farbe und aromatischem Geruch;
b) Stroh von Halmfrüchten;
c) Roggen- und Weizenkleie;
d) Leinsamenmehl;
e) Hafer-, Gersten- und Roggenschrot;
f) Zucker-, Dick- und Gelberüben, jedoch nicht mehr als 2 kg täglich für eine Kuh.

Alle diese Futterarten müssen von guter, unverdorbener und unverfälschter Beschaffenheit sein.

Andere Futtermittel insbesondere auch Molkereirückstände dürfen den Kühen nicht verfüttert werden.

Die Futtermittel unterliegen der Kontrolle des in § 3, Absatz 1, bezeichneten Tierarztes.

§ 5. Die Stallungen müssen hell und luftig und mit undurchlässigen, leicht zu reinigenden Fußböden und Krippen sowie mit Wasserspülung und Entwässerungseinrichtung versehen sein. An der Außentüre ist eine dauerhafte Bezeichnung des besonderen Zwecks des Stalles anzubringen.

Die Stallungen und die Kühe sind beständig rein zu halten. Die Benutzung von gebrauchtem Bettstroh und anderen Abfallstoffen ist verboten.

§ 6. Beim Melken sind alle zur Verhütung einer Verunreinigung der Milch erforderlichen Maßnahmen zu treffen.

Insbesondere haben die damit beschäftigten Personen vor jedem Melken den Tieren das Euter und sich selbst die Hände und Arme gründlich zu reinigen und saubere waschbare Schürzen anzulegen.

Die erste Milch darf nicht in das Melkgefäß gemolken werden.

§ 7. Die Vorschriften der §§ 4, 5, Absatz 2 und § 6 sind in deutlicher Schrift im Stalle anzuschlagen.

III. Behandlung der Milch.

§ 8. Die Milch ist sofort nach dem Melken durch Seihen, Zentrifugieren oder sonstige Maßnahmen vom Schmutz zu befreien und sodann, soweit sie nicht an Ort und Stelle warm getrunken wird, auf 12° C. abzukühlen.

Soweit sie in rohem Zustande abgegeben wird, ist sie vor der Abgabe in gut gereinigte festschließende Flaschen zu füllen und der Verschluß mit Papierstreifen zu verkleben oder zu plombieren.

Zur Abdichtung des Verschlusses dürfen nur leicht zu reinigende und unschädliche Stoffe verwendet werden.

§ 9. Soll die Milch in abgekochtem, sterilisiertem, pasteurisiertem oder gefrorenem Zustand in Verkehr gebracht werden, so sind die Gefäße entsprechend zu bezeichnen.

Abgekochte Milch muß spätestens 12 Stunden nach dem Melken einem vom Bezirksamt als wirksam anerkannten Sterilisierungs- oder Pasteurisierungsverfahren unterworfen und während des Erhitzens luftdicht verschlossen werden, auch der Verschluß mit dem Tag der Sterilisierung oder der Pasteurisierung bezeichnet und unversehrt sein.

IV. Milchpräparate.

§ 10. Durch besonderes Verfahren hergestellte Milchpräparate sind auf den Gefäßen, in welchen sie in Verkehr gebracht werden, mit derjenigen Bezeichnung zu versehen, durch welche das besondere Herstellungsverfahren gekennzeichnet wird (Backhausmilch, Professor Gärtnersche Säuglingsmilch, Kefirmilch und dergl.).

V. Anzeigepflicht und Kontrolle.

§ 11. Wer Milch im Sinne des § 1 gewinnen oder in Verkehr bringen oder eine Milchkuranstalt errichten will, hat dies unter Bezeichnung seiner Geschäftsräume bezw. Stallungen sowie der Art der abzugebenden Milch (§§ 6—9) dem Bezirksamt anzuzeigen.

Er hat den zuständigen beamteten Tierärzten und Polizeibeamten den Zutritt zu seinen Geschäftsräumen und Stallungen jederzeit zu gestatten.

Der gesamte Betrieb wird durch diese Beamten überwacht und kontrolliert.

Die Ergebnisse der in § 3 vorgeschriebenen Untersuchung der Milchtiere sowie der sonstigen Kontrollbesuche sind in ein von dem Unternehmer aufzulegendes Kontrollbuch einzutragen, das den Kontrollbeamten bei jedem Besuch vorzulegen ist.

VI. Strafvorschrift.

Zuwiderhandlungen gegen die Bestimmungen dieser Vorschriften werden, wenn nicht schwerere Strafen verwirkt sind, auf Grund des § 87a und § 94 des P.St.G.B. und § 367 Ziffer 7 des R.St.G.B. mit Geldstrafe bis zu 150 ℳ oder mit Haft bis zu 14 Tagen bestraft.

Anlage 7.

Verkehr mit Milch.

Ortspolizeiliche Vorschrift vom 17. Oktober 1904. Gültig zufolge ortspolizeilicher Vorschrift vom 2. Januar 1907 auch für die Stadtteile Beiertheim, Rüppurr und Rintheim.

§ 1. Dem zufolge § 3 obengenannter Verordnung vom 10. Mai 1902 [1] verbotenen „Feilhalten" und „Verkaufen" wird der Transport von Milch, der daselbst bezeichneten Art zum Zweck des Verkaufs ausdrücklich gleichgestellt.

§ 2. Personen, welche Milch zum Zwecke des Verkaufs transportieren, ist untersagt, beim Transport derselben Wasser mitzuführen.

§ 3. Zuwiderhandlungen werden auf Grund der §§ 87a und § 94 P.St.G.B. bezw. § 367 Ziffer 7 R.St.G.B. und § 10 ff. des Reichsgesetzes vom 14. Mai 1879, den Verkehr mit Nahrungsmitteln, Genußmitteln, Gebrauchsgegenständen betr., bestraft.

§ 4. Die ortspolizeiliche Vorschrift vom 14. Juni 1904, „den Verkehr mit Milch betr.", ist hierdurch ersetzt und aufgehoben.

---

[1] Der in § 1 obiger ortspolizeilicher Vorschrift erwähnte § 3 der Verordnung vom 10. Mai 1902 hat folgenden Wortlaut:

1. Welche fremdartige Stoffe, wie Eis, chemische Konservierungsmittel oder Zusätze von Wasser enthält;
2. welche zwei Tage vor dem Abkalben und bis zum sechsten Tage nach dem Abkalben abgemolken ist;
3. welche in ihrer Farbe, ihrem Geruche oder Geschmacke, in ihrer Konsistenz oder ihren Bestandteilen von der normalen Milch abweicht, einerlei wie die Veränderung entstanden ist (blau, rot oder gelbgefärbte mit Schimmelpilzen besetzte, wässerige, sandige, schleimige, Blut oder Blutgerinsel enthaltende, faulig oder nach Kampfer, Äther, Chloroform, Terpentinöl oder Karbol riechende, stark salzig, bitter oder scharfschmeckende Milch, insbesondere solche, welche von Kühen stammt, die an Gelbsucht, Blutharnen, Wassersucht und nicht infektiösen Zehrkrankheiten leiden);
4. welche von Kühen stammt, die mit giftigen Arzneimitteln, die in die Milch übergehen (Arsen, Brechweinstein, Nieswurz, Opium, Jod, Krotonöl, Aloe, Eserin, Pilokarpin und anderen Alkaloiden) behandelt werden;
5. welche von Kühen stammt, die an Eutertuberkulose, an mit starker Abmagerung oder Durchfälle verbundener Tuberkulose, an Milzbrand, Lungenseuche, Tollwut, Pocken, Euterentzündungen, Blutvergiftung, namentlich Pyämie und Septykämie, fauliger Gebärmutterentzündung, Ruhr, infektiöser Darmentzündung oder anderen fieberhaften Erkrankungen leiden, oder die des Milzbrandes oder der Tollwut verdächtig sind, sowie von Kühen, bei denen die Nachgeburt nicht abgegangen ist, oder bei denen krankhafter Ausfluß aus den Geschlechtsteilen besteht.

Die Tierärzte sind verpflichtet, die sie in Anspruch nehmenden Tierbesitzer auf das Vorhandensein der Voraussetzungen der Ziffern 4 und 5 besonders aufmerksam zu machen.

Anlage 8.

Bahnmilchverkehr nach Karlsruhe am 17., 19. und 21. November 1908.

a) Staatsbahn.

Entfernung von Karlsruhe Kilometer	Versandstation	Liter	Entfernung von Karlsruhe Kilometer	Versandstation	Liter
				Übertrag	19 956
6	Neureut	66	30	Stettfeld	60
7	Grötzingen	180	31	Pforzheim	60
7	Knielingen	260	31	Unteröwisheim	500
10	Berghausen	15	31	Wintersdorf	560
10	Maxau	310	32	Zeutern	620
13	Söllingen	70	32	Oberöwisheim	615
13	Weingarten	340	32	Bauerbach	570
14	Durmersheim	1 470	34	Rheinzabern	560
15	Kleinsteinbach	140	35	Münzesheim	425
15	Jöhlingen	345	35	Roppenheim	170
15	Hochstetten	1 090	36	Flehingen	1 995
16	Friedrichstal	195	37	Maulbronn	345
16	Linkenheim	3 220	38	Gochsheim	150
16	Bietigheim	990	40	Zaisenhausen	770
16	Malsch bei Ettlingen	1 025	40	Steinbach	20
16	Untergrombach	370	42	Menzingen	220
17	Wilferdingen	220	42	Sulzfeld	210
17	Wössingen	375	42	Tiefenbach	180
19	Muggensturm	850	44	Mühlacker	110
19	Ötigheim	1 850	45	Schaidt b. W.	1 410
21	Graben-Neudorf	1 540	46	Elsenz	180
21	Dürrenbüchig	80	47	Schwaigern	215
23	Maximiliansau	440	48	Eppingen	2 070
25	Bretten	1 770	49	Bergzabern	210
25	Wörth	240	50	Zeiskam	320
26	Huttenheim	20	52	Stebbach	508
27	Ubstadt	240	53	Achern	280
27	Ruit	210	53	Richen	105
28	Gölshausen	1 270	55	Gemmingen	1 810
29	Gondelsheim	530	55	Ittlingen	385
29	Heidelsheim	200	58	Stetten a. H.	557
30	Bischweier	35	92	Altensteig	55
	Übertrag	19 956		Summa	36 201

b) Lokalbahn.

Entfernung von Karlsruhe Kilometer	Versandstation	Liter
8	Blankenloch	980
10	Büchig	57
11	Mörsch	405
12	Staffort	2180
15	Durmersheim	2520
16	Spöck	1420
	Summa	7562

c) Albtalbahn.

Entfernung von Karlsruhe Kilometer	Versandstation	Liter
17	Langensteinbach . . .	130
22	Frauenalb	6
24	Ittersbach	50
28	Weiler-Ottenhausen. .	40
31	Ellmendingen	40
	Summa	266

Zusammenstellung:

a)	Von der Staatsbahn	36 201	Liter
b)	„ „ Lokalbahn	7 562	„
c)	„ „ Albtalbahn	266	„
	Summa	44 029	Liter

Kolibri 360 GmbH
Ferdinand-Jühlke-Straße 7
99095 Erfurt, Deutschland
produktsicherheit@kolibri360.de

Druck:
CPI Druckdienstleistungen GmbH
im Auftrag der
Kolibri 360 GmbH
Ferdinand-Jühlke-Str. 7
99095 Erfurt